Adl-Amini / Schulze / Terhart (Hrsg.) · Unterrichtsmethode

Studien zur Schulpädagogik und Didaktik

Herausgegeben in Verbindung mit der Kommission Schulpädagogik/ Didaktik in der Deutschen Gesellschaft für Erziehungswissenschaft (DGfE) von Wolfgang Klafki, Will Lütgert, Gunter Otto, Theodor Schulze, zusammen mit Fritz Bohnsack, Ariane Garlichs, Doris Knab, Rudolf Messner, Hilbert Meyer, Klaus Riedel, Horst Rumpf, Klaus-Jürgen Tillmann.

Band 8

Unterrichtsmethode in Theorie und Forschung

Bilanz und Perspektiven

Herausgegeben von
Bijan Adl-Amini, Theodor Schulze, Ewald Terhart

Beltz Verlag · Weinheim und Basel

Über die Herausgeber:

Bijan Adl-Amini, Dr., apl. Professor für Erziehungswissenschaft
an den Universitäten Kiel und Lüneburg.
Theodor Schulze, Dr. Prof. em. für Pädagogik
an der Universität Bielefeld.
Ewald Terhart, Dr., Professor für Schulpädagogik
an der Universität Lüneburg.

Die Deutsche Bibliothek – CIP-Einheitsaufnahme

Unterrichtsmethode in Theorie und Forschung : Bilanz und
Perspektiven / hrsg. von Bijan Adl-Amini . . . – Weinheim ;
Basel : Beltz, 1993
   (Studien zur Schulpädagogik und Didaktik ; Bd. 8) (Reihe Pädagogik)
   ISBN 3-407-34076-1
NE: Adl-Amini, Bijan [Hrsg.]; 1. GT

Alle Rechte, insbesondere das Recht der Vervielfältigung und Verbreitung sowie
der Übersetzung, vorbehalten. Kein Teil des Werkes darf in irgendeiner Form
(durch Photokopie, Mikrofilm oder ein anderes Verfahren) ohne schriftliche Genehmigung des Verlages reproduziert oder unter Verwendung elektronischer Systeme
verarbeitet, vervielfältigt oder verbreitet werden.

Lektorat: Peter E. Kalb

© 1993 Beltz Verlag · Weinheim und Basel
Herstellung: Goldener Schnitt, 7573 Sinzheim
Satz, Druck und buchb. Verarbeitung: Druckhaus »Thomas Müntzer« GmbH,
Bad Langensalza/Thüringen
Umschlaggestaltung: Atelier Warminski, Büdingen
Printed in Germany

ISBN 3-407-34076-1

Inhaltsverzeichnis

Vorwort der Herausgeber 7

A. Probleme der Unterrichtsmethode. Zum Stand der Forschung und Diskussion

Ewald Terhart / Hartmut Wenzel
Unterrichtsmethode in der Forschung: Defizite und Perspektiven . 12

Hans Leutert
Unterrichtsmethode in der didaktischen Forschung der DDR:
Überblick und Ausblick 57

B. Theorie der Unterrichtsmethode. Versuche zur Grundlegung

Bijan Adl-Amini
Systematik der Unterrichtsmethode 82

Hilbert Meyer
Reflexionsebenen unterrichtsmethodischen Handelns 111

Theodor Schulze
Aussichten für eine Theorie der Unterrichtsmethode 135

Renate Girmes
Von den Aufgaben der Methoden zur Gestalt ihrer Theorie . . . 167

C. Untersuchungen zur Unterrichtsmethode. Zugänge und Perspektiven

Rainer Lersch
»Neue« Herausforderungen an die Unterrichtsmethodik:
Zur Theorie des Verhältnisses von Bildung und Methode
in der Moderne 184

Meinert Meyer
Methode und Metaphern:
Zur Analyse der Rede über Unterricht 203

Werner Jank
Zwischen Allgemeiner Didaktik und Fachdidaktik:
Analyse didaktischer Funktionen von Handlungsmustern
des Unterrichts 233

Helga Luckas
Methoden in der Weiterbildung:
Anregungen zu einem Perspektivenwechsel 257

Autorinnen und Autoren des Bandes 271

Vorwort

Im Rahmen des Kongresses der Deutschen Gesellschaft für Erziehungswissenschaft 1990 in Bielefeld zu der umfassenden Thematik »Bilanz für die Zukunft« veranstalteten Mitglieder der Kommission Schulpädagogik und Didaktik eine Arbeitsgruppe »Theorie und Erforschung der Unterrichtsmethoden – Bilanz und zukünftige Entwicklung«. Diese Veranstaltung fand großen Zuspruch. In der Einleitung zu einer vorbereitenden Zusammenstellung von Materialien hat Hilbert Meyer geschrieben: »... Fragen der Unterrichtsmethodik sind jahrzehntelang im Windschatten der akademischen Aufmerksamkeit verblieben. Seit einigen Jahren kündigt sich sowohl in der BRD wie in der DDR eine Trendwende an, deren Ursachen noch genauer bestimmt werden müßten: Ist die Betonung der Methodenprobleme in Schule und Unterricht Indiz für eine Entpolitisierung der Didaktik-Diskussion? Oder umgekehrt Vorzeichen einer in Kürze zu erwartenden neuen Aufmerksamkeit für Schule und Bildungspolitik überhaupt?«

Diese Fragen ließen Auseinandersetzungen über eine Neuorientierung in der Gestaltung von Unterricht, über neue Angebote von Unterrichtsmethoden, über schulpolitische Initiativen und über den politischen Stellenwert von Methodenproblemen erwarten. Doch die Diskussion in der Arbeitsgruppe steuerte in eine andere Richtung. Schon in der Vorbereitung war deutlich geworden, daß für eine anspruchsvolle und konsequente Erörterung aktueller Fragen ein geeigneter theoretischer Rahmen fehlte, auf den man sich hätte beziehen können. Schon in Definition und Gebrauch des Begriffs »Unterrichtsmethode« besteht große Unsicherheit. Als was ist Unterrichtsmethode eigentlich zu verstehen, wo ist sie begründet und was leistet sie, sollte sie leisten? Wie läßt sich die Vielfalt der Methodenerscheinungen sinnvoll ordnen und nach welchen Kriterien ihre Wirksamkeit beurteilen? Nach einer Theorie der Unterrichtsmethode ist gefragt.

Wenn man diese Frage aufnimmt, stellen sich sogleich Abgrenzungs- und Zuordnungsprobleme: Verhältnis von Methodik und Didaktik, Verhältnis von Fachdidaktik und Allgemeiner Didaktik, Beziehung einer Theorie der Unterrichtsmethode zum Themenkreis einer Theorie der Schule. Ist Unterrichtsmethode auf Schule begrenzt oder sind nicht auch andere Lernorte in Betracht zu ziehen? Und wie verhält sich eine Theorie der Unterrichtsmethode zu grundlegenderen Wissensbereichen, zu Theorien des Lernens oder der menschlicher Tätigkeit? Und wie verhält sie sich zur Praxis? Ist eine Theorie der Unterrichtsmethode überhaupt sinnvoll und gestaltbar und von welcher Art müßte sie sein? Diese und andere Fragen standen am Ende der Sitzungen des Arbeitskreises im Raum.

Mehrere der Beteiligten haben die Fragen nach einer Theorie der Unterrichtsmethoden aufgegriffen und in verschiedenen Beiträgen, die in diesem Band veröffentlicht werden, aus unterschiedlichen Ansatzpunkten und Richtungen zu bearbeiten versucht:

Am Anfang – Teil A – stehen Versuche zu einer Bestandsaufnahme: Was ist in den letzten 25 Jahren über Unterrichtsmethoden in pädagogischen Lexika, Handbüchern und Zeitschriften geschrieben worden? Für welche Themen und Probleme interessieren sich die Wissenschaftler, die sich mit Fragen der Unterrichtsmethodik befassen? Was wäre zu tun? Dazu geben E. Terhart und H. Wenzel einen Überblick für die Bundesrepublik. Wie sind demgegenüber Probleme der Unterrichtsmethode in der ehemaligen DDR diskutiert und untersucht worden? Dazu faßt H. Leutert die wichtigsten Entwicklungslinien und Umschwünge zusammen.

Im Mittelpunkt des Bandes – Teil B – stehen vier umfassendere Versuche, grundlegende Möglichkeiten für eine Theoriebildung zur Unterrichtsmethodik auszuloten und Aussichten für die Konstituierung eines eigenständigen Forschungszusammenhanges abzuschätzen. Für die ersten drei Versuche ist kennzeichnend, daß sie sich nicht auf die Rekonstruktion einer Linie beschränken, sondern eine Vielfalt von unterschiedlichen Orientierungen als gegeben voraussetzen. B. Adl-Amini ordnet das Feld der theoretischen Überlegungen zur Unterrichtsmethode auf unterschiedlichen Ebenen theoretischer Abstraktion an. H. Meyer konturiert dasselbe Feld nach Strukturmomenten unterrichtlichen Handelns. Th. Schulze entwickelt anhand des Verhältnisses von Methodik und Didaktik unterschiedliche Optionen für die Gestaltung einer Theorie der Unterrichtsmethode. R. Girmes führt die Bedeutung von Unterrichtsmethoden auf die methodische Gestaltung menschlicher Tätigkeit im allgemeinen zurück und stellt damit eine wichtige Verbindung zwischen veranstaltetem Lernen und außerschulischem lebensweltlichem Handeln her. Die vier Vorschläge stehen deutlich nebeneinander. Sie haben unterschiedliche Fluchtpunkte, sind nicht ohne weiteres aufeinander abzubilden. Eine Theorie der Unterrichtsmethode wird, wenn sie Gestalt annimmt, vorerst eine vielschichtige oder pluralistische Theorie sein müssen. Aber das gesamte theoretische Feld gewinnt in den verschiedenen Strukturierungsversuchen Kontur. Und es wird weiter deutlich, daß die Entwicklung einer Theorie der Unterrichtsmethode wesentlich von einer Entfaltung ihrer Grundlagen bestimmt sein wird – das könnte eine Handlungstheorie, eine Theorie des Lernens oder eine Theorie der Schulentwicklung sein.

Im abschließenden Teil C sind eine Reihe von Beiträgen versammelt, die einzelne Zugänge, Probleme oder Perspektiven aufgreifen und Möglichkeiten für eine Ausarbeitung unterrichtsmethodischer Fragen aufzeigen: R. Lersch leitet aus »neuen« Herausforderungen der Gesellschaft an Erziehung und Unterricht eine historisch genauer zu bestimmende Aktualisierung der methodischen Strukturierung schulischen Lernens ab. M. Meyer untersucht die Metaphorik in Diskursen über die methodische Gestaltung des Unterrichts und gewinnt aus ihr Hinweise auf generelle, das Nachdenken und Handeln steuernde Sichtweisen. W. Jank nimmt diese Problematik auf und konzentriert sie in einer Engführung auf die didaktische Funktion von unterrichtlichen Handlungsmustern als Schnittstelle zwischen fachbezogener und allgemeiner Didaktik. H. Luckas schließlich zeigt, daß die Weiterbildung von Erwachsenen nicht nur andere Unterrichtsmethoden erfordert, sondern insgesamt eine andere Art des Zugangs, einen Perspektivenwechsel von der Sicht der Lehrenden zur Sicht der Lernenden.

Der Band im ganzen gibt keine eindeutige Antwort, vermittelt noch keine Theorie, wohl aber eine Vielzahl von Anstößen, aus denen eine neue Theorie der Unterrichtsmethode hervorgehen könnte.

Februar 1993 *Bijan Adl-Amini*, Kiel
Theodor Schulze, Bielefeld
Ewald Terhart, Lüneburg

A. Probleme der Unterrichtsmethode. Zum Stand der Forschung und Diskussion

Ewald Terhart / Hartmut Wenzel

Unterrichtsmethode in der Forschung: Defizite und Perspektiven

Vorbemerkung

Obwohl ›das Problem Unterrichtsmethode‹ sicherlich zu den vergleichsweise intensiv erforschten Gegenstandsbereichen der Erziehungswissenschaft gehört – wobei die Pädagogische Psychologie hier immer mit zu nennen ist –, wird der Ertrag der investierten Energien in den einschlägigen Publikationen doch eher skeptisch eingeschätzt (vgl. Schulze 1978; Loser 1979; Einsiedler 1981; Terhart 1989). Nun ist bei einem Urteil über den Ertrag von Forschungsbemühungen natürlich immer zurückzufragen, an welchen Kriterien Erfolg bzw. Scheitern festgemacht worden sind. Und genau in der Frage der Auswahl bzw. Begründung solcher Kriterien liegt die zentrale Schwierigkeit einer »Bilanzierung« von erziehungswissenschaftlichen Theorie- und/oder Forschungsprogrammen begründet. Erläutert am Beispiel der Forschung zum Thema Unterrichtsmethode: Es ist möglich, daß ein bestimmter Forschungsansatz unter Zugrundelegung wissenschaftlicher Kriterien prosperiert, unter dem Gesichtspunkt der unterrichts- bzw. berufspraktischen Verwendbarkeit der Resultate jedoch als »irrelevant« oder gar als »gescheitert« bezeichnet werden muß und umgekehrt. Darüberhinaus sind die Kriterien *innerhalb* der beiden Bereiche Wissenschaft und Praxis ebenfalls durchaus strittig, da weder ein Konsens hinsichtlich ›guten‹ Unterrichts noch hinsichtlich einer die Erforschung von Unterrichtsmethoden organisierenden Unterrichtstheorie vorliegt. Und die Konkurrenz der disziplininternen Kriterien wird – auf einer darüberliegenden Ebene – noch überboten durch die Konkurrenz der verschiedenen metatheoretischen Bilanzierungskonzepte.

Angesichts dieser Probleme haben wir uns für einen gleichsam ›empirischen‹ Zugang entschieden, indem wir

1. anhand einer Handbuch- und Zeitschriftenanalyse über wichtige Trends innerhalb der unterrichtsmethodischen Forschung in der BRD und den USA informieren, und indem wir
2. die Ergebnisse einer Befragung von Experten im Bereich der unterrichtsmethodischen Forschung vorstellen und interpretieren.

Hierdurch wird Material bereitgestellt, ohne das eine Ermittlung und Bewertung des Forschungsstandes in diesem speziellen Bereich der Erziehungswissenschaft immer nur »auf Verdacht« vonstatten gehen könnte. Selbstverständlich kann eine solche Dokumentation bzw. Befragung als Versuch einer *Beschreibung* den Akt der *Bewertung* keineswegs ersetzen. Gleichwohl ist ohne eine solche Basis eine solide Bewertung nicht möglich. Auf diese Weise hoffen wir, einen Beitrag zur Erörterung von Theorie- und Forschungsproblemen der Unterrichtsmethode leisten zu können. Selbst-Reflexion, also eine kritische Rückschau auf das eigene Vorgehen, gehört sicherlich zu den vornehmsten Aufgaben von Wissenschaft – und natürlich gilt dies auch für unterrichtsmethodische Forschung. Vielleicht ist eine auf *Inhalte* gerichtete Selbst-Reflexion diejenige Form von Bilanzierung, die der Erziehungswissenschaft gegenwärtig am adäquatesten ist. Und insofern sie sich auf *bestimmte* Inhalte richtet, kann diese Form von »Bilanzierung« zunächst immer nur eingegrenzte Sektoren oder Forschungsfelder der Disziplin erfassen (vgl. als Beispiel Terhart/Uhle 1991). Der Wert wissenschaftssoziologischer Vermessungsversuche bleibt davon unberührt (vgl. ZfPäd 1990, H. 1).

1. Forschungstrends

1.1 Tendenzen unterrichtsmethodischer Forschung in der Bundesrepublik: eine Literaturanalyse

Versucht man, sich der unterrichtsmethodischen Forschung in der Bundesrepublik zu nähern, so stößt man auf einige Schwierigkeiten: Handbücher, die – etwa wie das »Handbook of Research on Teaching« (vgl. die Ausführungen hierzu unter 1.2.1) – insbesondere die empirische Unterrichtsforschung zusammentragen und darstellen, existieren kaum.

Darüber hinaus zeigt sich, daß Unterrichtsmethode in einschlägigen Bibliographien, Handbüchern, Wörterbüchern etc. oftmals nicht als eigener Begriff geführt wird. Dies liegt zum einen sicher daran, daß bei Darstellung in Lexika und Wörterbüchern häufig der Wunsch nach einer möglichst allgemeinen Darstellung vorherrscht und daher in der Regel eine Einordnung von »Unterrichtsmethode« unter »Methode« oder »Methodik« erfolgt (vgl. etwa Groothoff/Stallmann 1964, 1971; Horney u. a. 1970; Speck/Wehle 1979; Wehle 1973, Wulf 1974; Lenzen 1989) zum anderen wohl auch daran, daß aufgrund der allgemeindidaktischen Diskussion um den Implikationszusammenhang unterrichtlicher Strukturmomente eine Darstellung unterrichtsmethodischer Forschungsergebnisse eher im Rahmen didaktischer Modelle oder als Darstellung zu Einzelfragen bzw. Einzelmethoden als in einem speziellen Beitrag zur Unterrichtsmethode vorgenommen wird (vgl. etwa Frey 1975; Twellmann 1981, 1982; Lenzen 1983/1986). Weiterhin ist anzunehmen, daß bei eher unterrichtspraktischen Beiträgen alles irgendwie mit methodischen Aspekten verbunden ist und daher der Begriff »Unterrichtsmethode« seine Trennschärfe bzw. seinen Signalcharakter verlieren würde. So ist etwa in den pädagogischen Bibliographien »BIP-report« und »ZEUS« wie auch schon in den »Pädagogischen Jahresberichten« Unterrichtsmethode kein Stichwort.

Dennoch bieten Lexika, Hand- und Wörterbücher sowie pädagogische Bibliographien einen ersten Zugang zu unterrichtsmethodischen Forschungsergebnissen. Im folgenden wird nun darauf eingegangen, welche Entwicklung im Bereich der Unterrichtsmethodenforschung sich in pädagogischen Handbüchern, Wörterbüchern und Lexika feststellen läßt (1.1.1) und darüber hinaus, welche Entwicklung und Intensität im Bereich unterrichtsmethodischer Forschung sich aus eine Analyse von Fachzeitschriften ergibt (1.1.2). Dabei kann es sich hier lediglich um eine eher oberflächliche Trendanalyse handeln, die die Vielschichtigkeit der Diskussion zur Unterrichtsmethode freilich nicht in vollem Umfang erfassen kann.

1.1.1 Handbücher

Wie bereits angedeutet, gibt es im deutschen Sprachraum zwar eine bedeutsame Tradition pädagogischer Lexika oder Wörterbücher, allerdings keine etwa der amerikanischen vergleichbare Tradition der kontinuierlichen Herausgabe von Handbüchern, die den Forschungsertrag auf spezifischen Feldern zusammenfassen. Nach der für den deutschsprachigen Raum bearbeiteten Fassung des amerikanischen »Handbook of Research on Teaching« (Ingenkamp/Parey 1970/71) liegen am ehesten das »Curriculum Handbuch« (Frey 1975), das »Handbuch Schule und Unterricht« (Twellmann 1981/82) sowie die »Enzyklopädie Erziehungswissenschaft« (Lenzen 1983/1986) in der «Handbuch-Spur«. Sie hatten jedoch jeweils unterschiedliche Herausgeber und eine differierende Zielsetzung. Daher vermitteln sie auch nur indirekt gewisse Trends. Dennoch soll nach einem Blick in einige pädagogische Lexika bzw. Wörterbücher im folgenden auf sie eingegangen werden.

1. In den einschlägigen pädagogischen Lexika bzw. Wörterbüchern der 60er Jahre und zu Anfang der 70er Jahre (Groothoff/Stallmann 1961, 1964, 1971; Speck/Wehle 1970; Horney u. a. 1970) dominiert in der Darstellung methodischer bzw. unterrichtsmethodischer Fragen eindeutig die Forschungstradition der geisteswissenschaftlichen Pädagogik. So stellt etwa Klafki im »Pädagogischen Lexikon« (Groothoff/Stallmann 1964) den damaligen Ertrag unterrichtsmethodischer Reflexion historisch-systematisch zusammen. Ergebnisse empirisch-analytischer Forschungen zur Unterrichtsmethode werden nicht angeführt. Auch im Beitrag von K. H. Schwager im »Handbuch pädagogischer Grundbegriffe« (Speck/Wehle 1970) über »Methode und Methodenlehre« wird lediglich der geisteswissenschaftlich akzentuierte Forschungsertrag zum Methodenproblem vorgestellt.

Im »pädagogischen Lexikon« von Horney u. a. (1970) wird von H. A. Horn unter Methode, Methodik die Auseinandersetzung um die Stellung der Methodik in der didaktischen Diskussion und damit der Streit über ein »Primat der Didaktik i. e. S. gegenüber der Methodik« (Weniger, Klafki) oder der Interdependenz zwischen den Strukturmomenten des Unterrichts (Heimann, Otto, Schulz) aufgegriffen. Darüber hinaus zeichnet sich vor dem Hintergrund einer stärker politisch-gesellschaftlichen Akzentuierung der auf Mündigkeit verpflichteten pädagogischen Ziele des Unterrichts sowie durch die Berücksichtigung von Ergebnissen der Lernpsychologie (H. Roth, H. Aebli) und Sozialpsychologie (Tausch, Roeder) eine Veränderung des Methodenverständnisses sowie eine stärkere Berücksichtigung empirischer Forschungsergebnisse ab. Dezidiert wird eine effektivitätsorientierte Vergleichsforschung im Bereich der Unterrichtsmethoden gefordert.

Gerhard Wehle geht in »Pädagogik aktuell. Lexikon pädagogischer Schlagworte und Begriffe« (Wehle 1973) auf die mangelnde Berücksichtigung der konkreten Schulwirklichkeit bei der traditionellen Auseinandersetzung über Unterrichtsmethoden ein und vollzieht mit seiner Argumentation die »realistische Wende« der Erziehungswissenschaft auch für den unterrichtsmethodischen Bereich. Er schließt aus der »klaren Dominanz des Frontalunterrichts« auf ein nur kümmerliches methodisches Instrumentarium der Lehrer, das in krassem Gegensatz zu ihrem »Bescheidwissen« über Methodenkonzepte steht. Von der damals blühenden Curriculumforschung erwartete er sich wegen der dort vorherrschenden »Frage nach Bestimmung, Begründung und Sequentierung von Lernzielen« kaum neue Impulse für unterrichtsmethodische Fragen. Im Hinblick auf lehrmethodische Forschung – er bezieht sich auf die Darstellung von Weinert im »Handbuch der Unterrichtsforschung« (Ingenkamp/Parey 1970/71) – folgert er: »Auf der Grundlage empirisch ermittelter Lernprinzipien entworfene Forschungen über Lehrmethoden sind weitgehend Desiderat« (Bd. II, 91). Interessant ist der Hinweis auf das im Anschluß an die »methodische Leitfrage« (Blankertz) von P. Menck entworfene Programm der Unterrichtsmethodenforschung mit den 3 Hauptfaktoren der

»a) Unterrichtsanalyse als Interaktionsanalyse, Analyse der Inhaltsstruktur und Analyse der Unterrichtssprache;
b) die Erfolgskontrolle und
c) die Kritik der Unterrichtsmethode (unter dem Aspekt der intendierten Möglichkeiten der Selbstbestimmug)« (S. 92).

Im »Wörterbuch der Erziehung« (Wulf 1974) geht Peter Menck auf Fragen der (Unterrichts-)Methode ein. Er weist dabei auf drei Ebenen des Begriffsverständnisses hin: Unterrichtsmethode in der pädagogischen Umgangssprache, Unterrichtsmethode in der empirischen Forschung, Unterrichtsmethode auf der Metaebene der Methodenproblematik. Er bemängelt insbesondere die ungenügende Klarheit der traditionellen unterrichtsmethodischen Klassifikationsversuche für die empirische Forschung sowie die Einengung der Methoden-Vergleichsuntersuchungen auf Begriffslernen und die damit zusammenhängende einseitige Ausrichtung auf die Effektivität von Unterrichtsmethoden. Hierzu hält er fest, daß sich der Aufwand für derartige Untersuchungen kaum gelohnt habe: »Aufs Ganze gesehen kann keiner Lehrmethode der Vorzug größerer Effektivität gegeben werden« (413). Trotz dieser generellen Kritik sieht er einen Fortschritt durch diese empirischen Untersuchungen darin, daß sie zu Präzisierungen in der Begrifflichkeit und zur Überprüfung bestimmter theoretischer Annahmen führen. Für die weitere Auseinandersetzung über den Interdependenz- bzw. Implikationszusammenhang unterrichtlicher Strukturmomente und deren empirische Aufklärung fordert er theoretische Konzepte als Grundlage für spezifische Forschungen. Auf der unterrichtsmethodischen Metaebene erwartet er für die Zukunft eine Fülle neuer Beiträge – allerdings mit Hinweis auf deren voraussichtliche Folgenlosigkeit: »Im Bereich der Methoden von Unterricht kann das problematische Theorie-Praxis-Verhältnis solange nicht praktisch eingeholt werden, wie die größte Mühe darauf angewandt wird, es zu formulieren, ohne daß Versuche zu einer Lösung unternommen würden« (415).

2. Das 1974 von Karl Frey herausgegebene »Curriculum Handbuch« zielte darauf ab, die seit 1967 unter dem Stichwort Curriculum aufblühende Forschungs- und Konstruktionsarbeit und deren Erträge zusammenzutragen und sie so für ein breiteres Publikum zu erschließen. Ein Blick in das Stichwortverzeichnis bestätigt in gewissem Sinne die von Wehle vorgetragene Skepsis hinsichtlich des Ertrags dieser Forschungsrichtung für unterrichtsmethodische Fragen. Es gibt keinen eigenständigen Beitrag, der »Unterrichtsmethode« zusammenfassend behandelt, hierauf wird im Stichwortverzeichnis des dreibändigen Werkes lediglich siebenmal verwiesen. Jedoch ist festzustellen, daß wichtige Aspekte der didaktischen Diskussion um Unterrichtsmethode in verschiedenen Aufsätzen und unter einer Reihe von Stichworten behandelt werden. So etwa in Rumpfs Beitrag (Rumpf 1974) die grundlegende Prägung der Curriculumentwicklungsbemühungen durch mehr oder weniger explizite Modellvorstellungen von Unterricht (Unterricht als Instrument, als Hebammenkunst, als Dialog). Weiterhin »Kognitionstheoretische Aspekte der Darbietung von Lerninhalten« (Dörner), »Gesichtspunkte zur Anwendung erkenntnis- und entwicklungspsychologischer Konzepte

bei Piaget in der Konstruktion naturwissenschaftlicher Curriculumeinheiten« (Kubli), »Der Einbau von Curriculumelementen (z, B. Projekten und Kursen) in Curricula« (Otto), »Der Einbau von Spielen in Curricula« (Hahn), »Die Formulierung von Unterrichtsmodellen, Lehrplanungen und Arbeitsanweisungen« (Nestle) etc. Es zeigt sich deutlich, daß die Kategorie »Unterrichtsmethode« im Rahmen der Curriculumdiskussion keine zentrale Bedeutung hat.

In einigen Beiträgen wird eine gewisse Skepsis gegenüber der empirischen Forschung und ihren Ergebnissen deutlich. So führt Klaus Riedel in seinem Beitrag über »Empirische Unterrichtsforschung und Curriculumentwicklung« (Riedel 1974) aus, daß die Ergebnisse empirischer Lern-, Interaktions- und schulbezogener Sozialisationsforschung wie auch alle sonstigen Forschungsergebnisse immer hinsichtlich ihres erkenntnisleitenden Interesses zu befragen sind. Er greift damit die insbesondere von Habermas beeinflußte Diskussion um das je unterschiedliche Theorieverständnis unterschiedlicher Forschungstraditionen (historisch-hermeneutisch, empirisch-analytisch, emanzipatorisch-ideologiekritisch) auf und warnt vor sozial-technologischen Verkürzungen.

In Hans W. Heymanns Beitrag wird explizit auf Ergebnisse und Probleme der ATI-Forschung (aptitude-treatment-interaction), also der Forschung über Wechselwirkungen zwischen Schülermerkmalen und Unterrichtsmethode eingegangen. In ihr wird eine Möglichkeit zur Überwindung der Mängel früherer Methoden-Vergleichsuntersuchungen gesehen. Als weiterführend fordert er aber auch Forschungen über Wechselwirkungen zwischen Unterrichtsmethode und Unterrichtsinhalt, denn die von Blankertz nahegelegte These von der gegenstandskonstitutiven Funktion der Unterrichtsmethode bedürfe der weiteren Untersuchung.

3. Im Twellmannschen »Handbuch Schule und Unterricht« (Twellmann 1981/82) wird im umfangreichen Stichwortverzeichnis bzw. Register auf den Begriff Unterrichtsmethode an 9 Stellen verwiesen. Dabei beziehen sich allein 4 Verweise auf den Artikel von Heinz Pütt »Organisations- und Interaktionsformen des Unterrichts – Überlegungen zur Unterrichtsmethode«. In diesem Beitrag stellt der Autor insbesondere die schulpädagogische Diskussion zur Unterrichtsmethode vor, läßt allerdings Ergebnisse empirischer Forschung weitgehend aus. Dieser

Bereich wird in einigen anderen Beiträgen zu Einzelfragen der Organisation unterrichtlicher Prozesse aufgegriffen, etwa im Aufsatz von Brigitte Rollett über »Formen der Unterrichtsorganisation: unmittelbarer und mittelbarer Unterricht« oder im Beitrag von Jürgen van Buer »Das Prinzip der Individualisierung im Unterricht«. Eindeutig wird im Handbuch der Begriff der Unterrichtsorganisation dem der Unterrichtsmethode vorgezogen.

Im Beitrag von Joachim Hermann und Walter Kamps (1981) »Über die Notwendigkeit einer Neuorientierung der empirischen Unterrichtsforschung« wird prinzipiell nach der Aussagekraft empirisch-analytischer Forschungsergebnisse für die Gestaltung von die Subjektivität der Lernenden berücksichtigenden Bildungsprozessen gefragt und eine kritisch-hermeneutische Empirie gefordert: »Unterrichtsforschung, unter dieser Perspektive betrieben, könnte die Chance eröffnen, die statische Betrachtungsweise von Unterricht und Erziehung, wie sie durch den empirisch-analytischen Ansatz gefördert worden ist, durch eine dialektische zu ersetzen, die geglückte oder mißlungene Bildungsprozesse in ihrer Ausformung begreifbar macht« (812).

Aus der Sicht der empirischen Forschung setzt sich Lutz-Michael Alisch (1981) mit den »Möglichkeiten und Grenzen der Erforschung didaktischer Prozesse« auseinander. Er geht dabei unter anderem darauf ein, daß es prinzipiell möglich sei, technologische Theorien didaktischer Prozesse zu konstruieren. Auf solche Theorien ausgerichtete Forschungen müßten allerdings dann eine »soziale Grenze« haben, »wenn bestimmte effektive Prozesse erforscht werden könnten, (die) jedoch aufgrund moralischer Überlegungen als unerforschbar gelten müssen« (S. 822). Über diese grundsätzliche Begrenzung hinaus stellt er noch eine Reihe weiterer Grenzen empirisch-analytischer Forschung dar.

Auch im Artikel von Detlef Sembill (1981) »Erforschung didaktischer Prozesse« wird vor dem Hintergrund der Entwicklungstendenzen erziehungswissenschaftlicher Forschung eine Reihe bedeutsamer Aspekte angeführt. Diese werden insbesondere dann bewußt, wenn man Unterricht nicht lediglich als einseitig verantworteten Vermittlungsprozeß, sondern als Interaktionsprozeß interpretiert. Systemtheoretische Überlegungen führen dann zu weiteren interessanten Aussagen zum Zusammenhang zwischen Wissenschaft und Unterricht und damit zum Vermittlungsproblem wissenschaftlicher Erkenntnisse in unterrichtliches Handeln.

Insgesamt läßt sich sagen, daß im Handbuch Schule und Unterricht auch über die angeführten Aspekte hinaus eine Fülle interessanter Erkenntnisse zur Frage der Unterrichtsmethoden und ihrer Erforschung enthalten sind, allerdings sind sie ähnlich wie im Curriculum Handbuch weit verstreut, sehr heterogen und somit nur äußerst mühsam zu erschließen. Es wird also eine »Zersplitterung« des mit Unterrichtsmethode zu bezeichnenden Gegenstandsbereichs deutlich.

4. In der von Dieter Lenzen herausgebenen »Enzyklopädie Erziehungswissenschaft« wird in gewissem Sinne versucht, dieser Zersplitterung entgegenzuwirken. Zwei Bände (Bd. 3 und 4) der zwölfbändigen Enzyklopädie beziehen sich auf das Feld der allgemeinen Didaktik. Dabei setzt Bd. 3 den Schwerpunkt bei den Zielen und Inhalten der Erziehung und des Unterrichts und Bd. 4 bei den Methoden und Medien. Im Vorwort wird freilich auf den eigentlich unaufhebbaren Zusammenhang beider Bände und ihrer Inhalte verwiesen. Während sich im Stichwortverzeichnis des Gesamtregisters lediglich zehn Einträge auf Unterrichtsmethode beziehen (dabei auch auf den Grundlagenbeitrag von Wolfgang Schulz »Methoden der Erziehung und des Unterrichts unter der Perspektive der Mündigkeit«), gibt es immerhin 21 Verweise auf Artikel im Lexikonteil des vierten Bandes. Überhaupt ist der vierte Band *der* Methoden- und Medienband mit der unerwarteten Konsequenz, daß z. B. in den altersstufenbezogenen Bänden 7 »Erziehung im Primarschulalter«, 8 «Erziehung im Jugendalter – Sekundarstufe I« und 9 »Sekundarstufe II – Jugendbildung zwischen -Schule und Beruf« Unterrichtsmethode als Stichwort überhaupt nicht auftritt.
Die Abhandlungen des 4. Bandes befassen sich einerseits mit prinzipiellen Problemen des methodischen und medialen Handelns und andererseits mit lernbereichsspezifischen Formen. In den Beiträgen der ersten Gruppe werden die neueren Positionen zur Interdependenz- (Wittern) bzw. Methoden- (W. Schulz) und Mediendiskussion (G. Otto) beschrieben und eingeschätzt, sowie Prinzipien der Erziehung und des Unterrichts (Schulz/Treder), Erziehungs- und Unterrichtsstile (Heidbrink/Lück), Sozialformen des Unterrichts (Prior), Lernen und Lerntheorien (Weidenmann) und Erfassung und Rückmeldung des Lernerfolges (Ingenkamp) behandelt. Einen Überblick über die empirische Methodenforschung vermißt man allerdings.

1.1.2 Zeitschriften

Die Auswertung deutschsprachiger Zeitschriften hinsichtlich der Häufigkeit von Artikeln zum Bereich Unterrichtmethode muß hier relativ oberflächlich bleiben. Eine differenziertere Analyse würde einen hier nicht zu leistenden Aufwand erfordern. Aber auch so ergeben sich einige interessante Hinweise zum Bereich der Unterrichtsmethode. So zeigt sich z. B., daß Unterrichtsmethode in dem vom Verlag für Pädagogische Dokumentation, Duisburg, monatlich als Auswertung pädagogischer Zeitschriften herausgegebenen BIB-report überhaupt nicht als Stichwort geführt wird. Dies gilt auch für den auf dem BIB-report beruhenden und jährlich herausgegebenen »Auswahl-Dienst für Erziehung und Unterricht« (ADIEU). Lediglich 1977 trat hier Unterrichtsmethode mit 2 Eintragungen eher zufällig auf. Im »Zentralblatt für Erziehungswissenschaft und Schule« (ZEUS) und in seinem Vorgängerorgan »Pädagogischer Jahresbericht« ist Unterrichtsmethode ebenfalls kein Stichwort.

Allerdings in der seit 1966 vom Dokumentationsring Pädagogik (DOPAED) herausgegebenen »Bibliographie Pädagogik« wird Unterrichtsmethode als Stichwort geführt. Eine Auszählung der diesbezüglichen Eintragungen ergibt die folgende Verteilung

1966	17	1973	22	1980	77
1967	6	1974	22	1981	86
1968	8	1975	72	1982	95
1969	5	1976	63	1983	74
1970	3	1977	23	1984	51
1971	12	1978	53	1985	74
1972	20	1979	150		

Wenn auch die Kriterien für die Zuordnung der Stichworte nicht zu klären sind, so kann doch eindeutig eine Zunahme der dem Stichwort »Unterrichtsmethode« zugeordneten Beiträge seit Mitte der 70er Jahre festgestellt werden mit einem eindeutigen Maximum im Jahre 1979.

Eine Auswertung der 2153 im Landesinstitut für Schule und Weiterbildung in Soest gespeicherten Literatur zum Stichwort Unterrichtsmethode ergibt folgende Verteilung über die Jahrgänge:

1970	17	1977	63	1984	112
1971	15	1978	95	1985	116
1972	34	1979	249	1986	107
1973	30	1980	238	1987	88
1974	29	1981	273	1988	126
1975	41	1982	152	1989	99
1976	49	1983	155		

Auch hier läßt sich ein Anstieg der Eintragungen ab Mitte der 70er Jahre ablesen mit einem ganzerheblichen Sprung in den Jahren 1979–1981. Danach sinkt die Zahl der Beiträge wieder erheblich ab. Allerdings bleibt auch in der zweiten Hälfte der 80er Jahre die Zahl der Hinweise weit höher als in der Mehrheit der 70er Jahre. Eine Erklärung hierfür muß erst noch gefunden werden.

Ein grober, stichprobenartiger Überblick zeigt, daß sich nur etwa 3% der ausgezählten Beiträge auf Forschungsberichte (7) oder empirische Untersuchungen (59) beziehen. Die überwiegende Zahl der Beiträge befaßt sich mit unterrichtsfachbezogenen Aspekten und hat praktische Erfahrungen auswertenden oder praxisorientierenden Charakter.

Erstaunlich ist das folgende Ergebnis: Mit dem 20. Beiheft der Zeitschrift für Pädagogik wurde eine Auswertung der Jahrgänge 1–30 dieser Zeitschrift vorgelegt. Die Titel sämtlicher Artikel und rezensierten Bücher wurden »verschlagwortet« und in einem Register erfaßt. Unterrichtsmethode taucht hier nur ein einziges Mal auf, Methodik immerhin zehnmal. Ist das ein Hinweis auf die Bedeutung der Unterrichtsmethoden-Forschung innerhalb der Erziehungswissenschaft?

1.1.3 Schlußfolgerungen

Der hier freilich nur knapp und oberflächlich gehaltene Überblick über die Behandlung von Fragen der Unterrichtsmethode in Handbüchern und Zeitschriften zeigt doch einige interessante Trends, die hier kurz festgehalten werden sollen.

1. Bis weit in die 60er Jahre hinein erfolgte die Beschäftigung mit unterrichtsmethodischen Fragen überwiegend im Rahmen der geisteswissenschafltichen Didaktik. Dabei wurde ein durchaus vielschichtiges Methodenverständnis entwickelt sowie ein vielfältiges Methodenrepertoire akkumuliert.

2. Die Artikel in pädagogischen Lexika gehen seit Anfang der 70er Jahre zunehmend auf die Begrenztheit dieser Forschungstradition ein, nehmen Ergebnisse lern- und sozialpsychologischer Forschungen auf und fordern eine Verstärkung empirischer Forschungsbemühungen. Allerdings wird relativ früh auch Skepsis gegenüber dem Ertrag empirisch-analytischer Forschungen – insbesondere gegenüber den frühen Methoden-Vergleichsuntersuchungen – laut.

3. In den 70er Jahren wächst die Zahl der Publikationen im unterrichtsmethodischen Bereich merkbar an und erreicht Anfang der 80er Jahre einen Höhepunkt. Gleichzeitig läßt sich eine starke Ausdifferenzierung von Fragestellungen aus dem unterrichtsmethodischen Bereich feststellen. Einzelne Forschungsrichtungen wie etwa die Forschung zur Lehrerrolle und zum Lehrstil, die Interaktionsanalyse des Unterrichts oder die Lehr-Lern-Forschung gewinnen eine gewisse Eigenständigkeit. Solche Forschungsrichtungen entwickeln zunehmend eine eigene Begrifflichkeit und werden kaum noch im Zusammenhang mit Unterrichtsmethode behandelt. Unterrichtsmethode scheint zunehmend den Charakter einer diese unterschiedlichen Aspekte integrierenden didaktischen Kategorie zu verlieren. Wissenschaftliche Entwicklung und unterrichtspraktische Handlungsnotwendigkeiten klaffen gerade hier erheblich auseinander. Die Gründe für den Anstieg unterrichtsmethodischer Publikationen gegen Anfang der 80er Jahre und das danach wieder festzustellende Absinken müssen allerdings erst noch herausgearbeitet werden.

4. Mit der zunehmenden Berücksichtigung interaktions- und kommunikationstheoretischer sowie sozial- und kognitionspsychologischer Erkenntnisse wandelt sich vor dem an Mündigkeit orientierten allgemei-

nen Zielhorizont von Schule und Unterricht das Verständnis von Unterrichtsmethode. Empirische Forschung zu Unterrichtsmethoden, ihren Gestaltungsmöglichkeiten, Problemen und Wirkungen, die den erweiterten Kenntnisbestand auch nur ansatzweise befriedigend berücksichtigt und forschungsmethodisch zu erfassen verspricht, fehlt heute ebenso wie eine integrierende Theorie.

1.2 Tendenzen unterrichtsmethodischer Forschung in den USA: eine Literaturanalyse

Das Volumen der auf das Thema »Unterrichtsmethode« bezogenen Forschung ist in den USA – verglichen mit den hiesigen Verhältnissen – ungleich größer. Bedingt durch die größere Zahl der Wissenschaftler, durch andere methodologische Traditionen, durch die besonderen sozialen Regeln der »scientific community« wie auch durch die andersartige Forschungsförderung und -organisation liegt ein sehr viel umfangreicherer Forschungskorpus vor, der aufgrund der ständig weiter vorangetriebenen Spezialisierung insgesamt kaum mehr zu überschauen ist. Vergleichbar ist immerhin, daß – wie hierzulande auch – Untersuchungen zu unterrichtsmethodischen Fragestellungen sowohl im Bereich von »research on teaching« wie auch innerhalb der »Educational« resp. »Instructional Psychology« (z. T. auch in der »Sociology of Eduction« bzw. ». . . of the Classroom«) anzutreffen sind. Im weitesten Sinne philosophische bzw. bildungstheoretische Diskussionen und Analysen zu unterrichtsmethodischen Problemen liegen in der us-amerikanischen Diskussion ebenfalls vor, sind jedoch inhaltlich immer noch fast vollkommen von der empirischen Forschung getrennt – dies ist hierzulande *so* deutlich nicht der Fall. Allerdings enthält die dritte Ausgabe des »Handbook of Research on Teaching« (Wittrock 1986) mittlerweile immerhin doch zwei philosophisch akzentuierte Artikel (Fenstermacher, Green). Die zweite Ausgabe (Travers 1973) enthielt mehrere Artikel zu Fragen der Theoriebildung und zur Methodologie, wohingegen das erste Handbuch (Gage 1963; deutsch: Ingenkamp/Parey 1970/71) sich in dieser Hinsicht in einem sehr engen Sinne lediglich mit forschungsmethodischen und -technischen Fragen beschäftigte – und dafür aber immerhin doch einen Artikel zur Geschichte des unterrichtsmethodischen Denkens enthielt.

Analog zum Vorgehen bei der (bundes)deutschen Diskussion soll im folgenden eine Übersicht über Entwicklung und Intensität der unterrichtsmethodischen Forschung anhand einer Analyse einschlägiger *Handbücher* sowie *Fachzeitschriften* gegeben werden. Zunächst zu den Handbüchern.

1.2.1 Handbücher

Eine Auswahl ist hier relativ leicht zu treffen. Als Standardwerke zur Unterrichts- und damit auch Unterrichtsmethodenforschung können (1.) die bisher drei Ausgaben des »*Handbook of Research on Teaching*« von 1963, 1973 und 1986 gelten. (2.) Zweitens möchten wir auch zwei breiter angelegte Werke, die »*Encyclopedia of Educational Research*« (1. Auflg. 1941; 2. Auflg. 1950; 3. Auflg. 1960; 4. Auflg. 1969; 5. Auflg. 1982, 4 Bände), sowie die 1985 erschienene »*International Encyclopedia of Education*« (Husén/Postlethwaite 1985, 10 Bände) mit einbeziehen. (3.) Als dritte Quelle soll auf die 1973 gestartete und mittlerweile 15bändige Jahrbuchreihe »*Review of Research in Education*« zurückgegriffen werden.

1. Das erste »*Handbook of Reserach on Teaching*« (Gage 1963) dürfte weithin bekannt sein, da es 1970/71 in einer dreibändigen deutschen Übersetzung und Bearbeitung erschienen ist. In der damaligen Situation kam der relativ aufwendigen, im Kontext des »Pädagogischen Zentrums« Berlin erstellten Übersetzung und Bearbeitung (Ingenkamp/ Parey 1970/71) innerhalb der deutschen Erziehungswissenschaft sicherlich eine strategisch bedeutsame Rolle zu, denn hierdurch wurden einem deutschsprachigen Publikum Fragestellungen, Methoden und Resultate der empirischen Unterrichtsforschung zum ersten Mal umfassend vorgestellt. Aus diesem Grunde reichte eine einfache Übersetzung nicht aus; erst durch eine »Bearbeitung«, d. h. durch zusätzliche Kommentierung etc. wurden ausreichende Anschlußmöglichkeiten für deutschsprachige Leser geschaffen. Das Handbuch verfolgte den Zweck, den »außerordentlichen Nachholbedarf einer empirisch orientierten Unterrichtsforschung in den deutschsprachigen Ländern« zu reduzieren

(Vorwort von Ingenkamp, Bd. 1, S. VII), wobei zu berücksichtigen ist, daß bei Erscheinen der deutschen Version das Original von 1963 in mancherlei Hinsicht sicherlich bereits als überholt zu betrachten war, da es sich auf Untersuchungen aus den fünfziger Jahren stützte! Gleichwohl kam dem »Handbuch der Unterrichtsforschung« eine sehr wichtige Stellung in Forschung und Lehre der Erziehung und Lehre der Erziehungswissenschaft zu – und dies gilt für einige Aspekte noch heute.

Das von Wallen/Travers geschriebene und von Weinert (1970) übersetzte/bearbeitete Kapitel über »Analyse und Untersuchung von Lehrmethoden« summierte vornehmlich die experimentelle Erforschung der Effektivität verschiedener Lehrmethoden für den Lernerfolg der Schüler und kam wie viele andere Forschungsberichte zu diesem Thema zu dem Schluß, daß die Ergebnisse der vielen Einzeluntersuchungen sich nicht zu einem instruktiven Gesamtresultat vereinigen lassen – wohl aber zu der Aussage, daß es die beste Methode nicht gibt. Die enge Bindung an die Frage der Effektivität von Methoden (im Rahmen des sog. »Produkt-Paradigmas«) hielt noch sehr lange an und bestimmt auch heute noch in der modifizierten Gestalt des »Prozeß-Produkt-Paradigmas« die Diskussion (vgl. Waxman/Walberg 1982). Um diese langanhaltende Dominanz effektivitätsorientierten Denkens verstehen zu können, muß man wissen, daß sich das amerikanische Schulwesen in den Augen der Öffentlichkeit wie auch der Politiker derzeit in einem äußerst desolaten Zustand befindet – und natürlich die Bildungs- und Unterrichtsforscher aufgerufen sind, für Abhilfe zu sorgen. Dies erklärt den Wechsel von »Equality« zu »Excellence« als Leitbegriffe, deshalb die Erfolgsgeschichte von »Direct Instruction«, deshalb auch die fortgesetzte Dominanz des effektivitätsorientierten Denkens in der psychometrischen Tradition der Unterrichtsforschung. Im Gage-Handbuch allerdings wird dieser Aufgabenstellung noch mit relativ bescheidenen und undifferenzierten Mitteln nachzukommen versucht.

Das »*Second Handbook of Research on Teaching*« (Travers 1973) hat zwar beinahe doppelt so viele Kapitel (42) wie das von Gage (23), es enthält aber kein einziges zum Thema Unterrichtsmethode! Und sogar im Stichwortverzeichnis (3200 Hinweise!) taucht der allgemeine Begriff »teaching method« nicht auf (ibid., S. 1396 f.).

In der dritten Ausgabe des »*Handbook of Research on Teaching*« (Wittrock 1986) findet sich ebenfalls kein einziger Artikel zum Thema Unterrichtsmethode. Auch als Stichwort taucht dieser Begriff nur einmal auf – und weist dabei auf eine Darstellung von Methoden der Hochschulausbildung hin. Demgegenüber finden sich mehrere Artikel zu den verschiedenen Aspekten von »Unterrichtsmethode«: über Denkprozesse von Lehrern (Clark/Peterson), über die Vermittlung von Lernstrategien (Weinstein/Mayer), über den Zusammenhang von Lehrerverhalten und

Schülerleistung (Brophy/Good), über Lehrfunktionen (teaching functions (Rosenshine/Stephens), über Klassenführung (Doyle) sowie über adaptiven Unterricht (Corno/Snow). Der Artikel von Brophy/Good (1986) entspricht noch am ehesten dem herkömmlichen Forschungsansatz, da er die Methodenproblematik als Effektivitätsproblem thematisiert. In expliziter Absetzung von den eher frustierenden Berichten in den »Handbooks« von 1963 und 1973 kommen die Autoren zu einem optimistischen Schluß:

»Der Mythos, demzufolge durch den Lehrer keine Differenzen im Lernerfolg der Schüler produziert werden, konnte zurückgewiesen werden ... Alles in allem ist der Fundus an Erkenntnissen über Möglichkeiten der Leistungssteigerung von Schülern – insbesondere im Bereich der Klassenführung (classroom management) und in den Bereichen des Erstleseunterrichts und der Mathematik – von einer Sammlung frustrierender und inkonsistenter Ergebnisse zu einer kleinen aber wohlbegründeten Wissensbasis verbessert worden, die sich in mehreren Feldversuchen bewährt hat. Obwohl dadurch illustriert wird, daß unterrichtliche Prozesse Wirkungen haben (... make a difference), zeigt diese Forschung doch auch, daß komplexe Unterrichtsprobleme nicht mittels einfacher Vorschriften bewältigt werden können. In der Vergangenheit ... basierten Reformversuche typischerweise auf einfachen theoretischen Modellen und einer damit assoziierten Rhetorik, die nach ›Lösungen‹ suchte, welche ebenso stark vereinfacht wie rigide waren. Mittlerweile zeigt die Datenlage, daß solche ›Lösungen‹ nicht effektiv sein können, denn die Konstitutionsbedingungen für effektiven Unterricht variieren je nach Kontext – und zwar auch dann, wenn man nur an der Steigerung des Lernerfolgs interessiert ist ... Sogar innerhalb ein und derselben Klasse wird ein effektiver Unterricht je nach Fach, Gruppengröße und Lehrzielen unterschiedlich sein« (ibid., S. 370).

Dieses Gesamtresultat widerspricht im Grunde der optimistischen Einschätzung der Autoren hinsichtlich des Erkenntnisfortschritts der Unterrichtsmethodenforschung – zumindest dann, wenn man unter Fortschritt die Formulierung einfacher Handlungsregeln verstehen will! In diesem Zweig erziehungswissenschaftlicher Forschung ist ein aus anderen Bereichen bekannter und auf methodologischer Ebene für die Sozialwissenschaften generell kennzeichnender Effekt zu beobachten: Der Versuch, ›einfache‹ lebensweltliche oder berufspraktische Fragestellungen mit Hilfe wissenschaftlicher Erkenntnisbemühungen beantworten zu wollen, führt zu der Einsicht, daß diese Fragen – so gestellt – mit wissenschaftlichen Mitteln gar nicht oder nur unzureichend zu beantworten sind, jedenfalls nicht in dem erhofften Sinne zu Antworten führen. Die wissenschaftliche Analyse transformiert im Zuge der Beschäftigung mit der Ausgangsfrage diese Frage selbst und liefert dann zunächst sehr komplexe Beschreibungen des Feldes sowie schließlich Antworten auf Fragen, die so gar nicht gestellt worden sind: »Wie mache ich guten Unterricht?« »Je nachdem!" Dieser Prozeß reflektiert die *Differenz der Regeln*, die für die beiden Kontexte »Praxis« und »Wissenschaft« gelten; zwischen ihnen existiert kein problemloses Kontinuitätsverhältnis, dies weder in die eine noch in die andere Richtung (vgl. dazu Buchmann 1984; allgemeiner Drerup/Terhart 1990).

2. Die 4. Ausgabe der *»Encyclopedia of Educational Research«* (Ebel 1969) enthielt einen Stichwortartikel zum Thema »Teaching Methods«, in der (vierbändigen) 5. Ausgabe (Mitzel 1982) dagegen ist dieses Stichwort nicht mehr anzutreffen. Statt dessen wird man auf die Stichworte »Teaching Effectiveness« (Medley) und »Teaching Styles« (Kleine) verwiesen; weitere einschlägige Artikel behandeln den »Instruction Process« (Weil/Murphy) sowie »Instructional Time and Learning« (Walberg/Frederick).

3. In der Jahrbuchreihe *»Review of Research in Education«* (seit 1973 sind 18 Bände erschienen) werden pro Band 3–4 Themen der (i. w. S.) erziehungswissenschaftlichen Forschung von jeweils mehreren Review-Artikeln behandelt, die auf einem sehr hohen und z. T. stark spezialisierten Niveau angesiedelt sind. Leider ist bisher noch kein Thementeil bzw. Artikel zur unterrichtsmethodischen Forschung erschienen. Eine diesbezügliche Durchsicht der Stichwortverzeichnisse ergab ebenfalls eine Fehlanzeige.

1.2.2 Zeitschriften

In Gestalt des *»Current Index of Journals in Education«* (CIJE) steht ein ebenso umfangreiches wie in sich stark ausdifferenziertes bibliographisches Werk zur Verfügung, das einen themenspezifischen Zugriff auf die gesamte englischsprachige Zeitschriftenliteratur im Bereich der Erziehungswissenschaft ermöglicht. Der CIJE erscheint seit 1973 und umfaßt 2 (Halb)Bände pro Jahr. Das Stichwort »Teaching Methods« ist eine derjenigen Kategorien, die ungewöhnlich zahlreiche Eintragungen auf sich ziehen. Zusätzlich finden sich thematisch ähnliche Stichworte wie »Teaching Models«, »Teaching Skills«, »Teaching Styles« und »Teaching Guides«. Bei Bedarf wird ein Aufsatz mehreren Stichworten zugeordnet. Die folgende Auflistung berücksichtigt lediglich die Eintragungen unter »Teaching Methods«. Stichprobenartige Kontrollen zeigten, daß hierunter sowohl theoretische, empirische wie auch eher praxisbezogene Arbeiten zugeordnet wurden. Eine (überschlägige) Auszählung der in den Jahren 1977–1988 unter diesem Stichwort versammelten Zeitschriftenaufsätze erbrachte folgende Häufigkeiten:

1977	1978	–	1980	1981	1982	1983	1984	1985	1986	1987	1988
632	803	–	608	698	510	506	486	662	649	621	476

Dies zeigt eine ziemlich deutliche Konstanz in der Intensität/Häufigkeit (hier: Häufigkeit), mit der in der englischsprachigen Zeitschriftenliteratur das Thema »Unterrichtsmethode« (i. w. S.) behandelt wird. Auffällig ist dabei, daß ein Großteil der Jahr für Jahr aufgeführten Arbeiten entweder praktische Erfahrungen auswertenden oder aber einen eher praxisorientierenden Charakter hat. Dies resultiert sicherlich auch daraus, daß die Zahl der fachdidaktischen bzw. schulformbezogenen Zeitschriften für Lehrer die der in strengem Sinne forschungsorientierten Journale weit übersteigt.

Umgekehrt ist festzustellen, daß in den führenden amerikanischen Zeitschriften zur Unterrichts- und Bildungsforschung das Thema »Unterrichtsmethode« sicherlich mit zu den zentralen Themen gehört und in relativ konstanter Intensität bearbeitet wird:

	Review of Educational Res. f	Instructional science f	American Educ. Res. Journal f
1975	5	2	3
1976	6	5	4
1977	5	3	?
1978	4	3	5
1979	6	3	5
1980	4	4	9
1981	6	4	6
1982	4	4	9

	Review of Educational Res. f	Instructional science f	American Educ. Res. Journal f
1983	4	?	6
1984	4	8	5
1985	4	1	5
1986	6	3	6
1987	7	3	3
1988		5	2

f = Anzahl der auf Unterrichtsmethode bezogenen Forschungsarbeiten pro Jahr

Bemerkenswert ist, daß in der 1985 gegründeten und für Unterrichtsforschung zentralen Zeitschrift »Teaching & Teacher Education« kaum empirische und/oder theoretische Beiträge zum Thema »Unterrichtsmethode« in einem allgemeinen Sinn anzutreffen sind, wohl aber zahlreiche Beiträge, die sich mit speziellen Problemen innerhalb des unterrichtsmethodischen Forschungfeldes beschäftigen, insbesondere mit dem Faktor »Lehrer« (Wissen, Biographie, Ausbildung etc.). Anscheinend ist der Spezialisierungs- und Differenzierungsprozeß bereits so weit vorangeschritten, daß »Unterrichtsmethode« als ein einheitliches Thema für Forschung seine Bearbeitbarkeit zu verlieren droht bzw. schon verloren hat. Insofern enthält »Teaching & Teacher Education« je nach Perspektive *nur* oder *gar keine* Artikel zu diesem Thema...

1.2.3 Schlußfolgerungen

Welche inhaltlichen Schlüsse lassen sich aus diesen noch sehr begrenzten Daten sowie aus einer über die quantitative Auflistung hinausgehende Durchsicht der Handbücher bzw. Zeitschriften ziehen? (Für weitere quantifizierende Zeitschriftenanalysen im Bereich der Erziehungswissenschaft vgl. Tenorth 1986; Smart/Elton 1981).

1. Die Intensität der Beschäftigung mit dem Thema Unterrichtsmethode ist in der englischsprachigen Zeitschriftenliteratur *relativ konstant*. Es sind keine aussagekräftigen Wellenbewegungen festzustellen; dies ist ein Unterschied zur deutschsprachigen Literatur zum Thema. Eventuell vor-

handene bildungspolitische und/oder disziplininterne Wandlungsprozesse scheinen sich somit zumindest nicht auf die Intensität (Häufigkeit) auszuwirken, mit der das Thema Unterrichtsmethode behandelt wird.

2. Die Durchsicht der Handbücher (vgl. Stichwortverzeichnisse) wie auch der Zeitschriften legt den Schluß nahe, daß das Thema »Unterrichtsmethode« innerhalb des erfaßten Zeitraums eine sehr starke inhaltliche Ausdifferenzierung bzw. Auffächerung erfahren hat, so daß jeder Versuch zu einer Gesamtschau sehr schwierig, wenn nicht unmöglich wird. Aufgrund der komplexer werdenden Theorien, die zur konzeptuellen Strukturierung des Feldes herangezogen werden (derzeit; Psychologie der Informationsverarbeitung, »Chaos«-Theorien, mathematische Modellierung, diverse Handlungstheorien) sowie auch bedingt durch Verfeinerung der eingesetzten Forschungsmethoden wird der ganze Bereich sehr unübersichtlich.

3. Dies hat zur Folge, daß es zunehmend schwierig ist, ›einfach nur‹ (also gewissermaßen *en bloc*) über unterrichtsmethodische Forschung zu sprechen – weil sie in zahlreiche Untervarianten aufgegliedert ist, von denen jede noch einmal einen hohen Grad an Binnendifferenzierung aufweist. Beispiele:

– Der Bereich »*Lehrerdenken*« ist mittlerweile – nach 15 Jahren – fast schon eine Disziplin in der Disziplin – mit eigener Zeitschrift, eigener wissenschaftlicher Gesellschaft, eigener Buchreihe, Standardwerken, Tagungen etc.

– Der (eher fach-inhaltlich, z. T. fachdidaktisch akzentuierte) Bereich von »*Wissensstrukturierung, -präsentation und -vermittlung*« (ehemals: task-analysis) ist in das Schnittfeld von Denk- und Wissenspsychologie und Fach-Wissenschaften (vornehmlich naturwiss. Fächer) abgewandert und aufgrund seines Spezialisierungs- und Sophistikationsgrades kaum noch auf den Normal-Unterricht zurückzubeziehen. (Das wird allerdings direkt auch nicht intendiert!)

– Die Forschung zum »*Lehrerverhalten*« (ehemals: Unterrichtsstile und ihre Folgen etc.) bildet einen zunehmenden eigenständigen Bereich, der sich unter berufs- und arbeitssoziologischen, berufsbiographischen, (entwicklungs-)psychologischen und arbeitsphysiologischen Perspektiven mit dem Beruf des Lehrers beschäftigt (vgl. Terhart 1991).

- Die Forschung im Rahmen des »*Prozeß-Produkt-Paradigmas*« schließlich hält im Kern am traditionellen unterrichtsmethodischen Effektivitätsdenken fest (Unter welchen Bedingungen lernen die Schüler am besten/am meisten?), geht dieser Frage jedoch mittlerweile mit sehr komplexen, sehr viele Hintergrundbedingungen mitberücksichtigenden Strategien nach, wobei das Ergebnis dieser Bemühungen (z. B. Direct Instruction) allerdings nicht zu überraschen vermag. Die im Umfeld dieses Denkmodells propagierte Devise: »Empirische Unterrichtsforschung erbringt sehr wohl brauchbare und konkrete Hinweise für gutes Unterrichten!« ist seitens der Wissenschaftler vielleicht ein Zweckoptimismus – der sich jedoch durchsetzt, da er in der aktuellen bildungspolitischen Auseinandersetzung (Krise des Schulwesens, verstanden als Krise der erbrachten Schulleistungen) auf ein günstiges Umfeld trifft.

4. Die traditionelle Konfrontation zwischen quantitativer und qualitativer (interpretativer) Forschungstradition wird zunehmend obsolet. Auch Zeitschriften, in denen früher ausschließlich quantitativ vorgehende Untersuchungen zu finden waren, beschäftigen sich mittlerweile mit der Methodologie qualitativer Forschung und drucken auch entsprechende Untersuchungen ab. Das erste Heft der 1985 von ›Empirikern‹ gegründeten und sehr informativen Zeitschrift »Teaching & Teacher Education« enthielt z. B. auch eine Arbeit von P. Woods über »Sociologie, Ethnography and Teacher Practice«; mittlerweile sind dort auch einige ethnographische Untersuchungen erschienen. In der dritten Ausgabe des »Handbook of Research on Teaching« stehen die Artikel über quantitative und qualitative Methoden der Unterrichtsforschung einträchtig hintereinander (zu einer Einschätzung von »Paradigm Wars« vgl. Gage 1989).

2. Expertenbefragung

2.1 Der Ablauf der Befragung

Als erstes waren Form und Inhalt der Fragen sowie die Art der Untersuchung festzulegen. Wir haben uns für ein *Fragebogenverfahren mit offenen Fragen* entschieden, weil hierdurch die befragten Experten möglichst wenig gegängelt werden; die mit dieser Frageform verbundenen Auswertungsprobleme waren in Kauf zu nehmen. Da es sich um die Befragung von Wissenschaftlern zu einem komplexen Problem ihres Arbeitsschwerpunktes handelte, verbot sich ein *multiple choice*-Verfahren von vornherein.

Die gestellten Fragen richten sich inhaltlich auf den Ertrag, die Defizite sowie die zukünftigen Perspektiven unterrichtsmethodischer Forschung (die Fragen wurden innerhalb der Vorbereitungsgruppe erörtert und ›verabschiedet‹). Jeweils zwei Fragen wurden auf eine DIN A 4 Seite übertragen, so daß je Frage ca. eine halbe Seite für die Antwort zur Verfügung stand.

Die zu befragende Expertengruppe wurde folgendermaßen festgelegt: Als ein »objektives« Auswahlkriterium wurde als erstes die Mitgliedschaft in der Kommission Schulpädagogik/Didaktik festgelegt: zusätzlich wurde als zweites »subjektives« Auswahlkriterium eine Liste von weiteren Autoren/Autorinnen aus der Erziehungswissenschaft sowie aus anderen Disziplinen erstellt, die aufgrund von Publikationen als »Experten« anzusehen waren. Dies schloß Fachdidaktiker aus den Fächern mit ein. (Leider haben hiervon nur wenige geantwortet!).

Insgesamt wurden 137 Fragebögen versandt; reagiert haben insgesamt 63 Angeschriebene (=45,9%; Erhebungszeitraum: Winter 1989/90). Die Zahl der auswertbaren Reaktionen (=beantwortete Fragebögen und inhaltliche Reaktionen, ausgelöst vom Fragebogen) betrug 37 (=27,0%). Aufgrund des Auswahlverfahrens und der nicht besonders hohen Rücklaufquote sind die erhaltenen Antworten natürlich nicht ohne weiteres zu verallgemeinern. Gleichwohl halten wir die erhaltene Basis für breit genug, um daraus doch einige Schlüsse ziehen zu können.

Übersicht über Rückläufe		
versandte Fragebögen		137
beantwortete Fragebögen Fragen brieflich beantwortet	32 } 5 } 37 }	
keine Beantwortung, aber Reaktion: – »Keine Zeit!« – »Kein Experte!« – »Fragen zu schwer!« – Sonstiges	 10 } 10 } 3 } 26 3 }	63
keine Reaktion		74

2.2 Die Ergebnisse der Befragung

Wie bei offenen Fragen nicht anders zu erwarten, streute die Form und der Umfang der Antworten sehr stark: Z. T. wurde in Stichworten (Spiegelstrichverfahren) geantwortet, z. T. wurden sehr ausführliche, den gesamten zur Verfügung stehenden Platz (incl. Ränder) ausnutzende Antworten gegeben. Der Umfang und die Form der Antworten hatten keinen Einfluß auf die Auswertbarkeit, oder anders – und in aller Vorsicht – formuliert: Manche sehr umfangreichen Kommentare waren nur schwer, z. T. gar nicht auf irgendeinen Kern zu bringen; das Spiegelstrich-/Stichwortverfahren machte die Auswertung in aller Regel leichter. In einigen Fällen wurde zu jeder Frage lediglich Selbstverständliches geantwortet; z. T. wurden Antworten gegeben, die nicht zu der jeweiligen, sondern zu einer anderen Frage des Fragebogens paßten.

Wie nicht anders zu erwarten, waren an den Antworten der Befragten ihr jeweiliger Arbeitsschwerpunkt, ihre »Position« etc. zu erkennen – mit der Folge, daß sehr viele ihr jeweiliges Arbeitsgebiet als besonders wichtig und perspektivenreich kennzeichneten...

Schließlich ist noch darauf hinzuweisen, daß –bis auf wenige Ausnahmen – die Frage nach Stand und Perspektive unterrichtsmethodischer Forschung in einem eher weiten Sinne verstanden worden ist: »unterrichtsmethodische Forschung« wurde vielfach mit »Lage der Didaktik/Unterrichtstheorie« gleichgesetzt; eine Beschränkung auf Forschungsprobleme im engeren Sinne haben nur wenige Befragte vollzogen. Dies ist vermutlich darauf zurückzuführen, daß in diesem engeren Sinne nur sehr wenige »Experten« vorhanden sind bzw. das spezielle »Forschungsproblem Unterrichtsmethode« nur sehr wenige Kollegen interessiert; in der Lehrerausbildung beschäftigt man sich ja auch sinnvollerweise mit unterrichtsmethodischer Forschung immer im weiteren Kontext von Veranstaltungen zur Didaktik oder zum Lehrerhandeln.

Wollte man das wichtigste Charakteristikum der Antworten benennen, so kann man auf eine vielfach vorgebrachte (Selbst)Kritik von (Erziehungs)Wissenschaft zurückgreifen: Befragt man zehn Wissenschaftler zu einem Problem, bekommt man mindestens zehn unterschiedliche Antworten! Die Streubreite der Antworten ist in der Tat beträchtlich. Dies ist sicher auch eine Folge der von uns angewandten Methode der Datensammlung: hätten wir nur wenige Antwortalternativen vorgegeben, wäre es sicherlich zu einem klareren, einfacheren Bild gekommen. Umgekehrt hat man bei offenen Fragen den Vorteil, ein adäquateres Abbild der tatsächlichen Beurteilungstendenzen innerhalb der Gruppe der Befragten zu erhalten.

Trotz der immensen Streubreite und inhaltlichen Varietät der erhaltenen Antworten ist es unter Anlegung einer das ganze Spektrum überschauenden, sich von den vielen interessanten Details lösenden Perspektive dennoch möglich, eine erkennbare übergreifende Tendenz, einen »Groß-Trend« zu formulieren:

Die Zeit eines verhaltenswissenschaftlich fundierten, lernzielorientierten Unterrichs(methoden)verständnisses sowie einer damit assoziierten, strikt empirisch-analytischen Methodik der Unterrichts(methoden)forschung scheint definitiv vorbei zu sein – zumindest in der Vorstellungswelt der befragten Experten (»Theoretiker«).

Damit korrespondiert eine relativ einhellige und wohl schon selbstverständliche Orientierung an interaktions- und kommunikationstheoretischen sowie handlungs- und kognitionspsychologischen Konzepten, die Betonung eines handlungs-, erfahrungs- und subjektbezogenen Unterrichts(methoden)verständnisses sowie eine stärkere Betonung des Wertes qualitativer und aktivierender Untersuchungsansätze.

Dieser übergreifende Wandlungsprozeß ist in den Antworten auf alle Fragen ablesbar, wenngleich er sich in unterschiedlicher Begrifflichkeit manifestiert. Und da dieser Trend ein durchgängiges Merkmal des Materials ist, wird er erst deutlich, wenn man Kontraste bildet (etwa indem man fragt: Wie wären dieselben Fragen vor 10 oder 20 Jahren beantwortet worden?). Erst durch das Anlegen von unterschiedlichen Hintergrund-Folien sowie durch Kontrastmittel wird ein solcher durchgängiger, »selbstverständlicher« Trend im Material deutlich.

Bei der Beurteilung dieses Groß-Trends ist zu beachten, daß er nicht speziell und nur für die Forschung im Bereich von Unterrichtsmethode gilt, sondern sich auf die gegenwärtige Lage der didaktischen Diskussion insgesamt beziehen läßt. Wie bereits erwähnt, sind unsere Fragen häufig in diesem allgemeinen Sinne aufgenommen und beantwortet worden.

Im folgenden sollen für jede Frage gesondert *die zentrale(n) Antworttendenz(en)* (falls vorhanden!) sowie das *Spektrum der Antworten* (auf Stichworte verkürzt) vorgestellt werden. Sicherlich: Diese Form der Auswertung zeichnet im Grunde eine Landkarte, die fast so groß ist wie das Land selbst. Aber in diesem Fall ist eine solche Form vielleicht zu vertreten: Das Land selbst ist zwar vielgestaltig, aber nicht sehr groß ...

---

1. Was sind Ihrer Meinung nach die bedeutsamsten Erträge der neueren Forschung zum Thema »Unterrichtsmethode«?

Der größte Teil der Befragten hat auf diese Frage mit Stichworten geantwortet, ein kleinerer Teil hat Veröffentlichungen genannt, manche beides. – Von 5 Befragten wurde als bedeutsamster Ertrag der unterrichtsmethodischen Forschung die *Destruktion der Einfach-Vorstellung von ›der‹ besten Methode* genannt. An zweiter Stelle steht die *Beschreibung des Methodenrepertoires von Lehrern* bzw. der empirische Befund, daß de facto ein Methodenmonismus vorliegt. *Erfahrungs- bzw. Handlungsorientierung* als didaktisch-methodische Maxime wurde ebenfalls mehrfach genannt, ebenso *ATI-Forschung* und *Systematisierungsversuche*.

Als weitere Stichworte zum Ertrag wurden genannt:

- daß überhaupt geforscht wird
- Wirkung des Lehrers als Person
- Berücksichtigung der institutionellen Bedingungen/heimlicher Lehrplan (mehrfach)

- Lehr-Lern-Forschung
- Forschung zur Kommunikation im Unterricht
- Ende der effektivitätsorientierten Empirie
- »expertise«-Forschung und Lehrerhandeln
- Scheitern von »mastery learning«
- Übertragung kognitionspsychologischer Erkenntnisse in Lehre (Aebli)
- »daß Methode etwas Zweites ist«
- Methodenkompetenz von Schülern
- daß Methoden Gegenstände konstituieren
- Methodenlehren werden im Schulalltag nur zu Legitimationszwecken herangezogen
- das Verhältnis von Vertiefung und Besinnung bei Herbart
- die Erträge sind zu gering (es gibt keine)
- Handlungs-, Erfahrungs- und oder Subjektorientierung (mehrfach)
- Computersimulation
- Rutter-Studie (»Schulethos«)
- Berücksichtigung der Nebenwirkungen
- Forschung zu »subjektiven Theorie«
- offener Unterricht
- Strategien entwicklungsfördernden Unterrichts
- community learning
- Abkehr von der »Feiertagsdidaktik«
- Differenzierung des Wissens über Unterricht
- Entdeckung der Alltagsmethodik
- methodisches Können hat nichts mit päd. Professionalität zu tun

---

2. Welches sind Ihrer Meinung nach die hauptsächlichen Mängel der gegenwärtigen unterrichtsmethodischen Forschung? Worauf führen Sie diese Mängel zurück?

- zu affirmativ
- keine Kooperation zwischen Allgemeiner und Fachdidaktik (mehrfach)
- man hängt immer noch der Vorstellung von »der« besten Methode an
- technologisches Denken
- zu hohe Abstraktion
- geeignete Lern- und Bildungstheorie fehlt
- Forschung immer zu speziell
- Erforschung von Leitmedien fehlt
- offener Unterricht muß stärker erforscht werden
- Inhalt/Methode-Trennung (mehrfach)
- keine Frage nach Verantwortbarkeit von Methoden
- Mangel an konstruktiver Weiterentwicklung
- Widerspruch zwischen Integrationsforderung in Schulklassen und den Individualisierungsforderungen aufgrund neuerer Forschung
- Einseitige Ausrichtung der Schulpädagogik auf Ausbildung (statt auf Forschung u. Ausbildung)
- Innovatives läßt sich nicht gut vermarkten
- zu kleine Untersuchungseinheiten
- unklares Selbstverständnis der Erziehungswissenschaft
- Ziel- und Inhaltsdimension zu stark betont
- keine Berücksichtigung des institutionellen Kontexts

- keine institutionelle Verbindung von Universität und Schule
- Integration verschiedener Schüler
- Mangel der Forschung ist . . . daß es sie nicht gibt (mehrfach)
- langfristige Wirkungen werden nicht untersucht
- keine Differenzierungen hinsichtlich Forschungs-Ausbildung-Praxisorientierung-
- Dominanz normativer Reflexion, keine empirische Prüfung
- keine Gesamtstrategie
- Selbstverständnis der Erziehungswissenschaft unklar und wechselhaft
- keine Theorie-Praxis-Integration
- keine didaktische Selbstreflexion der Hochschullehrer/Didaktiker
- Ignoranz gegenüber den Konstitutionsbedingungen des Schulalltags; Didaktiken zu idealistisch
- Fortschritte der Lehr-Lern-Forschung werden von der Didaktik nicht eingeholt
- Empiriefeindlichkeit der dt. Pädagogik
- Lehrerbezug zu stark
- Forschung zu »empiristisch«
- subjektive Seite (Lehrer und Schüler) zu wenig berücksichtigt
- kaum Vor-Ort-Forschung möglich wg. Datenschutz
- lediglich additives, kein systematisches Verständnis von Unterrichtsmethode
- Wandel der Lehr-Lern-Anforderungen (gesellschaftliche Entwicklung nicht erfaßt)
- falsches Kausalitätsdenken
- keine Theorie (mehrfach)
- Vernachlässigung des Interaktionsaspekts, Grund: Beobachtung schwierig
- fehlende Aktions- und Handlungsforschung
- mangelnde Differenzierung der »Sprachen« (Forschung–Praxis)

---

3. Welchen Fragestellungen und Themen müßte sich die unterrichtsmethodische Forschung in Zukunft intensiver zuwenden?

- Prüfung allgemeindid. Aussagen in Fachdidaktiken
- Situations- und Prozeßbezug von Methode herausarbeiten
- eine Systematik der Vor- und Nachteile von Methoden in bestimmten Situationen erstellen
- personinterne Prozesse
- Wie verträgt sich päd. Intentionalität mit Offenheit?
- nach-behaviorale Psychologie
- Routinen im »gelingenden« Unterricht
- Optimierungsprobleme bei divergierenden Zielen
- Forschungsmethoden als Unterrichtsmethoden?
- Wie läßt sich die Unterrichtspraxis erfahrener Lehrer ändern?
- Zusammenfassung von inner-/außerschulischem Lernen
- subjektive Seite des Lernens
- Was bleibt vom Lehrplan tatsächlich ›im‹ Schüler haften?
- päd. Konzept des Lehrers und Methode
- »methodische Kreativität«
- Schülerwahrnehmung von Methoden
- Gründe für Rückfall in »erlebte« Methoden
- Professionalität
- Lehrerpersönlichkeit

- Warum *kein* Frontalunterricht?
- Dominanz der Frontalmethode erklären
- Bildungsgangforschung
- erziehender Unterricht
- Individualisierung bei Frontalunterricht
- Modelle der Binnendifferenzierung
- lebenslanges Lernen
- Gestaltpädagogik und TZI
- Schulqualität
- Unterrichtsmethode und Lernfähigkeit
- Kognitionspsychologie
- Präferenzen zwischen Inhalten und Methoden
- Wie kommt Schulethos zustande?
- schulartspezifische Unterrichtsmethoden?
- Akzeptanz des Lehrerhandelns
- Wie werden Lernbarrieren überwunden?
- Dokumentation und Analyse anspruchsvoller Unterrichtskulturen
- Affinität Methoden – Fachstrukturen
- autonomes Lernen
- mehr Theoriearbeit
- Realität der Methodenpraxis im Unterricht erforschen
- Identifikation von Anforderungen an die Schule, dann Festlegung was wie geht
- pädagogische Momente der Inhalte herausstellen
- gelungenes Lernen im Alltag erforschen
- Untersuchung von Lern- und Erkenntnishindernissen

4. Welche forschungsmethodologischen und -methodischen Schwerpunkte müßten in Zukunft gesetzt werden, um Qualität und Ertrag unterrichtsmethodischer Forschung zu verbessern?

In mehreren Antworten tauchte der Hinweis auf qualitative Methoden auf, auch partizipative Ansätze wurden mehrfach genannt (Handlungsforschung etc.). Antworten im einzelnen:

- Inhaltsspezifität von Unterrichtsmethode herausarbeiten (mehrfach)
- Forschungsmethoden immer inhaltlich diskutieren
- Nachvollziehbarkeit der Resultate durch die Erforschten sichern
- qualitative Forschungsmethoden (mehrfach)
- Theorie / Praxis-integrierende Forschung
- Zusammenhang Didaktik-Matetik-
- stärkere Verbindung Schule / Hochschule
- mehr empirische Forschung
- stärkere Verbindung zwischen Methoden der Lehrerausbildung- und Unterrichtsmethoden
- Kombination quantitativer / qualitativer Forschungsmethoden
- Verbindung von Quer- und Längsschnittuntersuchungen
- Handlungsforschung mit Schülern und Lehrern (mehrfach)
- mehr Unterrichtsbeobachtung Instituetik
- Lernen nicht auf Unterricht eingrenzen
- pädagogische Kasuistik

- mehr eigenständige Arbeiten, weniger Kompilation
- Arbeit an einer »allgemeinen Fachdidaktik«
- Entwicklung eines Methodenrepertoirs (incl. Einsatzbedingungen)
- Wirkung von Unterrichtsmethoden auf Schüler erforschen
- mehr Inhaltsanalysen sowie Replikationen und Meta-Analysen
- vergleichende Untersuchung methodischer Inszenierungen zum gleichen Thema
- Unterrichtsbeobachtung mit Tiefeninterviews
- Selbst-Erforschung / »teacher research«
- Beobachtungsstudien mit nicht zu kleinen Stichproben
- Zusammenhang Unterrichtsmethode-Unterrichtstheorie – Schultheorie
- Absicherung des Methodenwissens der Reformpädagogik

---

5. In Richtung auf welche Problemzusammenhänge müßte Ihrer Meinung nach die unterrichtsmethodische Forschung ausgeweitet werden – und warum (z. B. soziale, ästhetische, moralische, praktische, ökologische, berufliche oder sonstige Lernbereiche)?

- Verbindung von Methoden mit Ziel / Inhaltsfragen
- Zusammenhänge zwischen den in der Frage genannten Bereichen (mehrfach)
- Wirkung von Erziehungsmethoden (biographisch)
- beruflich / Schule & Produktion (mehrfach)
- erziehender Unterricht
- praktisches Lernen
- langfristige Wirkungen von Schule
- mehrkriteriale Untersuchungen
- Unterricht als soziale Interaktionssituation
- moralisches Lernen
- kooperatives Lernen
- Denkerziehung / Handlungsplanung
- analysieren, warum Schüler an der Schule scheitern
- Schlüsselqualifikationen / Schlüsselsituationen (mehrfach)
- Lernen lebensnah machen
- mehr Praxisrelevanz und mehr Theorie
- es müßte Lehrbücher zu Unterrichtsmethoden geben
- methodisches Lernen, da Wissen zu schnell veraltet
- Schulzeitpartituren
- differenzieller Zusammenhang von Lernarten und Lernbedingungen
- Äußerung / Kultivierung von Gefühlen

---

6. Wie beurteilen Sie das Verhältnis von fachdidaktisch orientierter und allgemeindidaktischer Forschung zum Thema »Unterrichtsmethode? Wovon ist mehr (und was) zu erwarten?

Dies ist die einzige Frage, bei der die Antworten in eine Richtung gingen: beinahe alle Befragten verlangten eine stärkere Integration bzw. mehr Zusammenarbeit. Da nur wenige der angeschriebenen Fach-Didaktiker geantwortet haben, kann man sich kein breites Bild über deren Meinung machen. Von allgemeindidaktischer Seite waren eher Vorbehalte gegen eine allzu enge fachdidaktische Orientierung zu spüren; Vorbehalte auch gegen die Anlehnung der Fachdidaktiken an die traditionellen allgemeindidaktischen Modelle. Fachdidaktiker betonten demgegenüber *ihre* speziellen Interessen. Zwei Befragte meinten, das in der Frage unterstellte »Verhältnis« gebe es gar nicht ... Auch wurde bemängelt, daß die allgemein-didaktische Forschung den Detailreichtum der fachdidaktischen nicht nachvollziehe.

7. Aus welchen gesellschaftlich-kulturellen und/oder wissenschaftlichen Bereichen wird die unterrichtsmethodische Forschung Ihrer Meinung nach in Zukunft wichtige Inspirationen erfahren?

Aufgrund des eher spekulativen Charakters dieser Frage streuten hier die Antworten außergewöhnlich breit. Mehrfach genannt wurden die Neuen sozialen Bewegungen, die Philosophie, »Schlüsselprobleme«, allgemeine Zeitanalyse; »Chaos«-Forschung:

- Chaos-Forschung (mehrfach)
- berufl. Qualifikationsforschung
- Neue soziale Bewegungen (mehrfach)
- ›die Pädagogik schottet sich zu sehr gegen kulturelle Strömungen ab‹
- Philosophie/Wissenschaftstheorie (mehrfach)
- Vergleichende Erziehungswissenschaft
- Neue Informationstechnologien
- Denkerziehung
- Schlüsselprobleme (mehrfach)
- EDV, Gehirnforschung
- Biographieforschung
- »Selbsterfahrung«/Psycho-Kultur
- qualitative Methoden
- Systemtheorie
- Medienpädagogik
- Berufsbildung/Weiterbildung/Erwachsenenbildung
- kognitive Lerntheorie (mehrfach)
- aus der Geschichte der Unterrichtspraxis
- aus der »Wirtschaft« (Europa etc.)
- aus der Zeitanalyse
- aus Meditation
- aus interdisziplinären Fragestellungen
- aus der Kunst
- aus der Analyse ›großer‹ Lehrer
- von Kindern und Anfängern Lehrmethoden erlernen

2.3 Zusammenfassung und Schlußfolgerungen

Was bleibt? Welche zusammenfassenden Beschreibungen lassen sich aufgrund der erhaltenen Antworten formulieren? Welche Schlüsse können versuchsweise gezogen werden?

1. Zunächst einmal ist die *immense Streubreite der Antworten* auffällig und insofern als erstes interpretationsbedürftig. Sicherlich spiegelt sie die tatsächlichen Verhältnisse innerhalb der Schulpädagogik/Didaktik (vielleicht sogar; der Erziehungswissenschaft) wider: zwar scheint ein gemeinsames Grund-Verständnis zu existieren – etwa die endgültige Verabschiedung lernzielorientierten Denkens –, aber dieser Trend ist recht weiträumig gefaßt und in sich heterogen. Die Teil-Disziplin Schulpädagogik/Didaktik ist hinsichtlich ihrer Selbstbeschreibung wie auch ihrer Zukunftsperspektiven eben doch relativ inhomogen. Differenzen lassen sich allenfalls anhand der jeweiligen *Arbeitskontexte* markieren: Die zentral mit der Lehrerausbildung Beschäftigten haben am ehesten noch die konkreten Probleme des Unterrichtshandelns von Lehrern vor Augen, nehmen von hier aus auch ihr eigenes hochschuldidaktisches Handeln in den Blick und stellen dementsprechende Fragen und Anforderungen an die Theorie ; die (sehr wenigen) »Theoretiker« verlangen dezidiert *mehr* Theorie; pädagogische Psychologen stehen relativ einheitlich auf dem Boden der kognitiven (Lern)Psychologie und der empirischen Forschung; hat man Erfahrungen mit neuen (alternativen) Lehr- und Lernformen, erscheinen die Neuen sozialen Bewegungen, aber auch Adaptationen aus Beratung und Psychotherapie (Humanistische Psychologie) attraktiv. Interessen sind an »Milieus« geknüpft.

2. Fragt man nach den Ursachen für die beträchtliche Streubreite der Antworten (unterhalb der Ebene des erwähnten »Groß-Trends«), so ist ein Blick auf die (wissenschafts-)geschichtliche Entwicklung und den aktuellen Stand der Schulpädagogik/Didaktik (in enger Bezugnahme auf die Entwicklung der Erziehungswissenschaft insgesamt) zu werfen: Bis weit in die 60er Jahre hinein dominierte das geisteswissenschaftlich-bildungstheoretische Unterrichts- bzw. Didaktikverständnis *(monoparadigmatische Phase)*. In den 70er Jahren hatte sich aufgrund hier nicht weiter zu erörternder inner- und außerwissenschaftlicher Entwick-

lungen die Situation *poly-paradigmatisch* gewandelt: In enger Anlehnung an allgemeine wissenschaftstheoretische Demarkationslinien konkurrierten verschiedene »Theorien und Modelle der Didaktik« (Blankertz) miteinander. Diese Situation änderte sich erneut, als mit Beginn der 80er Jahre teils durch Umformulierung, teils durch »Absterben« etablierter Theorien wie auch durch direkte Annäherung die Konkurrenz abgebaut wurde: die Zeit der »*Mischtheorien*« (Peterßen 1983, S. 60) begann. Und gegenwärtig scheint die Überzeugungskraft der etablierten wie modifizierten Ansätze abzunehmen – wodurch natürlich auch Orientierungs- und Systematisierungsleistungen ausfallen; für die Erziehungwissenschaft insgesamt spricht Garz (1989) gar vom »*Paradigmenschwund*«! Unterhalb der Ebene des weiter oben erwähnten Groß-Trends ist also keine »unsichtbare Hand« mehr zu spüren, die zu einer überschaubaren und weithin verbindlichen inhaltlichen Strukturierung der Theorie- und Wissensbestände geführt hätte. Heterogenität, Vielfalt, Uneinheitlichkeit sind die Folgen – durchsetzt mit einer Lust an der »Reaktualisierung« und/oder »Rekonstruktion« im Sinne einer »Wiederentdeckung« und erneuten Durcharbeitung der theoretischen Bestände.

3. Als auslösendes Element für die große Vielfalt der Meinungen zu Unterrichtsmethode kann auch die Situatiuon in der Lehrerausbildung gewirkt haben: Die Lehrerarbeitslosigkeit der letzten zehn Jahre hat dazu geführt, daß die Lehramtsstudiengänge (nicht zuletzt von den Studierenden selbst) nicht mehr *nur* auf Unterricht und Schule, sondern breiter (»polyvalent«) angelegt wurden. Die Konzentration auf *Schul*unterricht fiel; pädagogisch-didaktische Ideen aus der Erwachsenen- und Weiterbildung, aus dem Berufsleben und aus den Neuen sozialen Bewegungen lösten tradierte Muster auf.

4. Die große Streubreite deutet darauf hin, daß es gegenwärtig vermutlich weder eine überzeugende (»durchschlagende«) inhaltliche Strukturierung des Feldes gibt – noch eine soziale Struktur, die die faktische Durchsetzung einer solchen gemeinsam geteilten Arbeitsgrundlage begünstigen bzw. ermöglichen würde. Hypothetisch wäre zu fragen, ob diese Heterogenität sich auch in der Lehre (Lehrerausbildung, Diplomanden/Doktoranden) so wiederfindet.

Die Tatsache der großen Heterogenität selbst kann sehr unterschiedlich bewertet werden: einerseits als Hinweis auf die Pluralität, Lebendigkeit und Fehlerfreundlichkeit des Faches (die vielleicht der Erziehung als Praxis sogar guttut), oder aber als Hinweis auf relativ erfolglose Bemühungen um die Etablierung eines gemeinsamen Grundgerüstes von Begriffen und Theoremen als Arbeitsgrundlage etc. Im letzteren Fall würde das Ergebnis der Befragung ganz eindeutig die Notwendigkeit zur Intensivierung der Bemühungen um eine solche theoretisch begründete Arbeitsgrundlage unterstreichen – im erstgenannten Fall könnte, ja müßte alles so bleiben. Allerdings ist in diesem Zusammenhang zu bedenken, daß die Erarbeitung einer gemeinsamen Arbeitsgrundlage auf der Ebene der Wissenschaft (Didaktik) natürlich keineswegs eine entsprechende Vereinheitlichung auf der Ebene der Praxis zur Folge hat / haben kann. Die einheitliche Arbeitsgrundlage kann ja sehr wohl Vielfalt beeinhalten und für die Praxis die Ausschöpfung dieser Vielfalt empfehlen.

5. Bemerkenswert ist, daß die endgültige Verabschiedung des ›Mythos der *einen* Methode‹ vielfach *übereinstimmend als Ertrag (nicht: Desaster) der Unterrichtsmethodenforschung* betrachtet wird. Damit werden alle Omnipotenzvorstellungen irgend*einer* unterrichtsmethodischen Variante hinfällig; an ihre Stelle tritt die (viel schwierigere) Suche nach den je situativen Einsatzvoraussetzungen und -folgen einzelner Unterrichtsmethoden. Möglicherweise ist diese Entwicklung mit ein Grund für die Vielfalt der Antworten bzw. Antworttendenzen: Die Zeiten, in denen man sich noch an irgendeine methodische Grundvariante – komme, was da wolle! – klammern konnte, sind vorbei; die damit verbundene Orientierungskrise erklärt übrigens auch die inhaltliche Streubreite der genannten Kultur- und / oder Wissenschaftsbereiche, von denen man wichtige Inspirationen erwartet.

3. Perspektiven

Die folgenden Perspektiven formulieren wir teils in Reaktion auf die erhaltenen Antworten, teils aufgrund eigener Prioritätensetzung. Sie sind als u. E. zukünftig notwendige und erfolgversprechende Aufgabenfelder zu verstehen.

3.1 »Allgemeine Didaktik – Fachdidaktik – Fachwissenschaft«

Dieser bekannte Buchtitel (Kochan 1969) benennt einen Problemkomplex, der – trotz einer traditionsreichen und intensiven Diskussion – noch immer unbefriedigend geklärt ist. Vielfach wurde in den erhaltenen Antworten auf die Inhaltspezifität von Methode(n), auf einen falschen Inhalt/Methode(n)-Separatismus, auf die Inhaltsneutralität von Unterrichtsforschung, auf die Bedeutung verschiedener unterrichtlicher Inszenierungsmuster ein und desselben Inhalts, auf die methodisch konstituierte Erfahrungsbildung von Inhalten/Lernbereichen ›im Kopf‹ der Schüler etc. hingewiesen. Die enge Verklammerung von Inhalt und Methode wurde einerseits betont – und gleichzeitig der Stand der Kooperation zwischen Allgemeiner Didaktik, Fachdidaktik und Fachwissenschaft als unzureichend kritisiert. Die fachinhaltliche bzw. lernbereichsbezogene Akzentuierung der theoretischen Diskussion wie auch der wirklichkeitsorientierten Forschung zum Thema Unterrichtsmethode muß in Zukunft stärker zur Geltung kommen. Unterricht gibt es ja nie ›an sich‹, sondern immer nur als Erstleseunterricht, Sachunterricht, Physikunterricht, Englischunterricht etc. Natürlich kann und muß hiervon auch abstrahiert werden können, der inhaltlich-lernbereichsspezifischen Einbindung von Methodenfragen sollte jedoch in der Forschung gleichwohl mehr Bedeutung beigemessen werden, als dies bisher der Fall war.

So ist etwa die traditionsreiche allgemein-didaktische Auseinandersetzung um das Verhältnis von Inhalt und Methode (vgl. These vom didaktischen Primat, »Interdependenz«, Konstitution durch Methode; vgl. Adl-Amini 1981; Terhart 1989) nur dann in den Rahmen von empirischen Forschungsprozessen einzubringen, wenn unterschiedliche methodische Realisationsformen ein und desselben Inhalts erprobt und in ihren Folgen für die Lernerfahrungen der Schüler bezogen auf diesen Inhalt überprüft werden. Möglicherweise zeigt sich dann, daß die Alternative eines Ableitungs- *oder* Konstitutionsverhältnisses zwischen Inhalt und Methode in dieser scharfen Form gar nicht besteht, weil erstens in der Erfahrung der Schüler Inhalte und Methoden als immer schon miteinander verschränkt (i. S. von »Lernsituation«) wahrgenommen werden, Methodeneffekte in ›reiner‹ Form also gar nicht auszumachen sind, und weil zweitens die Schüler entsprechend ihrer individuellen Lerngeschichte und -haltung je unterschiedlich auf die methodische Zubereitung von Inhalten reagieren. Oder anders formuliert: Für den einen Schüler spielt die methodische Realisationsform, die der Lehrer wählt, eine weniger wichtige Rolle, da er sich die Inhaltsstruktur relativ autonom anzueignen in der Lage ist, für einen anderen Schüler geht nichts ohne eine ihm gemäße methodische Zubereitung, die ihm den Inhalt allererst zugänglich macht. Gerade unter dem Gesichtspunkt, daß Unterricht ja im Kern auf die Auslösung von Lernprozessen auf seiten der Schüler abzielt, zeigt sich, daß das Verhältnis von fachinhaltlicher Seite und fachdidaktischer bzw. -methodischer Seite eben nur auf der Ebene theoretischer Abstraktion in einem allgemeinen Sinne erörtert werden kann, wohingegen es in der Realität des unterrichtlichen Lehrens und Lehrens von je individuellen Besonderheiten abhängt, wie Schüler das Verhältnis von Inhalt und Methode erfahren und in den eigenen Lern-Haushalt einarbeiten.

Von besonderen Bedeutung für die weitere Ausgestaltung des Verhältnisses von Allgemeiner Didaktik und Fachdidaktik hinsichtlich Theoriebildung und Forschung ist die institutionelle Einbettung der Fachdidaktik innerhalb der Lehrerausbildung. Insbesondere die Integration der Pädagogischen Hochschulen in die Universitäten (Ausnahmen: Baden-Württemberg, Schleswig-Holstein) und das dabei weithin praktizierte Verfahren der Fach-zu-Fach-Zuordnung hat nicht zur Stärkung spezifisch fachdidaktischer Belange beigetragen, sondern zusätzlichen Druck in Richtung auf Verfachwissenschaftlichung ausgeübt bzw. zur Abwehr oder gar Abwertung fachdidaktischer Aspekte beigetragen. Die unklare und unbefriedigende Stellung der Fachdidaktiken ist jedoch nur Indiz für ein tieferliegendes Problem. Die grundsätzliche Frage in diesem Zusammenhang richtet sich auf die Möglichkeiten von Lehrerausbildung unter universitären Bedingungen, wobei ein inhaltlicher von einem institutionellen Aspekt zu unterscheiden ist: Inhaltlich stellt sich die Frage, wie die in den späten sechziger Jahren entstandene Gleichsetzung von Professionalisierung mit Verwissenschaftlichung wieder aufgelöst und damit das Professionalisierungskonzept in seiner ganzen inhaltlichen Breite wieder in die Debatte um den Lehrerberuf eingeführt werden kann. Akademisierung und Verwissenschaftlichung haben zwar bestimmte Probleme und Defizite der alten Lehrerausbildung beseitigen können, zugleich aber doch auch zu neuen Problemen geführt, die durch eine weitere Steigerung des Verwissenschaftlichungsprozesses nicht zu lösen sind. Im Rahmen einer zweiten, »reflexiven« Verwissenschaftlichung sind nunmehr die Folgen primärer, »einfacher« Verwissenschaftlichung zu prüfen und der Auflösung des Monopolanspruchs von Wissenschaft für Entscheidungsfindung und Handlungsbegründung Rechnung zu tragen (vgl. dazu allgemein Beck 1986, 255 ff.). – Unter institutioneller Perspektive ist zu bedenken, daß eine Umkehrung erfolgter Akademisierungs- (für die Volksschul- bzw. Grund- und Hauptschullehrerausbildung) sowie Pädagogisierungsprozesse (für die Gymnasiallehrerausbildung) aus vielerlei Gründen z. Zt. weder möglich noch ›ohne Rest‹ theoretisch begründbar erscheint; im übrigen würde dies tiefe Einschnitte in erworbene Besitzstände bedeuten. Insofern stellt sich die Frage, wie sich unter den heutigen Bedingungen von Universität (als Massenuniversität) dennoch ein Lehrerausbildungskonzept formulieren läßt, welches den sich wandelnden Anforderugnen an diesen Beruf gerecht wird. Der europäische Integrationsprozeß wird dabei zwangsweise zu zusätzlichen Innovationsnotwendigkeiten und neuen Impulsen führen.

3.2 Unterrichtsmethode in der Forschung – Unterrichtsmethode in Praxis und Ausbildung

Sowohl die Ergebnisse der Befragung wie auch vor allem die Resultate der Handbuch- und Zeitschriftenanalyse werfen ein klares Licht auf den Grad an Differenzierung und Spezialisierung, den die wissenschaftliche Beschäftigung mit »Unterrichtsmethode« mittlerweile erreicht hat. Als einheitlicher Gegenstand ist Unterrichtsmethode für eine strikt wissenschaftliche Analyse im Sinne empirischer Forschung zunehmend nicht mehr darstellbar; erst in Gestalt eines ihrer zahlreichen Einzelaspekte kann sie zum Gegenstand von Analyse gemacht werden. Diese Entwicklung entspricht in gewisser Hinsicht der Eigendynamik von Forschung generell: Jede Antwort auf eine Frage erzeugt gleich mehrere neue, speziellere Fragen. Wissenschaftssoziologisch drückt sich dies in der institutionellen Verfestigung ehemaliger »Spezialitäten« aus. Dieser Prozeß hat auch die Erziehungswissenschaft erreicht (unterstützt durch entsprechende Entwicklungen in der Pädagogischen Psychologie sowie in der Bildungssoziologie) – mit der Folge, daß die Idee einer Einheit des pädagogischen Motiv- und Gedankenkreises für die pädagogische Praxis im Selbstverständnis vieler Erziehungsberufe auch weiterhin anzutreffen ist, die erziehungswissenschaftliche Forschung sich aber immer stärker in einzelne Spezialgebiete aufgliedert, die sich voneinander sowie auch von den praktischen Problemlagen des Erziehens und Unterrichtens immer stärker abkoppeln (vgl. den Hinweis auf die ›zwei Kulturen‹ innerhalb der Erziehungswissenschaft bei Roeder 1990).

Gegenüber innerwissenschaftlichen Differenzierungsprozessen stellt sich für den Lehrer »Unterrichtsmethode« jedoch auch weiterhin als ein ganzheitliches, situativ zu bewältigendes Handlungsproblem dar. Für ihn ›ist‹ Unterrichtsmethode insofern auch etwas ganz anderes als für – z. B. –Lehr-Lern-Forschung. Damit erhebt sich die Frage, wie angesichts der heute schon bestehenden Differenzen zwischen der Thematisierung von Unterrichtsmethode als *Forschungs*problem und Unterrichtsmethode als *Handlungs*problem, die sich vermutlich in Zukunft noch vergrößern werden, Vermittlungsformen oder »Umschlagplätze« zwischen diesen beiden Bereichen gefunden und ausgestaltet werden können. Folgende Aufgabenstellungen halten wir in diesem Zusammenhang für wichtig:

– Wie sieht de facto der Übergangsprozeß zwischen der wissenschaftlichen Erkenntnisbildung über Unterricht und Unterrichtsmethode und dem Berufswissen der Lehrer über Methode aus? Über welche Stationen und mit welchen Modifikationen vollzieht sich die Vermittlung von wissenschaftlichem und subjektivem Wissen? Auf welche Art und Weise nutzen Lehrer theoretische Wissensbestände (Terhart 1990; Bromme 1992)?
– Als ein zentraler Umschlagplatz zwischen erziehungswissenschaftlicher Forschung und praktisch-pädagogischem Handeln hat sicherlich die Lehrerausbildung zu gelten. Welche Veranstaltungsformen, welche Lehrbücher »(Textsorten«) und praktischen Erfahrungsmöglichkeiten (Praktika) vermitteln am ehesten zumindest eine gewisse Methoden-Sensibilität als Voraussetzung für einen reflektierten Methodengebrauch innerhalb der Schulpraxis?
– Die berufliche Sozialisation von Junglehrern ist bisher vornehmlich hinsichtlich des Einstellungswandels untersucht worden. Wie sieht es hinsichtlich der Entwicklung von Wissen und Wissensformen inner-

halb der Berufsbiographie von Lehrern und Lehrerinnen aus? Welche Formen der Weiterbildung zeigen angesichts der verschiedenen berufsbiographischen Lagen, in denen Lehrer sich befinden, die besten Wirkungen?
- Selbstverständlich haben auch Praktiker wichtige Kompetenzen in Forschungsprozesse einzubringen. Im Rahmen von Projekten zur Entwicklung neuer unterrichtlicher Verfahren sollten deshalb auch Lehrer einezogen sein, damit spezifische Praxisbelange gewahrt bleiben.

Auf die systematische Differenz zwischen Forschungs- und Handlungsperspektiven hinzuweisen, impliziert weder eine Aussage über den Wert dieser beiden Thematisierungsformen noch beinhaltet es ein Plädoyer für eine definitive Abkopplung dieser beiden Bereiche voneinander. Gerade für die Schulpädagogik ist der Bezug auf den Lehrerberuf und das Lehrerhandeln konstitutiv. Allerdings wird sie ihre besondere Stellung angesichts der sich zunehmend spezialisierenden Forschungslandschaft in der Erziehungswissenschaft einerseits und dem sich im Zuge der gesellschaftlich-kulturellen Entwicklung wandelnden Handlungsproblem »Unterricht« andererseits neu bestimmen müssen.

3.3 Die Einzelschule als Untersuchungseinheit für unterrichtsmethodische Forschungen

Die vorliegenden Antworten aus der Expertenbefragung spiegeln im Rahmen des festgestellten »Groß-Trends« eine *ganz bedeutsame* Blickveränderung wider, die in den letzten Jahren in der Unterrichtsforschung vielfach vollzogen wurde: *weg von allein differenzierenden, analytischen Untersuchungen hin zu einer eher synthetisierenden, ganzheitlichen Betrachtungsweise*. Sowohl in der neueren Schulvergleichsforschung als auch in den Forschungen unter dem Stichwort »Qualität von Schule« (vgl. etwa Rutter u. a. 1980; Fend 1987; zusammenfassend auch Haenisch 1987; Klafki 1990) wird darauf verwiesen, daß Schulen des gleichen Typs unter ähnlichen sozialen Rahmenbedingungen sowie vergleichbarer räumlicher, sächlicher und personeller Ausstattung hinsichtlich der schulischen Leistungen und des Wohlbefindens der beteiligten Lehrer, Schüler und Eltern ganz erhebliche Unterschiede aufweisen.

Diese Forschungen lenken den Blick darauf, daß die »Qualität« einer Schule ganz wesentlich davon abhängt, was die in ihr Tätigen – insbesondere natürlich die Lehrer – aus der jeweiligen Schule machen, wie sie also die alltäglichen Arbeits- und Kooperationsprozesse organisieren, welche Regeln eingeführt, welche Normen beachtet, welche Prozeduren befolgt werden etc.

Zentrale Merkmale, die mit den Unterschieden zwischen »eher guten« und »eher schlechten« Schulen einhergehen, lassen sich in einem Komplex von Faktoren zusammenfassen, der als Schulklima, Schulkultur oder auch Schulethos (Rutter) bezeichnet wird. *Damit geraten »Synthesekategorien« (vgl. Fauser 1989) in den Blick, deren Beachtung bisher vernachlässigt wurde.* Konsequenzen aus diesen Ergebnissen, die eine neue, eher ganzheitliche, systemische Verknüpfungen einbeziehende Betrachtungsweise von schulischen Prozessen nahelegen, sind für die Unterrichtsmethodenforschung bisher noch kaum gezogen worden. Es ist aber davon auszugehen, daß die methodische Gestaltung des Unterrichts, die in dieser immer mitschwingenden gegenseitigen Einstellungen sowie der konkret realisierte Umgangsstil erhebliche Auswirkungen auf das Schulklima *und die Schulkultur* haben, wie umgekehrt Schulklima und Schulethos sich im Einsatz und der Ausgestaltung der Unterrichtsmethoden, *der »Unterrichtsmethodenkultur«* widerspiegeln. Das bedeutet aber, daß in Zukunft bei Forschungen zur Unterrichtsmethode verstärkt die Schule insgesamt als »pädagogische Handlungseinheit« (Fend) in ihrem systemischen Zusammenhang zum Forschungsgegenstand werden muß. *Innerhalb der Lehrerfortbildung werden bereits mit der Entwicklung von Formen schulinterner Lehrerfortbildung und schulischer Organisationsentwicklung Konsequenzen aus einer veränderten Sichtweise von Schule gezogen (vgl. hierzu Wenzel u. a. 1990; Greber u. a. 1990).*

Es sind in Zukunft komplexere Forschungen anzusetzen, die z. B. die »unterrichtsmethodische Kultur« in einer gesamten Schule in den Blick nehmen, also z. B. die praktizierte methodische Vielfalt und Variabilität, die stundenplantechnischen Regelungen, die Häufigkeit und Qualität unterrichtsorganisatorischer und unterrichtsmethodischer Absprachen zwischen den Kollegen, die Mitsprachemöglichkeiten der Schüler bei unterrichtsmethodischen Entscheidungen, die Voraussetzungen für außerunterrichtliche Aktivitäten des Schullebens, Formenreichtum sowie ihre Verwobenheit mit dem Unterricht, die kollegialen Absprachen hinsichtlich eines bewußten Aufbaus methodischer Kompetenzen der Schüler, die Möglichkeiten der Lehrer zu gegenseitiger Hospitation, zu Team-Teaching und Supervision etc. *Hier öffnet sich ein weites, fruchtbares, bisher vernachlässigtes Feld für zukünftige Forschungsarbeiten.*

Noch auf eine weitere Konsequenz für zukünftige Forschungen verweisen die Antworten aus der Befragung in diesem Zusammenhang. Die vorliegenden Untersuchungen zur Realität der Methodenanwendung in den Schulen insbesondere der Sekundarstufe I (vgl. etwa Hage u. a. 1985), die in ihren Ergebnissen überwiegend als bedeutsamer Erkenntnisfortschritt bezeichnet werden, zeigten, daß die Schulreform der letzten Jahrzehnte bei weitem nicht zu den vermuteten Veränderungen in der methodischen Gestaltung des Unterrichts, d. h. z. B. zu größerer methodischer Vielfalt geführt hat. Konsequenzen aus dieser Feststellung führten einerseits zu Untersuchungen über Schwierigkeiten und Probleme, die sich der Realisierung einer größeren Methodenvielfalt bzw. Formen »schüleraktiven Unterrichts« entgegenstellen (vgl. etwa Perlwitz 1979; v. Engelhardt 1982; Bohnsack u. a. 1984), und andererseits zu programmatischen Forderungen für eine Ausweitung des Spektrums der praktizierten Methoden (Meyer 1989). Weiterführend wäre nun, wenn Forschungen dort angesetzt würden, wo bereits eine anspruchsvolle Methodenkultur besteht. In Fallstudien könnten auf diese Weise die Realisierungsbedingungen einer Praxis, die einen wirksamen, vielfältigen und sowohl Lehrer als auch Schüler befriedigenden Methodeneinsatz ermöglichen, dokumentiert und identifiziert werden.

Es wird deutlich, daß eine in dieser Richtung veränderte Forschungsperspektive nicht ohne erheblichen Aufwand und eine entsprechende Forschungsförderung realisierbar sein wird. Die Konsequenzen für entsprechende Schwerpunktsetzungen sowie für die Unterstützung diesbezüglicher Kooperationsvorhaben müssen in Zukunft sicher noch genauer ausgefaltet werden.

3.4 Methodenkompetenz

Eine veränderte Betrachtung schulischer Lehr- und Lernprozesse, wie sie in den Befragungsergebnissen zum Ausdruck kommt, lenkt den Blick auf ein weiteres Desiderat bisheriger Unterrichtsmethodenforschung und damit zugleich auf eine wünschenswerte Perspektive. Es handelt sich dabei einerseits um einen Problemzusammenhang, den im Prinzip bereits Gaudig (1917) mit seiner Aussage aufzeigte: »Der Schüler muß Methode haben. Dem Lehrer aber muß die Methode, seinen Zögling zur Methode zu führen, eigen sein«.

Es geht andererseits aber auch um längere zeitliche Prozesse, letztlich die biographische Dimension berücksichtigende Forschungsperspektive. Ein veränderter Unterricht mit einer ansprechenden Methodenvielfalt, in dem die Schüler aktiv und zunehmend stärker mitbestimmend sich mit den Unterrichtsinhalten auseinandersetzen, erfordert sowohl von den Lehrern als auch den Schülern, »methodische Kompetenz« (siehe hierzu Wenzel 1984). Diese bedeutet auf der Seite der Lehrer nicht nur die Fähigkeit, in einer Klasse eine gute Arbeitsatmosphäre zu schaffen und aufrechtzuerhalten, sondern über dies und die Kenntnis einzelner Methoden hinaus die Fähigkeit, die jeweilige Methode situations- und themenadäquat einzusetzen und einzuführen. Nicht zuletzt wird in diesem Zusammenhang von den Lehrern gefordert, konsequent am Aufbau der methodischen Kompetenz der Schüler mitzuwirken. Auf der Seite der Schüler schließt methodische Kompetenz sowohl solche Fähigkeiten ein, die eine sinnvolle Nutzung unterschiedlicher Unterrichtsmethoden ermöglichen – insbesondere der Einzel-, Partner- und Gruppenarbeit inklusive der jeweils benötigten sozialen Fähigkeiten, sowie der spezifischen Methoden einzelner Fächer (vgl. hierzu Wenzel 1984, 1987), aber darüber hinaus auch die Fähigkeit, Lehr- und Lernprozesse zunehmend eigenständig und eigenverantwortlich zu gestalten. *So betrachtet zielt der Aufbau methodischer Kompetenz über den rein schulischen Bereich hinaus auf die Grundlegung von Fähigkeiten zu bewußtem »lebenslangem Lernen«. Er kann und sollte daher auch unter individueller biographsicher Perspektive (vgl. Kleinespel 1990) untersucht werden.*

Bei der Entfaltung methodischer Kompetenz handelt es ich um einen längerfristigen, vielschichtigen Aufbau- und Entwicklungsprozeß. Gerade Formen des handlungs- oder projektbezogenen Unterrichts, der Freiarbeit, der Arbeit mit dem Wochenplan etc. sind – sollen sie anspruchsvoll realisiert werden – unabdingbar auf entsprechende Kompetenzen von Lehrern und Schülern angewiesen. Forschungen über den gezielten

Aufbau solcher methodischer Kompetenz bei Lehrern und Schülern sind bisher kaum vorhanden *und daher umso dringender erwünscht*. Da es sich bei *der Entwicklung methodischer Kompetenz* um zeitlich ausgedehnte Prozesse handelt, ergeben sich eine Reihe *noch zu bewältigender* forschungspraktischer und forschungsmethodischer Probleme. Hier liegt eine zukünftige Forschungsaufgabe, der sich die Hochschulen sowohl hinsichtlich der Lehrer- als auch der Schülerseite *verstärkt* zuwenden sollten.

Die Entwicklung methodischer Kompetenz hat aber über die zuvor genannten Aspekte hinaus in unserem Zusammenhang noch einen weiteren wesentlichen Bedeutungshorizont, auf den abschließend kurz eingegangen werden soll. Eine Intensivierung der unterrichtsmethodischen Forschung unter Berücksichtigung der zuvor verschiedentlich aufgeführten neuen Anforderungen ist angewiesen *sowohl auf die institutionelle Absicherung längerfristiger, umfangreicher Forschungsvorhaben als auch* auf den Aufbau und die Entwicklung eines *spezifischen* forschungsmethodischen know hows. Eine gezielte Förderung forschungsmethodischer Kompetenz ist eine wichtige Voraussetzung für die Intensivierung der Unterrichtsmethodenforschung. Sie ist gleichzeitig ein wesentlicher Beitrag zur Überwindung der in der Befragung festgestellten Defizite. Hier liegen Aufgaben einerseits für die Hochschulen im Bereich der Lehre sowie der Förderung des wissenschaftlichen Nachwuchses, andererseits aber auch für die Forschungsförderung, die einen längerfristig angelegten Prozeß der forschungsmethodischen Kompetenzentwicklung durch die Gestaltung der Förderungsrichtlinien ermöglichen und absichern muß.

Literatur

Adl-Amini, B. (Hrsg.): Didaktik und Methodik. Weinheim: Beltz 1981.

Alisch, L.-M.: Möglichkeiten und Grenzen der Erforschung didaktischer Prozesse. In: Twellmann, W. (Hrsg.): Handbuch Schule und Unterricht, Bd. 4.2. Düsseldorf: Schwann 1981, S. 814–826.

Beck, U.: Risikogesellschaft. Frankfurt: Suhrkamp 1986.

Bromme, R.: Der Lehrer als Experte. Zur Psychologie des professionellen Wissens. Bern: Huber 1992.

Brophy, J. E./Good, Th. L.: Teacher Behavior and Student Achievement. In: Wittrock, M. C. (Ed.): Handbook of Research on Teaching. 3rd edition. New York: Macmillian 1986, S. 328–375.

Buchmann, M.: The Use of Research Knowledge in Teacher Education and Teaching. In: American Educational Research Journal 92 (1984), S. 421–439; dt. in Terhurt (1991).

Drerup, H./Terhart, E. (Hrsg.): Erkenntnis und Gestaltung. (Studien zur Theorie und Geschichte der Erziehungswissenschaft, Bd. 6) Weinheim: Dt. Studien Verlag 1990.

Dunkin, M. (Ed.): International Encyclopedia of Teaching and Teacher Education. Oxford: Pergamon Press 1987.

Ebel, R. L. (Ed.): Encyclopedia of Educational Research. 4th Edition. London: Macmillian 1969.

Einsiedler, W.: Lehrmethoden. Probleme und Ergebnisse der Lehrmethodenforschung. München: Urban & Schwarzenberg 1981.

Engelhardt, M. v.: Die pädagogische Arbeit des Lehrers. Paderborn: Schöningh 1982.

Fauser, P.: Nachdenken über pädagogische Kultur. In: Die Deutsche Schule 81 (1989), S. 5–25.

Fend, H.: »Gute Schulen – schlechte Schulen« – Die einzelne Schule als pädagogische Handlungseinheit. In: Steffens, U./Bargel, T. (Hrsg.): Erkundungen zur Wirksamkeit und Qualität von Schule (Beiträge aus dem Arbeitskreis »Qualität von Schule«, Heft 1). Wiesbaden u. Konstanz. 1987, S. 55–79.

Frey, K. (Hrsg.): Curriculum Handbuch. München: Piper Verlag 1975.

Gage, N. L. (Ed.): Handbook of Research on Teaching. Chicago: Rand McNally 1963.

Gage, N. L.: The Paradigm Wars and their Aftermath: A »historical« Sketch of Research on Teaching since 1989. In: Teachers College Record 91 (1989), S. 135–160.

Garz, D.: Paradigmenschwund und Krisenbewußtsein. In: Pädagogische Rundschau 43 (1989), S. 17–35.

Gaudig, H.: Die Schule im Dienste der werdenden Persönlichkeit. 1. Aufl. in zwei Bänden. Leipzig: Quelle & Meyer 1917.

Greber, U. u. a. (Hrsg.): Auf dem Weg zur »guten Schule«. Schulinterne Lehrerfortbildung: Bestandsaufnahme – Konzepte – Perspektiven. Weinheim: Beltz 1990.

Groothoff, H.-H./Stallmann, M. (Hrsg.): Pädagogisches Lexikon. Stuttgart, Berlin: Kreuz-Verlag 1961, 2. Aufl. 1964, 5. Aufl. 1971.

Haenisch, H.: Was ist eine »gute« Schule? Empirische Forschungsergebnisse und Anregungen für die Schulpraxis. In: Steffens, U./Bargel, T. (Hrsg.): Erkundungen zur Wirksamkeit und Qualität von Schule (Beiträge aus dem Arbeitskreis »Qualität von Schule«, Heft 1). Wiesbaden u. Konstanz 1987, S. 41–54.

Hage, K. u. a.: Das Methoden-Repertoire von Lehrern. Eine Untersuchung zum Schulalltag der Sekundarstufe I. Opladen: Leske & Budrich 1985.

Hermann, J./Kamps, W.: Über die Notwendigkeit einer Neuorientierung der empirischen Unterrichtsforschung. In: Twellmann, W. (Hrsg.): Handbuch Schule und Unterricht, Bd. 4.2. Düsseldorf: Schwann 1981, S. 805–813.

Horney, u. a. (Hrsg.): Pädagogisches Lexikon. Gütersloh: Bertelsmann Fachverlag 1970.

Husén, T./Postlethwaite, N. (Eds.): International Encyclopedia of Education. Oxford: Pergamon Press 1985.

Ingenkamp, K./Parey, E. (Hrsg.): Handbuch der Unterrichtsforschung, 3 Bd. Weinheim: Beltz 1970/71.

Klafki, W.: Perspektiven einer humanen und demokratischen Schule. In: Berg, H. Ch./Steffens, U. (Hrsg.): Schulqualität und Schulvielfalt – Das Saarbrücker Schulgüte-Symposion '88. (Beiträge aus dem Arbeitskreis »Qualität von Schule«, Heft 5) Wiesbaden 1990, S. 55–77.

Kleinespel, K.: Schule als biographische Erfahrung. Die Laborschule im Urteil ihrer Absolventen. Weinheim: Weinheim 1990.

Kochan, D. C. (Hrsg.): Allgemeine Didaktik, Fachdidaktik, Fachwissenschaft. Darmstadt: Wiss. Buchgesellschaft 1969.

Lenzen, D. (Hrsg.): Enzyklopädie Erziehungswissenschaft. Handbuch und Lexikon der Erziehung. Stuttgart: Klett-Cotta 1983/86.

Lenzen, D. (Hrsg.): Pädagogische Grundbegriffe. Reinbek: Rowohlt 1989.

Loser, F.: Konzepte und Verfahren der Unterrichtsforschung, München: Juventa 1979.

Meyer, H.: Unterrichtsmethoden aus Schülersicht oder: Das Bermuda-Dreieck der Didaktik. In: Wenzel, H./Wesemann, M. (Hrsg.): Schule auf dem Weg ins 21. Jahrhundert. Bilanz, Probleme, Perspektiven. Weinheim: Dt. Studien Verlag 1989, S. 108–132.

Mitzel, H. E. (Ed.): Encycopädie of Educational Research, 4 Vols. New York: The Free Press 1982 (5th edition).

Perlwitz, E.: Die unterrichtliche Selbststeuerung von Schülern ist auch ein Problem der Selbststeuerung ihrer Lehrer. In: Geil-Werneburg, E./Semertzidis, S. (Hrsg.): Selbstgesteuertes Lernen. Bielefeld 1979, S. 102–125.

Peterßen, W.: Lehrbuch Allgemeine Didaktik. München: Ehrenwirth 1983, 3., erw. Auflage 1992.

Pütt, H.: Organisations- und Interaktionsformen des Unterrichts – Überlegungen zur Unterrichtsmethode. In: Twellmann, W. (Hrsg.): Handbuch Schule und Unterricht, Bd. 4.1. Düsseldorf: Schwann 1981, S. 375–391.

Riedel, K.: Empirische Unterrichtsforschung und Curriculumentwicklung. In: Frey, K. (Hrsg.): Curriculum Handbuch, Bd. 2. München: Piper 1975, S. 58–68.

Roeder, P. M.: Erziehungswissenschaften. Kommunikation in einer ausdifferenzierten Sozialwissenschaft. In: Z. f. Pädagogik 36 (1990), S. 651–670.

Rumpf, H.: Die Verbindung von curricularen Konzepten mit vorhandenen didaktischen Auffassungen und Arbeitsweisen. In: Frey, K. (Hrsg.): Curriculum Handbuch, Bd. 2. München: Piper 1975, S. 43–57.

Rutter, M. u. a.: Fünfzehntausend Stunden – Schulen und ihre Wirkung auf Kinder. Weinheim: Beltz 1980.

Schulze, Th.: Methoden und Medien in der Erziehung. München: Juventa 1978.

Sembill, D.: Erforschung didaktischer Prozesse. In: Twellmann, W. (Hrsg.): Handbuch Schule und Unterricht, Bd. 4.2. Düsseldorf: Schwann 1981, S. 827–845.

Smart, J. C./Elton, Ch. F.: Structural Characteristics and Citation Rates of Educational Journals. In: American Educational Research Journal 18 (1981), S. 399–413.

Speck, J./Wehle, G. (Hrsg.): Handbuch pädagogischer Grundbegriffe. München: Kösel 1970.

Tenorth, H.-E.: Tranformation der Pädagogik – 25 Jahre Erziehungswissenschaft in der »Zeitschrift für Pädagogik«. In: 20. Beiheft der Zeitschrift für Pädagogik. Weinheim: Beltz 1986, S. 21–85.

Terhart, E./Uhle, R.: Kommunikative Pädagogik: Versuch einer Bilanzierung. In: Hoffmann, D./Heid, H. (Hrsg): Bilanzierungen erziehungswissenschaftlicher Theorieentwicklung (Beiträge zur Theorie und Geschichte der Erziehungswissenschaft, Bd. 8). Weinheim: Dt. Studien Verlag 1991, S. 51–87. 1989.

Terhart, E.: Lehr-Lern-Methoden. Eine Einführung in Probleme der methodischen Organisation von Lehren und Lernen. Weinheim/München: Juventa 1989.

Terhart, E.: Pädagogisches Wissen in subjektiven Theorien: das Beispiel Lehrer. In: Drerup, H./Terhart, E. (Hrsg.): Erkenntnis und Gestaltung. Vom Nutzen erziehungswissenschaftlicher Forschung in praktischen Verwendungskontexten. Weinheim: Dt. Studien Verlag 1990, S. 117–134..

Terhart, E. (Hrsg): Unterrichten als Beruf. Neuere englische und amerikanische Arbeiten zur Berufskultur und Berufsbiographie von Lehrern. Köln: Böhlau 1991.

Travers, R. M. W. (Ed.): Second Handbook of Research on Teaching, Chicago: Rand McNally 1973.

Twellmann, W. (Hrsg.): Handbuch Schule und Unterricht. Düsseldorf: Schwann 1981/82.

Waxman, H. C./Walberg, H. J.: The Relation of Teaching and Learning: A Review of Reviews of Process-Product Research. In: Contemporary Education Review 1 (1982), S. 103–120.

Wehle, G.: (Hrsg.): Pädagogik aktuell. Lexikon pädagogischer Schlagwörter und Begriff. München: Kösel 1973.

Weinert, F.: Analyse und Untersuchung von Lehrmethoden. In: Ingenkamp/Parey (1970), Bd. 2, Sp. 1217–1352.

Wenzel, H.: Methodische Kompetenz von Lehrern und Schülern. In: Bohnsack, F. u. a.: Schüleraktiver Unterricht. Weinheim: Beltz 1984, S. 333–350.

Wenzel, H.: Unterricht und Schüleraktivität. Probleme und Möglichkeiten der Entwicklung von Selbststeuerungsfähigkeiten im Unterricht. Weinheim: Dt. Studien Verlag 1987.

Wenzel, H. u. a. (Hrsg.): Schulinterne Lehrerfortbildung. Ihr Beitrag zu schulischer Selbstentwicklung. Weinheim: Beltz 1990.

Wittrock, M. C. (Hrsg.): Handbook of Research on Teaching, 3rd edition. New York: Macmillian 1986.

Wulf, Chr. (Hrsg.): Wörterbuch der Erziehung. München: Piper Verlag 1974.

Hans Leutert

Unterrichtsmethode in der didaktischen Forschung der DDR: Überblick und Ausblick

Die Unterrichtsforschung in der DDR – zumeist durch »Abwicklung« beendet – und die gegenwärtigen Prozesse der Angleichung und Übernahme in Bereich von Schule und Wissenschaft in Ostdeutschland können m. E. erst dann solide bewertet werden, wenn nach intensivem Meinungsstreit und auch wohl erst mit größerem Zeitabstand wissenschaftliche Bilanzen vorliegen. Das gilt sowohl für die Didaktik generell als auch für ihre einzelnen Seiten, Kategorien und Forschungsbereiche. Für diese noch zu leistende Bilanz der Didaktik ist das *Untersuchungsfeld Unterrichtsmethoden* so gewichtig, daß es diese wesentlich prägen wird. Die Unterrichtsmethode gehörte in der DDR zu den vergleichsweise eher kontrovers diskutierten Kategorien, wie schon ein erster Blick in das »Pädagogische Wörterbuch« von 1987 zeigt. Dort werden die unterschiedlichen Auffassungen folgendermaßen gruppiert:

»1. als System von Aufforderungen, Vorschriften u. a. ideeller Gebilde von unterschiedlichem Allgemeinheitsgrad, die dazu dienen, jenes methodisches Vorgehen der Lehrenden zu bestimmen, das die zur Aneignung der Unterrichtsinhalte notwendigen Schülertätigkeiten hervorruft und im Sinne der Zielrealisierung steuert.«

»2. als durch didaktische Erkenntnisse und Erfahrungen, insbesondere durch Methodenvorschriften determinierte komplexe Operationsfolgen der Lehrenden und Lernenden, durch die Unterrichtsinhalte zielgemäß übermittelt und angeeignet sowie Unterrichtsergebnisse ermittelt bzw. nachgewiesen und bewertet werden.«

Die Analyse kann zeigen, daß die diskussionsfördernden Unterschiede noch gravierender waren. Der Beitrag will den Versuch machen, einen *Überblick* über theoretische und empirische Arbeiten zu geben. Forschungsergebnisse, Forschungsinhalte und -wege sollen ebenso wie erkannte Defizite und Bewahrenswertes benannt und zur Diskussion gestellt werden. Insofern versteht sich der Beitrag vorrangig als *Anstiftung* zur Aufarbeitung des Geleisteten und Nichtgeleisteten in der Unterrichtsforschung der ehemaligen DDR.

1. Ausgangspunkte

Einige wesentliche Auffassungen bzw. Merkmale haben die Unterrichtsforschung im allgemeinen (und die Methodenforschung im besonderen) durchgängig geprägt, trotz durchaus vorhandener Akzentuierungen aus der Sicht bestimmter Wissenschaftler – bzw. Forschungskollektive bzw. einzelner Autoren. Sie sollen deshalb vorangestellt werden, auch wenn dies im Rahmen des Beitrages nur sehr verkürzt möglich ist. Sie basieren im wesentlichen auf den bekannten Positionen und Theorien der marxistischen Philosophie, insbesondere dem dialektischen Materialismus. Ich rechne dazu insbesondere Auffassungen vom Wesen des Unterrichts, das Wissenschaftsverständnis von Didaktik und Fachmethodik sowie die Theorie-Praxis-Beziehungen. Ohne Kenntnis solcher u. a. spezifischer Zusammenhänge und Sichtweisen ist auch in der Methodenforschung der DDR manches nur schwer verständlich.

– Aus dem Wesensverständnis von Unterricht müssen vor allem die Auffassungen von der *objektiven Wechselwirkung zwischen Gesellschaft und Unterricht* bedacht werden, also die Realisierung solcher Aufgaben wie Einheitlichkeit, Allseitigkeit, Wissenschaftlichkeit, Parteilichkeit, Kollektivität und Individualität, polytechnischer Charakter, Lebensverbundenheit. Als solch entscheidender Bezugspunkt für Schule und Unterricht fungierte die Aufgabenstellung allseitiger (später auch optimaler) Persönlichkeitsentwicklung, wobei der Vermittlung und Aneignung von Allgemeinbildung zweifelsohne die Hauptaufgabe zukam. Das Allgemeinbildungskonzept (mit einheitlichem Zielniveau) war weitaus mehr auf fachspezifische Wissens-Könnensaneignung gerichtet als auf soziales Lernen. Eine besondere prägnante Stellung nimmt für das Unterrichtskonzept die Kategorie »Tätigkeit« ein. Veränderung der Qualität der Tätigkeit (Inhalt, Ver-

lauf) und der Tätigkeitsbedingungen werden als Voraussetzung für die Veränderung (Entwicklung) der Persönlichkeit gesehen. Sowohl die *Schülertätigkeit* als Hauptansatzpunkt für die Aneignung des Bildungsinhalts als auch die aufeinander bezogene *Tätigkeit von Lehrern und Schülern* – das Lehren und Lernen – sind folglich die Kernpunkte des unterrichtlichen Gestaltungskonzepts.
- Im *Wissenschaftsverständnis von Didaktik* dominiert m. E. die Auffassung von einer *praktischen* (bzw. empirischen) Wissenschaftsdisziplin, die für die weiteren Disziplinen der Unterrichtswissenschaft eine integrierende, fundierende und orientierende Funktion hat. In der *wissenschaftlichen* Fundierung der Führung des Unterrichts und der dementsprechenden *Anleitung für praktisches pädagogisches Handeln* sah die Didaktik ihre Aufgabe, wobei Ideal und Wirklichkeit zunehmend auseinander traten. Praktisch seit der Abrechnung mit der Reformpädagogik Mitte der 50er Jahre sind pluralistische Bestrebungen in der Entwicklung der Pädagogik zumeist schon in den Ansätzen erstickt worden, was natürlich die Formierung traditioneller »Wissenschaftsschulen« auch in der Didaktik beeinträchtigte. Tendenzen der Veränderung und eine vorsichtige Öffnung sind Mitte der 80er Jahre erkennbar.

Auch wenn es zum *Gegenstand* der Didaktik unterschiedliche (enge und weite) Auffassungen gab, bestand im wesentlichen Übereinstimmung dazu, daß die Didaktik den Unterrichtsprozeß in seinen Wechselwirkungen mit dem pädagogischen Prozeß als Ganzem, aus fach- und stufenübergreifender Sicht, in der Einheit von Bildung und Erziehung, von Fachunterricht und produktiver Arbeit der Schüler im Betrieb untersucht. Trotz der zugrunde gelegten Dialektik von Ziel, Inhalt, Methode, Mittel, Organisation und Resultat des Unterrichts nahmen Allgemeinbildungs- bzw. Lehrplanprobleme und Unterrichtsinhalt – die inhaltliche Komponente – eine besonders exponierte Stellung ein, was sich sowohl im Umfang und der gesellschaftlichen Wertigkeit von Forschungsarbeiten als auch in der Art und Weise der Untersuchung einzelner Kategorien widerspiegelte.
- Ebenso wie die Didaktik verstand sich *die Fachmethodik* (Fachdidaktik) als eine Wissenschaftsdisziplin, die eine in sich geschlossene Unterrichtstheorie abbildet, in der Einheit von inhaltlicher und prozessualer Komponente, aber bezogen auf ein Unterrichtsfach bzw.

einen Fachbereich. Die mitunter noch vertretene Begriffsauslegung, die *Fachmethodiken* in der DDR hätten sich vorrangig dem Methodischen bzw. der Prozeßgestaltung gewidmet, ist m. E. geradezu paradox. Denn gerade die Fachmethodiken mußten ihre Forschungskapazitäten mehr und mehr auf die immer aufwendiger inszenierten Lehrplanveränderungen konzentrieren (1951, 1959, 1964–1971, 1983–1988). Das Verhältnis von Allgemeiner Didaktik und Fachmethodik (Fachdidaktik) gehörte auch in der DDR zu den theoretisch umstrittenen, aber nie ausdiskutierten Problemen. Während die Selbständigkeit als Disziplin und der Zwang zur Kooperation für die Lösung von theoretischen und praktischen Problemen zumeist unumstritten blieb, bezogen sich unterschiedliche Auffassungen auf die wissenschaftslogische Beziehung (Allgemeines – Besonderes), vor allem auf die Wertigkeit der theoretischen Grundlegung, die die Didaktik im Vergleich zu anderen integrativen Disziplinen für fachmethodische Fragestellungen zum Unterricht liefern kann. Zudem muß man sehen, daß die Schulpolitiker die Didaktik gern in die Rolle des Zensurengebers für die Fachmethodiken bzw. als Auswerter drängten, wogegen sich Didaktiker überall zu wehren hatten.
– Die Beziehungen der Wissenschaftsdisziplin Didaktik zum Schulalltag und zur Unterrichtspraxis wurden *primär* von gesellschaftlichen Erfordernissen bestimmt, die Realprozesse in den Schulen zu unterstützen und zu verändern. Die ursprünglichen praxisanalytischen Grundaufgaben – (Analyse der Realprozesse – theoretische Verallgemeinerung pädagogischer Erfahrungen – wissenschaftsorientierte begleitende Veränderung der Realprozesse) wurden unter zunehmendem politischen Druck auf die Lösung aktueller Tagesaufgaben reduziert. Langfristige Vorlaufforschung bzw. generelle auf Theorieentwicklung ausgerichtete Projekte fanden im vom Minister für Volksbildung zu bestätigendem Forschungsplan der Akademie, der Pädagogischen Hochschulen und Universitäten immer weniger Platz.

2. *Literaturüberblick – Didaktiklehrbücher*

Für einen raschen Literaturüberblick über die 40jährige Entwicklung in der DDR sind besonders die *Didaktiklehrbücher* als geeignete Grundlage zu nutzen, weil sie – bedingt durch die zumeist zentral organisierten Forschung und die beschworene Einheit von Theorie und Praxis – für eine bestimmte Zeit eine Art »Monopolstellung« in bezug auf die Lehrmeinung, wenigstens aber eine Leitfunktion für die öffentliche Diskussion besaßen. Ihre Anzahl ist überdies überschaubar. Zwischen 1949 und 1989 sind etwa 14 als Didaktiklehrbücher definierbare Veröffentlichungen erschienen. Als zunächst grobe Analysekriterien sollen das Definitionsproblem und die Beschreibung der dominierenden didaktischen Auffassungen gelten.

Für den Neuanfang von 1945 und die 50er Jahre sind – sicher sehr vereinfachend – diese Überlegungen voranzustellen: Die Zerschlagung des Faschismus und die Demokratisierung der Schule erforderten zunächst viel Aufmerksamkeit, Zeit und Kraft für die materielle Sicherung und Durchführung des Unterrichts. In großer Zahl wurden unbelastete »Neulehrer« ohne pädagogische Ausbildung angestellt, die mit großem Eifer Lehrende und zugleich Lernende waren. Für die methodische Gestaltung des Unterrichts (unter den Bedingungen hoher Klassenstärken) dominierten längere Zeit wohl verschiedene und auch oft sehr extreme Auffassungen: die pädagogischen Ideen von Herbart (vor allem seiner Schüler Ziller und Rein) in Richtung eines schematischen, straff gegliederten Unterrichts, die pädagogischen Ideen der Reformpädagogen (besonders von Kerschensteiner, Otto, Peter Petersen und der Landschulreformer), die für die schöpferische Entwicklung der Schüler und ihrer Selbsttätigkeit plädierten, *gegen* organisierte Systematik, oder sehr praktizistische, vorrangig auf Stoffübermittlung gerichtete Gestaltungsvorschläge. Über die sowjetischen Besatzungsmächte kamen zunehmend die Einflüsse der gut entwickelten sowjetischen Pädagogik und Psychologie zum Zuge, orientiert an Makarenko, Rubinstein und Wygotski. Im Rahmen der Neugestaltung des Unterrichts ist eine erste »Hochzeit« der Methodendiskussion in den 50er Jahren festzustellen. Ein wesentliches Ergebnis bestand hier darin, dogmatische Standpunkte, bezogen auf eine »Pädagogik vom Kinde aus« *oder* auf einfache lineare Abhängigkeiten zwischen Inhalt und Methode abzulehnen und für eine *dialektische* differenzierte Betrachtungsweise einzutreten. Dennoch setzte sehr rasch nach dem V. Parteitag der SED 1958 ein Prozeß der Abwertung, zum Teil auch Abrechnung mit Auffassungen zur Reformpädagogik ein, so daß die Chancen für eine konstruktive Synthese der Ansätze, auch für die generelle Anerkennung pluralistischer Theorieauffassungen sehr zeitig zerschlagen wurden.

Ich beginne den Literaturüberblick mit der »*Didaktik. Schulpädagogik, Teil 1*« von *1963 (Klein/Tomaschewsky 1963)*, weil sie die erste geschlossene pädagogische Publikation war, die auf der Basis der gesellschaftlichen Zielstellung, den Sozialismus in der DDR zu festigen, Standpunkte und Vorschläge zur Didaktik und zum Unterricht in der sozialistischen Schule vorstellte. In dem genannten Lehrbuch beschäftigt sich Hans-Georg Heun im Kapitel 6 auf nahezu 200 Seiten mit der »organisatorisch-methodischen Gestaltung des Unterrichts«. »Im Vordergrund steht die komplexe Analyse und Erläuterung« . . . der Gesamtheit aller Formen und Maßnahmen des Unterrichtens . . .«. Der Autor wendet sich gegen einseitige Auslegungen des Begriffes Unterrichtsmethoden, die jeweils nur eine bestimmte Seite betonen, z. B. von der Unterrichtsführung her: darbietende Methode von den logischen Wegen her: deduktive Methode. Gleichfalls kritisiert er die damals gängige Überbetonung der methodischen Grundformen. Heun kennzeichnet Methoden als »typische Wege, ein bestimmtes Ziel zu erreichen«, und er belegt die einzelnen Formen und Seiten der Unterrichtsgestaltung mit besonderen Termini. So wird die »organisatorisch-methodische Gestaltung des Unterrichts« in der Einheit von Klassenunterrichtssystem, 3 organisatorischen Grundformen (Unterrichtsstunde, Unterrichtstag in der Produktion, Exkursion), 8 methodischen Grundformen (Vortrag, Demonstration, Gespräch, produktive Schülerarbeit, Schülerübung, Erkundung, Arbeit mit dem Buch, schriftliches und zeichnerisches Gestalten), didaktischen Zielsetzungen und logischen Wegen, der Arten der Unterrichtsführung, der Berücksichtigung anspornender und hemmender Maßnahmen dargestellt. Die Komplexität der Betrachtungsweise zielt auf die Bewältigung solcher Anforderungen, wie sie die sozialistische Schule stellte: Einbeziehung der polytechnischen Bildung, Einheit von Bildung und Erziehung, hoher Anspruch an solide Allgemeinbildung.

In dem 1968 veröffentlichten »*Abriß der Allgemeinen Didaktik*« (Klingberg/Paul/Wenge/Winke 1968) stellte die Leipziger »Didaktikschule« ihre Auffassungen vor. Innerhalb des Kapitels 5 (Führung des Unterrichts) wird eine knapp 20seitige Methodenlehre des Unterrichts entwickelt. Die Unterrichtsmethode wird als das »wichtigste didaktische

Mittel der Führung und Steuerung des Unterrichtsprozesses« bezeichnet und definiert als ». . . der Weg, den der Lehrer einschlägt, um den Lernprozeß – den Prozeß der zielgerichteten, planmäßigen, systematischen Aneignung des Bildungsgutes – zu lenken und zu leiten.« Herausgearbeitet werden, insbesondere unter dem Einfluß sowjetischer Psychologen und Didaktiker, eine äußere und eine innere Seite des Methodischen. Die Unterrichtsmethode umfasse einen Bestand, einen Komplex verschiedener Verfahren und erscheine jeweils in fachspezifischen Varianten. Davon ausgehend werden statt 8 nur 3 Grundtypen des methodischen Vollzugs dargestellt: darbietende, erarbeitende Unterrichtsmethode, selbständige Schülerarbeit. Klassifizierungsgesichtspunkt soll also das jeweilige Grundverhältnis des Lehrens zum Lernen sein. Auf dieser Grundlage werden die 3 Grundformen in ihrer inneren Struktur untersucht und Regeln für die praktische Anwendung abgeleitet.

1969 erschien »*Lehrplanwerk und Unterrichtsgestaltung*« (*Drefenstedt/Neuner 1969*) von einem Autorenkollektiv des damaligen Deutschen Pädagogischen Zentralinstituts. Dieses Buch bezog sich besonders auf die Darstellung und Interpretation des neuen Allgemeinbildungs- und Unterrichtskonzepts, das auf der Grundlage eines »Gesetzes über das einheitliche sozialistische Bildungssystem« in den 60er Jahren entwickelt worden war. Vor allem für die Weiterbildung gedacht, werden darin die Linienführung des Lehrplanwerkes und seine didaktische Konzeption erläutert. Die methodologische Grundidee, die hinter dieser Konzeption stand, war die theoretische Begründung der sogenannten Ziel-Inhalt-Methode-Relation. Ihr Grundgedanke beinhaltete zunächst die noch zwingendere Ableitung gesellschaftlicher Ansprüche und Ziele für Schule und Unterricht, aber auch die wohl legitime Betrachtung von Zusammenhängen zwischen den didaktischen Kategorien.[1] Auch in »Lehrplanwerk und Unterrichtsgestaltung« werden Ansätze zum Metho-

---

[1] Die offenkundige Vereinfachung mancher Zusammenhänge, vorrangig der Absolutheitsanspruch als theoretische Grundlage trugen jedoch auch zur Fehlentwicklung in Richtung auf einen stark lehrerzentrierten, stoffbestimmten Unterricht bei. Mit dem Nachfolger dieses Buches – Allgemeinbildung, Lehrplanwerk, Unterricht – wurde dann ein Weg beschritten, bei dem das Methodische im Vergleich zur Inhaltskomponente immer mehr verdrängt wurde. Diese Linie in der Lehrplaninterpretation läßt sich bis zu »Allgemeinbildungs- und Lehrplanwerk« 1987 verfolgen, wo ein 30seitiger Abschnitt zur Unterrichtsgestaltung lediglich als Probe gestattet wurde.

denproblem weitergeführt bzw. kreiert. Ausgehend von der Ziel-Inhalt-Methode-Relation ist es zunächst logisch, wenn noch stärker zwischen der Methode im weiten Sinne (etwa synonym zu Unterrichtsgestaltung) und Methode im engeren Sinne unterschieden wird. Neu ist der Versuch Drefenstedts, Inhalt des Unterrichts, methodische Grundformen und didaktische Funktionen kategorial zu verbinden und sogenannte *5 typische Situationen* darzustellen: Einstellung und Vorbereitung der Schüler auf neue Stoffkomplexe bzw. Probleme, Eindringen in einen bestimmten Stoffkomplex, Kontrolle von Zwischen- und Abschlußergebnissen, Einprägen und Üben des Wesentlichen, Zusammenfassung, Systematisierung bisheriger Ergebnisse. E. Fuhrmann hat später »Typische Situationen« so definiert: »Abstraktionsklassen realer Unterrichtssituationen, die durch gleichartige oder ähnliche didaktische Aufgabenstellungen für Lehrer und gleichartige oder ähnliche Tätigkeiten der Schüler im Aneignungsprozeß gekennzeichnet sind« (Fuhrmann 1987, S. 115). Auf diese typischen Situationen bezogen, wird der zweckmäßige und kombinierte Einsatz von Methoden erörtert, wobei die Leitsätze lauten: Das Methodische in den Dienst der inhaltlichen Aufgaben stellen, Methoden auf den Prozeß der allseitigen Persönlichkeitsentwicklung beziehen, das Methodische vorrangig aus der Führungstätigkeit des Lehrers ableiten. Die relativ weite Sicht auf das Problem Unterrichtsmethoden wird nicht mit einem neuen Definitionsversuch gekoppelt. Der positiven Tendenz, Inhaltliches und Prozessuales zu verbinden, nach dem Typischen in der Unterrichtsgestaltung zu fragen, stehen die Überbetonung der Rolle der Lehrertätigkeit und die Absolutheit der Rangfolge Ziel-Inhalt-Methode gegenüber. Nachteilig für die Entwicklung in der Unterrichtspraxis wirkte sich m. E. die mit diesem Lehrplanwerk begonnene forcierte Detaillierung und Zentralisierung der Unterrichtsplanung aus. Die Lehrpläne sind in ihren Stoffangaben zu detailliert, zu umfangreich und oft ungewichtet. Die Unterrichtsplanung geht in den Lehrplänen bis zur Stoffeinheit. Die Erwartung, den Lehrer so von Vorbereitungsarbeit zu entlasten, damit er sich stärker den konkreten Bedingungen seines Unterrichts zuwenden kann, konnte sich in der Praxis schon deshalb nicht erfüllen, da es kaum Handlungsspielräume und zu gestaltende Freiräume gab. Zum anderen behinderte natürlich die dogmatische Auslegung der Ziel-Inhalt-Methode-Relation methodische Vielfalt im Unterricht.

Belebend für die Diskussion zwischen Allgemeiner Didaktik und Fachmethodiken, auch im Blick auf die Methodenproblematik, wirkte sich die parallel zur Lehrplanentwicklung verlaufende Publikation von *Fachmethodikbüchern* aus. Sie wurden in den 70er Jahren wichtige Standardbücher fachmethodischer Literatur. In diesen Methodikbüchern sind zum Problemfeld Unterrichtsmethoden folgende Akzente interessant: Nur sehr wenige der Autorenkollektive mischten sich in die Diskussion zur begrifflichen Klärung ein, zumeist überwog der rasche Übergang zur *Darstellung von Methoden*. Das Unterrichtsmethodische wurde vorrangig aus dem Blickwinkel konkreter neuer Ziele und inhaltlicher Anforderungen abgeleitet. Die Hinwendung zur inneren Seite des Methodischen ist ebenso feststellbar wie das Bemühen, Methoden in ihrem Zusammenhang zu Mitteln und Organisationsformen darzustellen, ohne daß eine konstruktive Synthese auf theoretischer Ebene vorgenommen wird. Als Ordnungskriterien für Methodendarstellungen werden verschiedene Ansätze genutzt: methodische Grundformen, Gruppierungen nach Inhaltsaspekten (Üben, Erkennen), Unterrichtsmethoden in Verbindung mit didaktischen Funktionen, Unterrichtsmethoden in Verbindung mit typischen Situationen.

1972 veröffentlichte Lothar Klingberg seine Vorlesung: *Einführung in die Allgemeine Didaktik (Klingberg 1972)*.

Klingberg analysiert in diesem Buch, das ein ausführliches Kapitel zur »Allgemeinen Methodenlehre« enthält, die Kategorie Unterrichtsmethode sehr tiefgründig. Als Antwort auf die anzutreffende undialektische Auslegung der Ziel-Inhalt-Methode-Relation verweist er auf das Wirken weiterer Relationen, wie Ziel-Methode, Ziel-Organisation, Inhalt-Methode etc., die zu einem pädagogischen Bezugssystem gehören. Wissenschaftlich bedeutsam ist m. E. seine Aspektanalyse der Unterrichtsmethode, zu der gehören: Unterrichtsmethode als Lehr- und Lernmethode, Bildungs- und Erziehungsaspekt, logischer und psychologischer Aspekt, äußere und innere Seite des Methodischen, objektiver und subjektiver Aspekt, Unterrichtsmethoden als Einheit von Unterrichtsverfahren und Unterrichtsmittel. Klingberg gibt eine Struktur des Methodischen vor, die in der *äußeren Seite* die methodischen Grundformen mit den Kooperationsformen der Unterrichtsarbeit verbindet, in der *inneren Seite* die Strukturlinien didaktische Schritte (Funktionen), logische Verfahren und Akzentuierung durch algorithmische Vorschriften enthält.

Für die Aufnahme einer Strukturlinie »Kooperationsformen« als Bestandteil der äußeren Seite des Methodischen hatte insbesondere Edgar Rausch plädiert (Rausch 1978). Interessante Auffassungen brachte die *Übersetzung der »Didaktik der Oberschule«* (Danilow/Skatkin 1978). Sie definierten Unterrichtsmethoden als »System zielgerichteter Handlungen des Lehrers zur Organisation der Erkenntnis- und praktischen Tätigkeit des Schülers und zur Sicherung der Aneignung des Bildungsinhalts«. Sie kennzeichneten statt methodischer Grundformen 5 Unterrichtsmethoden: erläuternd-illustrative Methode, reproduktive Methode, problemhafte Darlegung, Teilforschungs- bzw. heuristische Methode, Forschungsmethode. Ihr Ausgangspunkt ist das Lernen als allgemeine Erkenntnistätigkeit. Im gleichen Jahr kommt das *Lehrbuch »Pädagogik«* als Gemeinschaftspublikation der Akademie der UdSSR und der Akademie der DDR auf den Markt (Neuner 1978). Hier werden »Erziehungsprozeß« und »Unterrichtsprozeß« als jeweils selbständige Teile dargestellt, wobei für den Unterrichtsprozeß im Vergleich zu anderen Teilen schon quantitativ wenig übrigbleibt und für Unterrichtsmethoden lediglich 25 von 460 Druckseiten. Dementsprechend vereinfachend (und ohne Berücksichtigung des in beiden Ländern und international bereits vorhandenen Erkenntnisstandes) sind die Aussagen. Unterrichtsmethoden werden einmal als »bestimmte Abfolgen von Handlungen des Lehrers, die den Zweck haben, bestimmte Handlungen der Schüler hervorzurufen« gekennzeichnet, an anderer Stelle auch als »Abfolgen von Handlungen der Lehrer und der Schüler«. Die Klassifizierungen sind nicht uninteressant: Lehrervortrag, Lektion, Demonstration, Schülervortrag werden als Methoden des Darbietens, Unterrichtsgespräche, Diskussion, Prüfungsgespräche als Methoden der gemeinsamen Tätigkeit von Lehrern und Schülern dargestellt, die Arbeit der Schüler mit dem Buch als (einzige) Methode der selbständigen Arbeit der Schüler. Der problemhaften Unterrichtsgestaltung wird ein besonderer Abschnitt gewidmet.

Die *»Didaktik« von Liimets/Naumann (1982)* bricht in vielem mit bisherigen traditionellen Vorstellungen und Strukturen in der allgemeinen Unterrichtstheorie in der DDR. Die Autoren gehen von einem Funktionsmodell aus, das auf der Basis von Lehrplanwerk, didaktischen Prinzipien und didaktischen Funktionen errichtet ist, so allgemeine Strukturprinzipien und allgemeine Funktionsprinzipien widerspiegelt, deren Anwendung auf die Gestaltung des Unterrichts eine Trennung von »Abbildung« und »Aufforderung zum Handeln« überwinden soll. Die Autoren kennzeichnen Unterrichtsmethoden so: »Methoden des Unterrichts sind durch pädagogische Erkenntnisse, insbesondere durch Methodenvorschriften determinierte Operationsfolgen der Lehrenden und Lernenden, durch die Unterrichtsinhalte zielgemäß übermittelt bzw. nachgewiesen und bewertet werden.« Die Analyse der didaktisch-methodischen Gestaltung des Unterrichts und Vorschläge für die praktische Durchführung von Unterricht werden auf der Grundlage von speziellen Funktionsprinzipien (z. B. Prinzip der Einheit von Konkretem und Abstraktem) und durch Anwendung der didaktischen Funktionen erbracht. Naumann setzt die didaktischen Funktionen aber stärker als andere Autoren in Beziehung zu den Funktionskomplexen Planung – Durchführung – Auswertung des Unterrichts.

Resümierend läßt sich für den Literaturüberblick feststellen: Konstruktive Auseinandersetzungen um theoretische Auffassungen und entsprechende Herleitungen waren zumeist *nicht* Gegenstand der Lehrbücher. Sie konzentrierten sich auf Ergebnisdarstellung bzw. auf Anwendung.

Übereinstimmung in den theoretischen Auffassungen gibt es besonders zu diesen Aspekten: enger Zusammenhang von Inhaltskonzepten bzw. Lehrplänen und Methoden, von Methoden und didaktisch Funktionen und Prinzipien auf der Grundlage von Gesetzmäßigkeiten des Unterrichtsprozesses. Eine Gemeinsamkeit besteht auch darin, das Handeln des Lehrers vorwiegend durch die Beschreibung der methodischen Grundformen anzuleiten. Dabei ist auffallend, daß es verhältnismäßig *wenig bzw. wenig weiterführende Aussagen zur Organisation* des Unterrichts gibt. Eine tiefere Bilanzierung muß prüfen, ob die Ursachen dafür nur in dem immer starrer werdenden Modell der Einheitsschule und des Klassenunterrichtssystems zu suchen sind.

In bezug auf die Analyse des Methodischen wird nahezu von allen Autoren eine »äußere« und eine »innere« Seite unterschieden, ohne daß freilich in jedem Fall eine exakte Beschreibung erfolgt. Die in der »westdeutschen« Didaktik mitunter anzutreffende Einschätzung, daß diese Unterscheidung in der DDR primär dem Kategorienpaar »Wesen und

Erscheinung« in der marxistisch-leninistischen Philosophie folgt, ist m. E. zu sehr vereinfacht. Gründe sehe ich ebenso in dem Bemühen, Zusammenhänge zwischen Methode und Lerntätigkeit, der psychischen Entwicklung der Schüler aufzudecken, wofür beispielsweise die Interiorisationstheorie bzw. Erkenntnistheorien von Bedeutung sind. Dominante Unterschiede konzentrieren sich schon in den Lehrbüchern auf den Zusammenhang von Methode und Lehrtätigkeit – Schülertätigkeit bzw. Lehren und Lernen. Sie sind vor allem mit solchen Fragen verbunden: Welchen »Platz« hat die Methode im Gefüge der didaktischen Kategorien? Haben Unterrichtsmethoden in erster Linie Abbildfunktion oder sind sie selbst Handlung? Sind sie vorrangig Mittel für den Lehrer oder auf Lehrende *und* Lernende zu beziehen? Zugleich wird damit signalisiert, daß für unsere Untersuchung eine genauere Betrachtung der Entwicklung der theoretischen Diskussionen und Forschungen zum Problem Unterrichtsmethoden nötig wird.

3. *Forschungsarbeiten in den 70er und 80er Jahren*

Geht man von den Rahmenbedingungen einer gesellschaftlich orientierten, planmäßigen und systematischen Unterrichtsforschung aus, in der die Akademie in enger Abstimmung und Koordinierung mit den Sektionen und Bereichen der Universitäten und Hochschulen zusammenarbeiteten, so ist auffallend, daß es eine explizite, ganzheitlich als Forschungsaufgabe des Plans gekennzeichnete Position zu Unterrichtsmethoden nur im Planzeitraum 1971–75 gab: Unterrichtsmethoden, Organisationsformen, typische Situationen wurden im engen Zusammenhang mit Gesetzmäßigkeiten des Unterrichtsprozesses und didaktischen Prinzipien erforscht.[2] Generell ist für die 70er Jahre auch in der DDR eine Konzentration der Unterrichtsforschung auf das Methodenproblem feststellbar, wofür es m. E. diese Gründe gab:

---

2 Dieses Konzept der Didaktikforschung, der Weiterentwicklung wissenschaftlicher Fundierung, der praxiswirksamen Darstellung theoretischer Konzeptionen in ihren strukturellen und prozeßhaften Zusammenhängen nachzugehen und der wissenschaftlichen Vorbereitung perspektivischer Entscheidungen zu dienen, mußte in den folgenden Planzeiträumen mehr und mehr zugunsten von Beiträgen zur Realisierung schulpolitischer Aufgabenstellungen (Tagesaufgaben) verändert werden.

- die didaktische Forschung in der DDR hatte sich gut organisiert, auf der Grundlage der marxistischen Philosophie wesentliche Seiten und Prozesse des Unterrichts, in der »sozialistischen Schule« untersucht, unterschiedliche Ansätze und Klassifizierungen herausgearbeitet, so daß der Ruf nach Integration der Methodentheorie in die allgemeine Unterrichtstheorie immer lauter wurde;
- die Fachmethodiken entwickelten sich zusehends (zwar unterschiedlich im einzelnen) zu selbständigen und anerkannten Disziplinen der Unterrichtsforschung, und sie brachten eigene Ansätze ein, die hauptsächlich auf der zunehmenden Vielfalt ihrer inhaltlichen Anforderungen beruhten;
- die marxistische Psychologie entwickelte ein akzeptables Tätigkeitskonzept (Leontjew, Galperin), wobei Auffassungen zur Gerichtetheit von Tätigkeiten auf Gegenstände bzw. Inhalte und zur Struktur und Regulation von Handlungen besonders bedeutsam waren;
- der internationale Trend, nach effektiveren Wegen der Unterrichtsgestaltung und nach Konzepten für die Schule zu suchen (Programmierung, problemorientierter Unterricht, Curricula etc.). setzte sich – politisch gefiltert und über die Sowjetunion kommend – auch in der pädagogischen Diskussion der DDR durch, wenngleich in vielem verzögert.

Kennzeichnend für diese Etappe in der Unterrichtsforschung scheint mir zu sein: Unterrichtsmethoden stehen deutlich im Zentrum der *theoretischen* Erforschung des Unterrichtsprozesses. Sie werden im Zusammenhang mit der Unterrichtstheorie und Persönlichkeitstheorie untersucht. Die Problemsicht wird durch Anregungen aus der Philosophie erweitert (Zusammenhang, Theorie – Methode, Gesetz – Prinzip – Methode, Inhalt – Form). Es beginnen vertiefende Untersuchungen zum Zusammenhang von Lehren und Lernen. Die Ausrichtung auf methodische Grundformen wird mehr und mehr durch die Hinwendung zu *konkreten Schülertätigkeiten* ergänzt. Neue inhaltliche Anforderungen führen zur Ausarbeitung konkreter Methoden, z. B. bezogen auf die produktive Arbeit der Schüler im Betrieb bzw. auf das Fach »Einführung in die sozialistische Produktion«.

Für die Unterrichtsforschung in der DDR war es dabei m. E. von Vorteil, daß unterschiedliche Auffassungen existierten, obwohl in der Literatur (aus bekannten Gründen) immer die Gemeinsamkeiten vorangestellt wurden. Nach E. Fuhrmann liegen die unterschiedlichen Auffassungen vor allem darin:

»Unter Unterrichtsmethoden werden *verallgemeinerte Abbilder* der Tätigkeit des Lehrers, von anderen die *Tätigkeit* des Lehrers *selbst*, seine konkreten Handlungen in realen Unterrichtssituationen verstanden. Unterrichtsmethoden werden ausschließlich als *Mittel für den Lehrer* zur Führung des Lernens der Schüler verstanden, von anderen *sowohl auf die Tätigkeit des Lehrers als auch auf die des Schülers* bezogen. Bei manchen Autoren wird deutlich, daß sie den Methoden in erster Linie eine *Widerspiegelungsfunktion* beimessen. Andere Autoren betonen stärker die transformierende und normative Funktion.« (Fuhrmann 1987, S. 108)

Von produktiver Bedeutung für das Forschungsproblem Unterrichtsmethoden und seine wissenschaftliche Bearbeitung war dieser »Konventionsvorschlag« zur Darstellung in der Lehrerliteratur: »Unterrichtsmethoden ... sind Systeme von Aufforderungen für Handlungen, Handlungsfolgen und Verhaltensweisen der Lehrer zum Bewirken notwendiger Schülertätigkeiten und damit zur zielgerichteten, planmäßigen und effektiven Führung des Prozesses der Bildung und Erziehung im Unterricht« (Fuhrman/Weck 1976).

Beide Autoren sehen Unterrichtsmethoden primär als »Bewußtseinsinhalte« und unterschieden deutlich zwischen Methode und Anwendung der Methode. Sie betonen die Notwendigkeit der Aneignung der Methoden durch den Lehrer, um sein methodisches Können (als Bestandteil pädagogischen Könnens) auszubilden bzw. zu trainieren. Damit verbunden war der Vorschlag, zwischen *Methoden* als »allgemeinsten« Aufforderungen, *Verfahren* als mehr speziellen Aufforderungen (auch Teile von Methoden) und *Varianten* als noch spezielleren Teilen aufzugliedern.

Dennoch hatten in der *Realität der Unterrichtsforschung* von Anfang bis Ende der 80er Jahre prinzipiell *zwei* grundsätzliche Auffassungen Bestand, die sowohl »Anhänger« als auch »Gegner« fanden. Ich würde sie so kennzeichnen: eine mehr *pädagogisch orientierte* (prozeßbezogene, handlungsbetonte) Auffassung von Unterrichtsmethoden als »einzuschlagenden Wegen der Vermittlung (Tätigkeit des Lehrers) und Aneignung (Tätigkeit des Schülers)« bzw. als Operationsformen der Lehrenden und Lernenden, vertreten durch Klingberg, Rausch, Naumann und eine mehr *philosophisch* (wissenschaftslogisch, lehrertätigkeitsorientiert) geprägte Auffassung von Unterrichtsmethoden als »Aufforderungen für Handlungen des Lehrers«, ausgearbeitet insbesondere von Weck und Fuhrmann. Diese Untersuchung war m. E. prinzipieller als die von einzelnen Klassifizierungsansätzen.

Für die *Methodenforschung in den 80er Jahren* ist die Bestandaufnahme weitaus schwieriger. Die geplanten didaktischen Untersuchungen wurden *nicht direkt* und *systematisch* auf das Methodenproblem konzentriert, sondern zunächst aspekthaft auf relativ selbständige Teiluntersuchungen, in denen aber die Unterrichtsgestaltung von verschiedenen Seiten einbezogen war. Eine systematische Aufarbeitung zum Methodenproblem und zum Methodischen war als Synthese gedacht. Es sollte in Gemeinschaftsarbeit der kooperierenden Didaktiker ein Buch »Didaktik der sozialistischen Schule« erarbeitet werden.

Zunächst ist ein Blick auf die *Schwerpunkte der didaktischen Unterrichtsforschung* interessant. Dazu gehörten u. a. Untersuchungen zur differenzierten Betrachtung des unterrichtlichen Aneignungsprozesses (Erkenntnisprozeß, Übungsprozeß, Einprägen, Trainieren, Arbeitstätigkeiten), Untersuchungen zum Zusammenhang von Kooperation und Kommunikation im Unterricht, zur Motivationsbildung und zur Lerneinstellung, zur geistigen Aktivität der Schüler, zur Könnensentwicklung im Fachunterricht. Weiterhin wurden an der Humboldt-Universität didaktische Arbeiten zur Einheitlichkeit und Differenzierung, geknüpft an neue Fragestellungen zur Organisation des Unterrichts, verstärkt aufgenommen. Der Potsdamer Ansatz zur Abiturstufenforschung wurde weitergeführt. Einen stärkeren Akzent bekamen fortan Untersuchungen zur Förderung von individuellen Stärken und Begabungen. Die angedeuteten Schwerpunkte deuten auf ein ansehnliches Forschungspotential der Didaktik hin. Daß viele dieser Ansätze dennoch nicht wissenschaftlich zur Reife gebracht werden konnten, die Gemeinschaftspublikation letztlich gestrichen wurde, ist der zunehmenden schulpolitischen Einflußnahme geschuldet.[3] Auch die Didaktikforschung wurde Mitte

---

[3] Auf der schulpolitischen Konferenz in Erfurt 1985 erfolgte eine besonders scharfe Abrechnung mit der pädagogischen Forschung, wobei auch die Lage in der Unterrichtsforschung seitens der Schulpolitik als »kritisch« bezeichnet und eine stärkere Ausrichtung auf Gesellschaftsentwicklung und »Praxisbedürfnisse« angemahnt wurde.

der 80er Jahre stärker denn je in die Vorbereitung und Ausarbeitung des neuen Allgemeinbildungskonzepts und des letztlich »unvollendeten« Lehrplanwerks von 1988 eingebunden. Aspekte der genannten Untersuchungen sind – ließen sie sich nicht »anpassen« – als »Hobbyforschung« weitergeführt worden. Das vom Institut für Didaktik als Weiterführung des Tätigkeitsansatzes konzipierte Experiment zur Erhöhung der geistigen Aktivität der Schüler im Unterricht konnte nur mit großen Kraftanstrengungen durchgeführt, ausgewertet und veröffentlicht werden. Natürlich ist auch die Methodenthematik von diesen Bedingungen berührt worden. Es ist aber daraus nicht zu schlußfolgern, daß es keinen Erkenntnisgewinn gab. Das Problem besteht wohl eher darin, daß die Fülle der originellen Arbeiten und Ansätze nicht gründlich diskutiert und – mit Ausnahme von Naumann und vor allem der vorzüglichen Klingbergschen Arbeiten – nicht in »Didaktikschulen« bzw. in eigenständige Unterrichtskonzepte integriert werden konnte. Bilanz und Synthese stehen dazu vielmehr noch aus. In welcher Weise die Auffassungen zu Unterrichtsmethoden und zum Methodischen im Unterricht bereichert bzw. weiterentwickelt wurden, läßt sich aus meiner Sicht zunächst auf diese Grundaussage konzentrieren: Kategoriale Besinnung, Vertiefung und Hervorhebung der *didaktischen Qualität* der Methode und des Methodischen. Von der Didaktikforschung ist die spezifische didaktische Qualität der Kategorie Methode untersucht und stärker vom pädagogischen und praktischen Charakter der Wissenschaftsdisziplin Didaktik hergeleitet worden. Kennzeichnend und zugleich präzisierend für diese Grundaussage sind m. E. drei Tendenzen:

– Überwindung einseitiger Auffassungen (Separierung bzw. statische Betrachtung von Inhalt und Methode, das verkürzte Verständnis von Methoden als Instrumente u. a.) und Anerkennung der Methode als einer erstrangigen didaktischen Kategorie, die sich aus dem Zusammenhang von Lehren und Lernen, von Ziel, Inhalt und Methode konstituiert.
– Hervorhebung des konkret-operationalen Aspekts der Methode für didaktisches Handeln der Akteure im Unterricht.
– Drängen auf Zulassung und Ausarbeitung einer »Theorie der Methode«.

Zu dieser Entwicklung, eingebettet in unterschiedliche Untersuchungen, haben – sicher mit unterschiedlichem Gewicht – alle Forschungsträger beigetragen. Eine besondere Bedeutung messe ich den zahlreichen Untersuchungen bei, die direkt oder indirekt auf die *Verstärkung der Subjektposition* der Schüler im Unterricht gerichtet waren, vielleicht *die* Leitidee der Didaktik der 80er Jahre.[4] Von verschiedenen Seiten und Aspekten ausgehend, z. B. Lehrertätigkeit – Schülertätigkeit, Altersspezifik, Geschlechtsspezifik, obligatorischer und fakultativer Unterricht wurden die *theoretischen* Voraussetzungen für eine mögliche Veränderung von stärker *lehrerzentriertem* zu mehr *schülerorientiertem* Unterricht geschaffen.

Für die *Methodenproblematik* sollen folgende Ansätze hervorgehoben werden: In einem mehrjährigen Experiment zur Erhöhung der geistigen Aktivität der Schüler im Unterricht wurden aus komplexer Sicht auf die Arbeit an der Schule Faktoren analysiert und Möglichkeiten erkundet, wie die Position des Schülers verändert werden kann (Fuhrmann 1989). Eine Schlüsselstellung nehmen die Untersuchungen von Klingberg zum Verhältnis der Akteure des Unterrichts, von Lehrenden und Lernenden ein. Klingberg entwickelte ein didaktisches Konzept, das den Lernenden als Hauptakteur und individuelle Persönlichkeit respektiert und ihm didaktische Kompetenz zugesteht. Leitgedanken seines Konzepts sind Mitverantwortung – Mitentscheidung – Mitgestaltung für die Schüler im Unterricht (Klingberg 1990). Unter dem Aspekt der sprachlichen Kommunikation im Unterricht haben Rausch, Hemme u. a. die sprachlich-kommunikativen Tätigkeitsstrukturen im Unterricht untersucht und Vorschläge für Veränderungen in den Kommunikationsstrukturen, für die Optimierung des Verhältnisses von mehr informierenden und mehr erörternden Kommunikationsweisen, für effektivere Formen des Vortrags, der Diskussion und des Gesprächs unterbreitet (Rausch 1986).

Mit dem Kampf gegen »Tabus« in der differenzierten Gestaltung des Unterricht (z. B. gegen die bedingungslose Gleichartigkeit von Zielen und Inhalten für jeden Schüler) erhielten didaktische Ansätze zur Gestaltung differenzierter Phasen im Unterricht einen neuen Stellenwert, die Unterrichtsarbeit in leistungsheterogenen Gruppen endlich Legitimität.

---

4 Die Sicht auf den aktiven Schüler gehört zu Traditionen, die sich die Didaktik – insbesondere gestützt auf die sowjetische Tätigkeitspsychologie – auch in »kritischen« Zeiten bewahrte, selbst wenn sich die Didaktiker den Vorwurf gefallen lassen müssen, letztlich doch mehr postuliert als gekämpft zu haben.

Die Potenzen solcher Organisationsformen wie der Exkursion, von Praktika, Schülerkonferenzen, Konsultationen wurden auf neuem Niveau erschlossen. Besonders spannend ist in diesem Umfeld das gelungene Vorhaben der Didaktiker der Berliner Humboldt-Universität, die mit ihren als »komplexe Lernvorhaben« getarnten Untersuchungen die Möglichkeiten und Grenzen fachübergreifenden Lernens erforschten und damit zu neuen Lösungen ermutigten (Babing/Gapp 1990).

Für die Methodendiskussion ist vielleicht auch der Ansatz der »konzentrierten Neuvermittlung« von Interesse. Er ist als Gegenkonzept zur verbreiteten Überbetonung und der unakzentuierten Neuvermittlung von Stoff im Unterricht entstanden, was zu ständigen Stoff-Zeit-Problemen und zur Überbetonung des stofflich-inhaltlichen gegenüber sozialem Lernen führte, ohne ausreichend gute Lernergebnisse zu sichern. Kernpunkt des didaktischen Ansatzes ist eine durch *rationelle* Methoden des Darbietens (durch Lehrer bzw. Schüler) oder Erschließens (Arbeit mit Informationsträgern) rasch gewonnene breite »Ausgangsbasis« an wesentlichen Fakten und Aussagen, die hernach durch ein vielfältig variierbares, individuell zugeschnittenes Konzept von Erweiterung und Vertiefung bereichert wird (Hunneshagen/Leutert 1985).

Von fundamentaler Bedeutung für das Untersuchungsfeld, insbesondere seine theoretische Bearbeitung, sind die Bemühungen Klingbergs, die Methodenproblematik in ihrer Komplexität und Vielschichtigkeit zu untersuchen und Unterrichtsmethode vor allem als »didaktischen Vollzug von Unterricht« zu begreifen. Ich halte es für gerechtfertigt, davon zu sprechen, daß Klingberg die Grundzüge einer didaktisch orientierten Theorie der Methode konstruiert hat (Klingberg 1982, 1983, 1985, 1986, 1988, 1990).

4. Methoden im Schulalltag – empirische Unterrichtsforschung

Neben vorwiegend theoretisch akzentuierten Arbeiten muß die gesamte empirische Unterrichtsforschung in ihrem Bezug zum Forschungsfeld Unterrichtsmethoden gesehen werden. Während es an Experimenten als größeren Projekten das genannte Experiment zur Erhöhung der geistigen Aktivität der Schüler (vgl. Fuhrmann 1989) und eines zur Lehrstrategie von Dawydow/Lompscher auf psychologischer Ebene (Dawydow 1977, Lompscher 1985) gab, ist die Zahl der analytischen Untersuchungen zu Entwicklungsproblemen und Ist-Zuständen bedeutend größer. Auf Grund des problemlosen Zugangs zur Schulpraxis und der geforderten Praxiswirksamkeit war im Prinzip jede didaktische Forschungsaufgabe mit praxisanalytischen Erhebungen gekoppelt. So bestand ein relativ guter Überblick über aktuelle Probleme und Entwicklungstendenzen, auch ihrer Ursachen, was allerdings für Prognose und Veränderung kaum zur Kenntnis genommen wurde.

Auf der Grundlage dieser in den 80er Jahren durchgeführten praxisanalytischen Untersuchungen würde ich die *methodische Gestaltung des Unterrichts* in einigen Grundlinien so charakterisieren:

- wissenschaftlich fundierter Fachunterricht, in dem die Schüler aktiv tätig werden können, aber auf Grund des überzogenen (und einseitigen) Allgemeinbildungskonzepts häufig im Hinblick auf theoretische Erkenntnisse überfordert und in bezug auf Fähigkeitsentwicklung und soziales Lernen *unter*fordert wurden,
- Bekanntmachen und Beschäftigen mit vielfältigen Inhalten und Theorien, wobei Lehrer und Schüler häufig vor Stoff-Zeit-Problemen standen, die ein tieferes bzw. akzentuiertes und differenziertes Eindringen erschwerten,
- solide Beherrschung und Anwendung der methodischen Grundformen durch den Lehrer, aber die methodische Qualität wird durch die oft konstatierte Kurzschrittigkeit didaktischer Operationen beeinflußt,
- die Unterrichtsarbeit von Lehrern und Schülern ist überwiegend sachorientiert, (stoff- bzw. tätigkeitsorientiert) subjektive Interessen, Bedürfnisse und soziale Beziehungen kommen zu kurz,
- lehrergeleitetes Lernen mit ausgeprägtem und in der Regel gut beherrschtem Frontalunterricht überwiegt eindeutig gegenüber Gruppenarbeit oder anderen Formen »offener« Unterrichtsarbeit,
- trotz erkennbarer Fortschritte in bezug auf die sprachliche Kommunikation im Unterricht (Qualität des Lehrervortrags, der Gesprächsformen) dominiert der Anteil der *Lehrerrede* gegenüber produktiven Schüleräußerungen zumeist eindeutig.

Die Dominanz des Fontalunterrichts – freilich bereits durch die Konzeption der DDR-Oberschule zum Primat erkoren – zieht sich durch alle *empirischen Erhebungen.* 1977 hatte Rausch als *zeitliche Anteile* in methodischen Formen ermittelt: 75,9% Frontalunterricht, 20,8% Einzellernen, 3,3% Gruppen- und Partnerarbeit. Es wurden 197 Unterrichtsstunden in den Klassen 5 bis 10 in den Fächern Deutsch, Russisch, Geschichte, Staatsbürgerkunde analysiert. Bei einer *1988* durchgeführten etwa vergleichbaren Untersuchung, in deren Rahmen übrigens 50% der Lehrer die Stoff-Zeit-Relation der neuen Lehrpläne als unrealistisch einschätzten, ergab die computergestützte Erfassung und Auswertung von 154 Unterrichtsstunden in den Klassen 5 bis 10 (1786 Gliederungsabschnitte, 6942 Minuten) über *Häufigkeit und Zeitanteile angewandter Unterrichtsmethoden* folgende Ergebnisse:

Darbietung	19,2% (davon Lehrervortrag 14,6%)
Erarbeitung	34,8% (dabei erarb. Katechisieren 13,4%, entw. Gespräch 15,5%)
selbständige Schülerarbeit	43,4% (dabei selbst. Aufgabenlösen 31,6%)

Für die noch vorherrschende methodische Kurzschrittigkeit im Unterricht sprechen auch die Zahlen über die *Zeitdauer didaktischer Gliederungsabschnitte*. 46% dauern *5 Minuten und weniger*, 6 bis 10 Minuten 28%, über 15 Minuten gehen nur 16% aller Gliederungsabschnitte. Diese Werte sind auch in der Abschlußklasse 10 nur unwesentlich anders. Die genannte Untersuchung zur Bewährung der Lehrpläne in der Praxis wurde seitens der Schulpolitik mit deutlicher Skepsis entgegen genommen (Hunneshagen/Leutert/Schulz 1988).

Ein Vergleich dieser Befunde mit Ergebnisse aus den »alten« Bundesländern belegt interessanterweise eine ähnliche Problemlage in der Dominanz des Frontalunterrichts.

5. Resümee und Ausblick

Die skizzierten Zusammenhänge und Analyseergebnisse zeigen: Es gab in der DDR kein lineares Fortschreiten im Sinne der ständigen Höherentwicklung, wie sie von Schulpolitikern gern als Aushängeschild verkündet wurde. Wenig taugt aber auch ihre pauschale Verurteilung als Bestandteil einer normativen »Anpassungsdidaktik«. Die Unterrichtsmethodenforschung in der DDR hatte vielmehr Höhen und Tiefen; es gab Fehler und Mängel, Irrtümer und Lügen, aber auch Erkenntnisse und Erfolge.

Produktive Züge sehe ich u. a. darin:
- Die konkrete Zusammenarbeit von Fachmethodikern und Didaktikern hat nicht nur die Diskussion belebt, sondern vielfach auch Erkenntnisgewinn gebracht, der in isolierter Arbeitsweise schwerlich möglich gewesen wäre. Ein Beispiel dafür ist die Diskussion und Ausarbeitung der experimentellen Methode bzw. Methoden problemhafter Unterrichtsgestaltung im naturwissenschaftlichen Unterricht, wobei auch Ergebnisse der sowjetischen psychologischen und didaktischen Forschung Berücksichtigung fanden.
- Der Konzentrationspunkt war praktisch anwendbare Forschung, wobei die Qualität der Unterrichtsgestaltung von Lehrern und Schülern im Vordergrund stand, nicht »Klassifizierungssysteme«, die wenig bewirken.

Als Defizite fallen u. a. besonders diese ins Gewicht:
- Die schon bald in ihrer Funktion erstarrte Einheitsschule der DDR ließ eine wissenschaftlich fundierte Integration von Problemen der Unterrichtsorganisation in das Problemfeld Unterrichtsmethoden, auch im Hinblick auf äußere und innere Differenzierung kaum zu, was zu einer »Verarmung« in der praktischen Unterrichtsgestaltung und auch zu theoretischen Rückständen führte.
- Nicht gelang die didaktisch angemessene »Balance« zwischen einer *entwicklungsorientierten* (ganzheitlichen) Sicht auf den Schüler, seiner individuellen Entwicklung und einer mehr *effektivitätsorientierten* Sicht auf die gesellschaftlich erwarteten Unterrichtsergebnisse.

Fazit: Eine gründlichere wissenschaftliche Bilanzierung und eine ehrliche Aufarbeitung des Geleisteten und Nichtgeleisteten ist nicht nur für die Unterrichtsforschung in der ehemaligen DDR wichtig und notwendig. Sie erscheint auch erfolgversprechend für die nunmehr gesamtdeutsche Didaktik. Denn bei keinem anderen Untersuchungsfeld sind die Berührungspunkte zwischen bisheriger »Didaktik-Ost« und bisheriger »Didaktik-West« wohl größer. Darauf deuten nicht nur Untersuchungen zur Methodenpraxis im Schulalltag hin, sondern auch die Einbeziehung von DDR-Autoren in Literaturauswertungen und wissenschaftlichen Erörterungen.

Literatur

Philosophische Arbeiten

Ananjew, B.: Der Mensch als Gegenstand der Erkenntnis. Berlin 1974.
Hörz, H./Wessel, K.: Philosophische Erkenntnistheorie. Berlin 1983.
Kröber, G.: Zu Wesen und Funktion der Unterrichtsmethoden aus der Sicht der marxistisch-leninistischen Philosophie und Wissenschaftstheorie. In: Pädagogik, Berlin 1972 (3).
Litsche, G.: Lernen – Forschen – Erkennen. In: Deutsche Zeitschrift für Philosophie, Berlin 1970 (2).
Redeker, H.: Inhalt – Form – Dialektik als kunstästhetisches Problem. In: Deutsche Zeitschrift für Philosophie, Berlin 1976 (1).
Wessel, K.: Pädagogik in Philosophie und Praxis. Berlin 1975.

Psychologische Arbeiten

Clauß, G.: Differentielle Lernpsychologie. Berlin 1984.
Dawydow, W.: Arten der Verallgemeinerung im Unterricht. Berlin 1977.
Hacker, W.: Allgemeine Arbeits- und Ingenieurspsychologie. Berlin 1980.
Klix, F.: Psychologische Beiträge zur Analyse kognitiver Prozesse. Berlin 1976.
Kossakowski, A.: Handlungspsychologische Aspekte der Persönlichkeitsentwicklung. Berlin 1980.
Kossakowski, A./Lompscher, J.: Zum Tätigkeitskonzept in der Psychologie. In: Pädagogische Forschung. Berlin 1977 (5).
Leontjew, A. N.: Tätigkeit, Bewußtsein, Persönlichkeit. Berlin 197.
Lompscher, J.: Psychologische Analysen der Lerntätigkeit. Berlin 1989.
Lompscher, J.: Aufsteigen vom Abstrakten zum Konkreten – Versuche zu einer alternativen Lehrstrategie. APW Berlin 1990.
Lompscher, J.: Zum Problem der Unterrichtsmethoden aus lernpsychologischer Sicht. In: Information Präsidium APW 1972 (1).

Fachmethodische Arbeiten

Deutschunterricht:
Zech, J.: Das Problem Unterrichtsmethode aus tätigkeits- und methodentheoretischer Sicht. In: Schriften zur Traditionspflege. Potsdam 1985.

Geographieunterricht:
Barth, L.: Unterrichtsmethoden für den Geographieunterricht. In: Zeitschrift für den Erdkundeunterricht. Berlin 1981 (1).
Barth, L.: Über den Zusammenhang von Ziel, Stoff und Unterrichtsstrategie bei der Planung und Gestaltung des Unterrichtsprozesses im Fach Geographie. In: Jahrbuch 1978 der APW. Berlin 1978.

Physikunterricht:

Liebers, K.: Anwendung der Mathematik im Physikunterricht. Berlin 1983.

Mathematikunterricht:

Neigenfind, F.: Zur Methodik des Beweisens und Herleitens mathematischer Aussagen im Unterricht. Berlin 1961.

Fremdsprachen:

Günther, K.: Fremdsprachenmethodische Forschungen zu rationellen Lernmethoden und -verfahren. In: Jahrbuch der APW 1986. Berlin 1986.

Allgemeindidaktische Arbeiten

Babanski, J. K.: Über das Wesen des Unterrichts- und Erziehungsprozesses als einer ganzheitlichen Erscheinung und über die Methodologie seiner komplexen Erforschung. Übersetzung aus dem Russ. APW, Berlin. (Reg.-Nr. 74–130).

Danilow, M./Skatkin, M.: Didaktik der Oberschule. Berlin 1978.

Drefenstedt, E.: Sozialistische Unterrichtstheorie – Entwicklung in der DDR von 1945–1965. Berlin 1977.

Drews, U.: Zum dialektischen Charakter des Unterrichtsprozesses in der allgemeinbildenden Schule. Berlin 1983.

Drews, U./Fuhrmann, E.: Fragen und Antworten zur Gestaltung einer guten Unterrichtsstunde. Berlin 1980.

Fuhrmann, E./Weck, H.: Forschungsproblem Unterrichtsmethoden. Berlin 1976.

Fuhrmann, E.: Unterrichtsmethoden. In: Auffassungen und Standpunkte zu grundlegenden Positionen der Unterrichtstheorie. APW Berlin, Institut für Didaktik 1987.

Fuhrmann, E. (Autorenkollektiv): Könnensentwicklung der Lehrer – höhere Aktivität der Schüler im Unterricht. Berlin 1989.

Fuhrmann, E./Schulz, M.: Entwicklungstendenzen hinsichtlich der Qualität des Unterricht. Fortschrittsbericht. APW Berlin 1987.

Gapp, R./Babing, H.: Faschismus und Widerstand. Ein fächerübergreifendes Lernvorhaben. In: Dialoge, Heft 1/1990.

Geiger, K.: Induktive und deduktive Lernmethode. Berlin 1965.

Heun, H.: Die organisatorisch-methodische Gestaltung des Unterrichts. Ihr Wesen und die Möglichkeit zu ihrer Darstellung in einem Lehrbuch der Didaktik. In: Pädagogik 1962 (2).

Hunneshagen, K./Leutert, H.: Konzentration auf das Wesentliche im Unterricht. Berlin 1985.

Hunneshagen, K./Leutert, H./Schulz, M.: Erfassen von Erfahrungen, Wirkungen und Problemen im Prozeß der Realisierung des neuen Lehrplanwerks in der Unterrichtspraxis. APW Berlin, Institut für Didaktik 1988.

Klein, H./Tomaschewsky, K.: Schulpädagogik, Teil I: Didaktik. Berlin 1963.

Klingberg, L./Paul, H.-G./Wenge, H./Winke, G.: Abriß der Allgemeinen Didaktik. Berlin 1968.

Klingberg, L.: Einführung in die Allgemeine Didaktik. Vorlesungen. Berlin 1972.

Klingberg, L.: Unterrichtsprozeß und didaktische Fragestellung. Studien und Versuche. Berlin 1982.

Klingberg, L.: Zur methodologischen Problematik einer Klassifizierung von Unterrichtsmethoden. In: Pädagogische Forschung. Berlin 1978 (5).

Klingberg, L.: Zur didaktischen Inhalt-Methode-Relation. In: Wissenschaftliche Zeitschrift der Päd. Hochschule Potsdam 1983 (4).

Klingberg, L.: Allgemeine Pädagogik – Didaktik – Methodik. In: Pädagogische Forschung. Berlin 1985 (5).

Klingberg, L.: Kategorien der Didaktik. In: Pädagogische Forschung, Berlin 1986 (3).

Klingberg, L.: Lehrende und Lernende im Unterricht. Berlin 1990.

Krajewski, V.: Probleme der wissenschaftlichen Begründung des Unterrichts. Moskau 1977 (russ.)

Liimets, H.; Naumann, W.: Didaktik. Berlin 1982.

Naumann, W.: Einführung in die Pädagogik. Vorlesungen. Berlin 1975.

Naumann, W.: Zu einigen theoretischen Problemen der Begriffe Methode und Organisation in der Pädagogik. In: Pädagogische Forschung. Berlin 1979 (1).

Lerner, I./Skatkin, M. N.: Über die Unterrichtsmethoden. In: Vergleichende Pädagogik. Berlin 1966 (1).

Neuner, G./Drefenstedt, E.: Lehrplanwerk und Unterrichtsgestaltung. Berlin 1969.

Neuner, G.: Allgemeinbildung – Lehrplanwerk – Unterricht. Berlin 1972.

Neuner, G.: Allgemeinbildung und Lehrplanwerk. Berlin 1987. Pädagogisches Wörterbuch. Berlin 1987.

Rausch, E.: Sprache im Unterricht. Berlin 1986.

Reichold, K./Steinhöfel, W.: Entwicklung wissenschaftlich-technischer Begabungen im Unterricht und in der Produktiven Arbeit. Berlin 1987.

Thiem, W.: Didaktische Untersuchungen zur Führung der Schülertätigkeit im Unterricht unter bewußter Nutzung von Gesetzmäßigkeiten des Aneignungsprozesses der Schüler. Habilschrift, Berlin 1981.

Unterricht als Aufgabenfolge: In: Wissenschaftliche Zeitschrift der Humboldt-Universität. Berlin 1965.

Weck, H.: Unterricht – Didaktik – Lehrertätigkeit. Berlin 1989. (Buchmanuskript).

Wesen und Funktion der Unterrichtsmethode in der sozialistischen Schule der DDR. In: Pädagogik, Berlin 1972 (5)

B. *Theorie der Unterrichtsmethode.*
Versuche zur Grundlegung

Bijan Adl-Amini

Systematik der Unterrichtsmethode

Wolfgang Klafki gewidmet

Problemstellung

Didaktik als Unterrichtswissenschaft hat die einzelnen Elemente des Unterrichts ziemlich genau, z. T. sogar akribisch, erforscht. Elemente des Unterrichts – das sind Ziele, Inhalte, Methoden, Medien, Lehrerverhalten, soziokulturelle Umgebung u. a. m. Diese Elemente sind unter verschiedenen Aspekten untersucht worden.

Das Unterrichtselement *Ziel* etwa interessiert den Bildungspolitiker ebenso wie den Erziehungsphilosophen, den Schulpädagogen ebenso wie den Psychologen und Fachdidaktiker. Man hat die Ziele des Unterrichts in kognitive, emotionale und psychomotorische systematisiert, sie dann in Richt-, Grob- und Feinzielen hierarchisiert und die einzelnen Feinziele schließlich operational (d. h. dem Endverhalten der Schüler entsprechend) formuliert. Die Erforschung des Unterrichtselements Ziel hat infolge dieser aufwendigen Forschungsarbeit eine eigene didaktische Schule hervorgebracht, die sogenannte lernzielorientierte Didaktik. Sie vertritt im Kern die Auffassung, daß das gesamte Unterrichtsgeschehen – analytisch wie konstruktiv – ausschließlich vom Element Ziel her anzugehen ist.

Ein ebenso starkes Forschungsinteresse hat die Didaktik dem Element *Inhalt* entgegengebracht. Man denke hier an die Curriculumforschung und Lehrplanerstellung, die in den 60er und 70er Jahren geradezu im Zentrum der erziehungswissenschaftlichen Forschung standen. Die Überzeugung, daß die Reform des Schulwesens ausschließlich von den Lerninhalten her zu leisten sei, war derart durchgreifend, daß während dieser Zeit viele Curriculuminstitute gegründet wurden.

Auch über das Element *Medium* ließe sich ähnliches berichten. Auf Unterrichtsmedien haben sich nicht nur wissenschaftliche Pädagogen, sondern auch Mediendidaktiker, Schulbuchautoren und ganze Industriezweige spezialisiert.

Angesichts des Aufwands, den die erziehungswissenschaftliche und didaktische Forschung zur Analyse und Erforschung jedes einzelnen Unterrichtselements auf sich genommen hat, scheint es mir geradezu auffällig, wie rückständig sich die Erforschung des Elements *Unterrichtsmethode* im Vergleich ausnimmt. Forschungsergebnisse weisen hier sowohl quantitativ als auch qualitativ Nachholbedarf auf. Diesem defizitären Forschungsstand entspricht denn auch das Niveau der Theoriebildung. Es fehlt an Systematisierungsversuchen, die eine nachhaltige Diskussion ausgelöst hätten. Die Didaktik hat bis heute noch keine explizit formulierte *Theorie der Unterrichtsmethode* hervorgebracht.

Ich möchte daher die These wagen, daß die ungebrochene Vorherrschaft der Frontalmethode im schulischen Unterricht als ein augenfälliges Indiz für die Vernachlässigung und Verkümmerung der unterrichtsmethodischen Kultur betrachtet werden kann. Womit mag das zusammenhängen?

In der Tradition des didaktischen Denkens hat das Unterrichtselement *Methode* – von einzelnen Lichtpunkten abgesehen – stets die Rolle eines Stiefkundes gespielt. Gegenüber den Inhalten und Zielen hat die Unterrichtsmethode immer einen »sekundären« Stellenwert eingenommen. »Sekundär« in dem Doppelsinne, daß die Unterrichtsmethode nach landläufiger didaktischer Auffassung

a) in Erscheinung bzw. in Aktion tritt, nachdem die vorrangigen Entscheidungen über Ziele und Inhalte gefallen sind, und sie
b) eben darum, weil das didaktisch »Vorrangige« bereits festgelegt und als erledigt betrachtet wird, nunmehr den Rang von guten ›Einfällen‹, ›Einstiegshilfen‹, ›Tricks‹ oder dergleichen einnimmt.

Diese Einschätzung, die der Unterrichtsmethode von einflußreichen didaktischen Positionen wie etwa der bildungstheoretischen Didaktik widerfuhr, konnte nicht ohne Konsequenzen für eine ernsthafte Systematisierung und Theoriebildung bleiben. Die klassische geisteswissenschaftliche Pädagogik betont ausdrücklich die Zweitstellung des Elements Unterrichtsmethode. Erich Weniger schreibt in seinem didaktischen Standardwerk: »In Wirklichkeit können methodische Anordnungen immer erst getroffen, Regeln erst empfohlen werden, wenn die didaktischen Voraussetzungen geklärt und die didaktischen Fragen entschieden sind. So ist die Methode immer etwas Zweites« (Weniger 1952, S. 18). Das meint im Klartext: Erst das Was, dann das Wie, wobei dem Was offenbar ein höherer Grad der Eignung für Theoriebildung zugesprochen wird als dem Wie.

Zwischen Zielen und Inhalten des Unterrichts (der sog. Didaktik im engeren Sinne) auf der einen Seite und der Lehre von den Vermittlungswegen (der sog. Methodik) auf der anderen herrscht ein kompliziertes Ziel-Weg-Verhältnis, das mehrfach Anlaß zu wissenschaftlichen Kontroversen gegeben hat (vgl. Heimann 1962; Heimann/Otto/Schulz 1965; Klafki 1963; 1976a; 1976b; Blankertz 1969; Menck 1972; 1976; zur Darstellung der Standpunkte vgl. Schulze 1978; Adl-Amini 1981; 1986).

Die oben aufgeführte Gewichtung der Unterrichtsmethode ist übrigens keine Einzelerscheinung. Sie ist auch keineswegs auf die deutsche geisteswissenschaftliche Pädagogik und die ihr verbundene bildungstheoretische Didaktik beschränkt. Ein Beleg aus der skandinavischen Didaktik mag das verdeutlichen.

Bei Matti Koskenniemi ist zu lesen: Erst nach der Erstellung des Lehrplans, also *nach* der Aufstellung der Unterrichtsziele und -inhalte, »müssen zweckmäßige Verfahren gefunden werden, durch die das Ziel des Unterrichts in angegebener Zeit und sicher erreicht werden kann – das ist die Aufgabe der Lehre von der Methode. Das letztgenannte Teilgebiet der Didaktik ist im allgemeinen untergeordneter Natur.« (Koskenniemi 1971, S. 15). Das Attribut *untergeordnet* entspricht durchaus dem, was Erich Weniger mit dem Ausdruck »etwas Zweites« meinte – mag sich das nun auf die logische Reihenfolge im Prozeß der Unterrichtsplanung beziehen oder auf die Relevanz für die didaktische Theoriebildung.

Die beiden Belege sollen keineswegs eine bestimmte Ausgangslage suggerieren; sie spiegeln vielmehr die didaktische Bewußtseinslage hinsichtlich des Unterrichtselements Methode wider. In fast jedem beliebigen Werk über Didaktik finden wir auf internationaler Ebene ähnliche Formulierungen über die Unterrichtsmethode. Ich schätze, in der überwiegenden Mehrzahl der Fälle wird die Unterrichtsmethode als ›Weg zum Ziel‹ oder ›Mittel zum Zweck‹ aufgefaßt und hauptsächlich in dieser instrumentellen Relation gewichtet, untersucht, dargestellt und rezipiert.

Indessen: Theoriebildung ist keine gegenstandsspezifische Angelegenheit. Wissenschaftstheoretisch betrachtet, wäre es unhaltbar zu meinen, daß es bestimmte Gegenstände gäbe, die sich für Theoriebildung besser eigneten als andere. Systematisierung und Theoriebildung stellen grundsätzlich eine Leistung des Bewußtseins dar. Selbstverständlich läßt sich die Unterrichtsmethode zum Gegenstand einer theoretischen Untersuchung erheben, wie es bisweilen auch geschehen ist. Man denke an die klassischen Ansätze bei Herbart oder Kilpatrick, aber auch an die neueren Ansätze (vgl. Flitner 1950; Menck/Thoma 1972; Kaiser/Menck 1972; Meyer 1987; Terhart 1983 und 1989). Für die Entwicklung einer Theorie der Unterrichtsmethode sind jedoch diese und andere Ansätze nicht konsequent genug systematisiert worden. Es fehlt eine systematische Verknüpfung, es fehlt eine integrierende Theorie der Unterrichtsmethode. Es fehlt eine kontinuierliche Diskussion.

Sollte die beschriebene Ausgangssituation im Kern zutreffen, dann sollte sie nicht nur beklagt werden. Ich sehe darin eher eine Chance, die sich der didaktischen Forschung bietet, die Chance nämlich, ein *bekanntes*, aber kaum *erkanntes* Element des gesamtdidaktischen Geschehens neu zu entdecken. Es ist bisweilen schwieriger, Phänomene neu zu sehen, als neue Phänomene zu sehen, aber einen Versuch wäre es trotzdem wert. Und genau das beabsichtigt der vorliegende Beitrag. Er strebt eine Systematik der Unterrichtsmethode an, die eine Diskussion über eine Theorie der Unterrichtsmethode in Gang setzen soll. Diese Systematik müßte so angelegt sein, daß sie eine *Integration* der vielfältigen Reflexionen über das Unterrichtselement Methode ermöglicht. Meine Hypothese lautet: Die bisherigen Untersuchungen über das Element Unterrichtsmethode lassen sich auf drei Ebenen systematisch darstellen und diskutieren.

Auf der *ersten* Ebene zeigt sich die Unterrichtsmethode in Übereinstimmung mit der breiten Auffassung in der Literatur als ein *Weg* zu einem Ziel. Ziele und Inhalte des Unterrichts stehen auf dieser Ebene bereits fest; gesucht wird nunmehr der effektivste Weg zu ihrer Vermittlung und Realisierung. Als Maßstab für die Effektivität gilt die Zeitökonomie. Je schneller ein Weg zum angegebenen Ziel führt, als um so effektiver darf und soll er gelten, wobei dem Element Unterrichtsmethode auf dieser Ebene lediglich Zubringerfunktion zuerkannt wird.

Auf der *zweiten* Ebene zeigt sich die Unterrichtsmethode nicht als ein bloßes Mittel, das Lehrende gleichsam an ihre fertigen Ziele und Inhalte »anhängen«, sondern vielmehr als das *Ziel* des Lehr- und Lernprozesses schlechthin. Natürlich liegt in diesem Fall auch eine andere Vorstellung von Lernen und Unterricht vor. In einem echten Projekt etwa lernen die Schüler nicht, was der Lehrer schon im voraus weiß, sondern Lehrer und Schüler lernen gemeinsam das Lernen, planen zusammen ihr Projekt und organisieren kooperativ die Lernschritte. Die Lernprozesse finden meist im Lebenskontext statt – und nicht in einer Schulklasse. Treten unvorhergesehene Probleme auf, so handelt es sich um authentische und echte Probleme, bei deren Lösung der Lehrer ebenso gefordert ist wie die Schüler. Unterricht dient hier eben nicht dem Ausgleich von Wissensdifferenz. Er geht vielmehr jede und jeden an, gleichsam körpernah und wirklichkeitsdicht. Der abenteuerliche Lernweg ist selber das Ziel.

Auf der *dritten* Ebene schließlich zeigt sich die Unterrichtsmethode als eine *Allgemeine Methodik*. Damit ist kein Kompendium gemeint, in dem alle Unterrichtsmethoden im Sinne der ersten und/oder zweiten Ebene übersichtlich dargestellt würden. Allgemeine Methodik zielt vielmehr auf die Erforschung der allgemeinen Lerngesetze als Voraussetzung für die Entwicklung von Lehrmustern. Ihre Kardinalfrage lautet: Wie geht Lernen vor sich? Welche psychischen oder mentalen Prozesse werden beim Lernen in welcher Weise in Gang gesetzt? Man glaubt, daß solchen Gesetzmäßigkeiten eine Art »Königsweg« des Lernens abzugewinnen wäre. Sollte der menschliche Geist beim Lernprozeß tatsächlich eine gesetzmäßige Ordnung aufweisen, dann läge auch nichts näher, als alle Lehre nach ihr zu gestalten. Die Erforschung und Ergründung der Lerngesetze sind die zentrale Aufgabe unterrichtsmethodischer Forschung auf der dritten Ebene. Sie ist weder ein Weg zu einem Ziel (Ebene 1) noch eine Art zielträchtigen Unterwegsseins (Ebene 2), sondern eine Allgemeine Methodik, d. h. eine anthropologische, psychologische, gehirnphysiologische, tätigkeitstheoretische (oder sonstige grundsätzliche) Ergründung des Lernens im Sinne der Aufdeckung allgemeingültiger Lerngesetze.

Eine solche Aufdeckung stellt naturgemäß sehr hohe erkenntnistheoretische Ansprüche an die wissenschaftliche Untersuchung. Sie will die endogen ablaufenden Lernprozesse ergründen, um auf ihnen ›die‹ Methode des Lehrens schlechthin aufzurichten. Jede denkbare Form der

Instruktion wäre in diesem Fall sozusagen von »innen« her legitimiert. Das Hauptanliegen der Unterrichtsmethode auf der dritten Ebene besteht also darin, das allgemeine Lernmuster herauszufinden und es mit den unterrichtlich initiierten Lernprozessen in Einklang zu bringen.

Daß es einen solchen »Königsweg« des Lernens oder des Lehrens gibt oder geben kann, will ich damit nicht behaupten. Für meine Systematik der Unterrichtsmethode genügt der Befund, daß die Geschichte der Didaktik solche Ansätze hervorgebracht hat, und zwar von Herbart bis Piaget. Ich versuche, sie in die systematische Betrachtung der Unterrichtsmethode zu integrieren.

1. Erste Ebene: Unterrichtsmethode als Weg

Das Wort Methode stammt aus dem Griechischen und bedeutet soviel wie *Nachgehen* oder der *Weg* zu etwas hin. So ist die Unterrichtsmethode der Lehr- oder Lernweg. In diesem Sinne und auf dieser Ebene ist die Unterrichtsmethode ein Element, nämlich das Wie, das das Wozu und das Was ergänzt. Lehrer- und Schülervortrag, Einzel- und Partnerarbeit, Gruppenunterricht und fragend-entwickelnde Methode sind Beispiele für das Wie des Vermittelns. Das Entscheidende für diese Ebene liegt darin, daß die Ziele und Inhalte von vornherein feststehen und der Lehrer nun methodische Überlegungen darüber anstellt, wie er das Fertige – den Stoff – am schnellsten vermitteln könne.

Solange der Lehrer in dieser Position steht – und das ist in der Praxis die Regel –, erlebt er die didaktische Spannung als ein kognitives Gefälle, als Wissensdifferenz. Er selbst kennt das Unterrichtsziel, seine Schüler hingegen nicht. Das Gefälle verringert sich in dem Maße, in dem die Schüler am gelungenen Ende des Unterrichts das wissen, was der Lehrer schon vor dessen Beginn wußte. Fragen, die vom geplanten Weg zu diesem Ziel wegführen, werden vom Lehrer in der Regel als ›abwegig‹ empfunden. Auch intelligente Umwege oder situative Abweichungen vom festgelegten Ziel bzw. vom feststehenden Inhalt werden nur selten beschritten, denn es geht hier nicht um individuelle oder einfallsreiche, sondern um zeitökonomische Zielerreichung. Über den Wissensstand des Lehrers wird in aller Regel nicht hinausgegangen. In diesem Sinne erlebt der Lehrer selbst im Unterricht keine Überraschung. Überrascht wird meist, wer lernt; wer lehrt, realisiert seine Planung. Ein Lehrer, der weiß, wo die Bildungsreise endet, mag feststellen, ob und wieviele seiner Schüler das Bildungsziel erreicht haben, auch wie schnell, aber hinsichtlich des Zieles braucht er selbst nicht mit Überraschungen zu rechnen.

Die Beschreibung der Situation der Unterrichtsmethode auf der ersten Ebene könnte in solchen Formulierungen als wertend oder kritisch aufgefaßt werden; das aber ist nicht meine Absicht. Ich stecke lediglich die Grenzen des Phänomens ab, wie es übrigens in der Literatur gang und gäbe ist (vgl. Aschersleben 1974; Dolch 1960, S. 98ff.; Einsiedler 1981, S. 17ff.; Gage/Berliner 1986, S. 455; Henningsen 1974; Klafki 1963, S. 142f; Klingberg o. J. u. v. a.). In diesen und vielen anderen einschlägigen Werken über die Unterrichtsmethode dominiert trotz gewisser Einteilungen und Differenzierungen die Auffassung, es handle sich bei diesem Unterrichtselement immer nur um das Wie, um die Art und Weise der Vermittlung, um den Weg zu einem Ziel, um das Mittel zu einem bestimmten Zweck. Dafür möchte ich Belege anführen.

In der deutschen Übersetzung des amerikanischen Standardwerks »Educational Psychology« ist zu lesen: »in der Bedeutung, die wir ihm [dem Begriff Lehrmethode, B. A.-A.] beilegen, bezieht er sich auf Vorgehensweisen, die für alle Fachgebiete geeignet sind.« (Gage/Berliner 1986, S. 455).

Auch in der sowjetischen Didaktik finden wir keine generell andere Situation vor. Boldyrew schreibt: »Unter Unterrichtsmethoden versteht man die Art und Weise, wie Lehrer und Schüler arbeiten.« (Boldyrew 1973, S. 160).

Ein drittes Beispiel aus der ehemaligen DDR-Didaktik soll die These erhärten. Lothar Klingberg formuliert: »Unterrichtsmethode ist der prinzipielle Weg, den Lehrer und Schüler beschreiten, um die im Lehrplan fixierten Ziele des Unterrichts zu erreichen.« (Klingberg o. J., S. 280).

Und schließlich soll ein typisches Beispiel für die deutsche Didaktik die Systematik auf dieser Ebene abrunden. Nach Karl Aschersleben befaßt sich die Unterrichtsmethode »mit den Fragen des ›Wie‹ im Unterricht.« (Aschersleben 1974, S. 11).

Allen diesen und ähnlichen Definitionen der Unterrichtsmethode, die eine inhaltlich weit ausführlichere Darstellung verdienen, als ich in diesem Beitrag leisten kann, ist ein Merkmal gemeinsam, und darin liegt der erste Ertrag der vorliegenden Systematik: Unterrichtsmethode wird als Weg zu einem Ziel aufgefaßt, wobei das Unterrichtsziel von vornherein feststeht. Oder Unterrichtsmethode wird als die Art und Weise der Vermittlung von Unterrichtsstoffen verstanden, wobei die Unterrichtsinhalte bereits feststehen.

Dieser Auffassung von Unterrichtsmethode liegt das Faktum zugrunde, daß der Lehrer weiß, wohin er seine Schüler führen will. Seine Entscheidung über die Ziele und Inhalte ist somit unverrückbar gefallen. Es geht ihm jetzt lediglich um den schnellsten Weg zu ihrer Vermittlung.

Die Literatur über die erste Ebene läßt sich nach folgenden drei Gesichtspunkten systematisieren:

1. Systematisierung nach Form
2. Systematisierung nach Typ
3. Systematisierung nach Stil

1.1 Systematisierung nach Form

Einigen Didaktikern geht es um die Abgrenzung der verschiedenen Unterrichtsmethoden nach Maßgabe ihrer äußeren Erscheinungsform. So finden wir etwa bei Karl Aschersleben (vgl. Aschersleben 1974) eine grobe Differenzierung in zwei Gruppen, nämlich in *Methoden des Lehrens* wie Lehrervortrag, Lehrerdemonstration, Lehrerimpuls, und *Methoden des Lernens* wie Schülervortrag, Hausaufgaben usw. Dieser Ordnungsvorschlag beschreibt im Grunde nur, was man sehen kann.

Einen anderen Zugriff wählt Rainer Winkel bei seiner Abgrenzung der insgesamt siebzehn verschiedenen Formen der Unterrichtsmethode (vgl. Winkel 1982). Er fragt, wieviele Interaktionspole bei einer bestimmten Unterrichtsmethode beteiligt sind. Ein Interaktionspol, das ist etwa der Schüler (S), der Lehrer (L), der Mitschüler (M), der Gegenstand (G), der Teamlehrer oder besser Tutor (T). Winkel schlägt vor, die einzelnen Unterrichtsmethoden formal nach der Anzahl der an ihnen beteiligten Interaktionspole zu systematisieren.

Eine Unterrichtsmethode wie Einzelarbeit zeigt sich in dieser Betrachtung als eine zweipolige Interaktion zwischen dem Schüler und dem Gegenstand (S–G). Partner- und Gruppenunterricht – ob Klein- oder Großgruppe ist hier unerheblich – sind unter dem Gesichtspunkt der Interaktion dreipolig strukturiert (S–M–G). Lehrerdarbietung, Diskussion, Schülerdarbietung, entwickelndes Lehrgespräch sind vierpolig (L–S–M–G); und Team-Teaching ist schließlich fünfpolig (L–T–S–M–G). Diese formale Systematik hat gegenüber der schlichten Unterscheidung von Aschersleben in Aktionsformen des Lehrers und Aktionsformen des Schülers den Vorteil, daß sie auch über die von Winkel selbst aufgeführten 17 Unterrichtsmethoden hinaus für noch weitere Differenzierungen offen bleibt. Allerdings darf man dabei folgendes Problem nicht übersehen: Der Unterschied etwa zwischen dem Frontal- und dem Epochenunterricht wird an der bloßen Anzahl von Interaktionspolen festgemacht. Ob Kleingruppen- oder Großgruppenunterricht – unter dem Gesichtspunkt der dreipoligen Interaktion gehören sie beide derselben formalen Klasse an. Man braucht nur die Großgruppe etwas zu vergrößern, und schon erlebt man bei gleichbleibender Anzahl der Interaktionspole den Umschlag des Gruppenunterrichts in Frontalunterricht. Welche Auswirkungen hat das für die Ziele und Inhalte, für die Sozial- und Umgangsformen, für die Planung und Organisation, für die Zeitgestaltung, für die Motivation der Schüler? All das beantwortet und erledigt sich in der formalen Feststellung, daß da nun ein Pol mehr oder weniger am Werk sei.

Während nun Aschersleben und Winkel die formale Systematik zur Differenzierung der verschiedenen Unterrichtsmethoden verwenden, versucht etwa Heinrich Roth mit seinem Artikulationsschema eine formale Systematik nach integrativen Gesichtspunkten zu ermitteln. Lautet dort die Kernfrage: Wie lassen sich verschiedene Unterrichtsmethoden der Form nach voneinander unterscheiden, so steht hier die Frage im Zentrum: Welche formalen Stufen durchläuft mehr oder weniger jeder Unterricht in seinem methodischen Gang? Heinrich Roth schlägt folgende sechs Stufen vor:

1. Stufe der Motivation
2. Stufe der Überwindung von Schwierigkeiten
3. Stufe des Findens von Lösungen
4. Stufe des Tuns und Ausführens
5. Stufe des Einübens und Behaltens
6. Stufe der Übertragung und Integration des Gelernten.

Es sind, wie Roth betont, »Lernschritte in verallgemeinerter Form« (vgl. Roth 1973, S. 222ff.). Für angehende Lehrerinnen und Lehrer haben

Systematiken solcher Art zweifellos handlungsstrukturierende Funktion. Aber sie sind auch routineanfällig und können rasch Rezeptcharakter annehmen.

Ob nun differenzierend oder integrierend, ob mithin analytisch-ordnend oder handlungsanleitend – jede formale Systematisierung hat ihre Grenzen. Wie man an den drei exemplarisch aufgeführten Ansätzen von Aschersleben, Winkel und Roth sieht, bleibt hier etwa die Zeitstrukturierung oder die spezifische Wirkung der einzelnen Unterrichtsmethoden im Grunde unberücksichtigt.

1.2 Systematisierung nach Typ

Es gibt Unterrichtsmethoden, so die Auffassung einer Reihe von Didaktikern, die typischerweise vom Lehrer oder vom Schüler Aktivität verlangen; und es gibt Unterrichtsmethoden, die dem Lehrer oder dem Schüler Passivität auferlegen. Ich schlage vor, statt des Begriffspaares »aktiv und passiv« von »Exposition« und »Retention« zu sprechen. Unter diesem Gesichtspunkt unterscheidet Josef Dolch grundsätzlich drei Typen von Unterrichtsmethoden, nämlich:

1. den darbietend-gebenden Typ, den Dolch durch das Symbolpaar +/– charakterisiert. Das Pluszeichen bedeutet, daß bei diesem Methodentyp der Lehrer sich exponiert, während die Schüler entsprechend Retention üben;
2. den herausholend-erörternden Typ, den Dolch durch das Symbolpaar +/+ charakterisiert. Hier sind sowohl der Lehrer als auch die Schüler aktiv am Unterrichtsgeschehen beteiligt;
3. den anreizend-aufgebenden Typ, den Dolch durch das Symbolpaar –/+ charakterisiert. Bei diesem Methodentyp übt der Lehrer Retention, während sich die Schüler deutlich exponieren (vgl. Dolch 1960, S. 90f.).

Die Systematik von Dolch hat sich – grob gesehen – im Prinzip bis heute erhalten, wenngleich die Forschung in der Ausführung und Terminologie wesentlich differenzierter geworden ist. Wolfgang Einsiedler unterscheidet z. B. drei »Teilklassen von Lehrmethoden« (vgl. Einsiedler 1981, S. 117–129), nämlich:

1. den darbietenden Typ
2. den erarbeitenden Typ und
3. den entdeckenlassenden Typ.

Der Typ des *darbietenden* Lehrverfahrens zeichnet sich nach Einsiedler durch einen »hohen Strukturierungsgrad« aus. Lehrervortrag, Lehrerdemonstration, Vorlesung und ähnliche Darbietungsformen setzen eine weitgehende Vorstrukturierung des Unterrichtsinhalts voraus. Es liegt daher in der Natur der darbietenden Lehrverfahren, daß sich dabei der Lehrer exponiert, während die Schüler Retention üben. Dieses Verhältnis von Exposition und Retention ist dort angebracht, wo es gilt, viel Information in kürzester Zeit zu vermitteln.

Der Typ des *erarbeitenden* Lehrverfahrens weist nach Einsiedler einen »mittleren Strukturierungsgrad« auf. Wichtigstes Merkmal ist hier die Lehrerfrage, die auf Denk- und Aktivitätsanregung zielt. Die Exposition des Lehrers hat nicht die Funktion, möglichst viel Information in möglichst kurzer Zeit zu verabreichen, sondern dient dem Verständnis und dem Nachvollzug von Zusammenhängen.

Der Typ des *entdeckenlassenden* Lehrverfahrens läßt sich Einsiedler zufolge als eine Unterrichtsmethode mit dem »geringsten Strukturierungsgrad« charakterisieren. Verglichen mit den darbietenden oder den erarbeitenden Lehrverfahren sind hier die Lernenden weitgehend auf sich gestellt, weil der Lerninhalt nicht in didaktisch aufbereiteter Form präsentiert wird. Die Schüler müssen die Zusammenhänge und Sachstrukturen selbst entdecken, wobei freilich der Lehrer gelenkte Hilfestellungen leistet.

Besonders ausführlich fällt die systematische Darstellung der Unterrichtsmethoden bei Gage/Berliner (vgl. 1986) aus. Sie unterscheiden fünf verschiedene Methodentypen, nämlich:

1. Die Vortragsmethode im Frontalunterricht
2. Die Diskussionsmethode im Gruppenunterricht
3. Der individuelle Unterricht
4. Offene und humanistische Ansätze im Unterricht
5. Der Unterricht in der Klasse.

Die ersten beiden Methodentypen, die *Vortrags-* und die *Diskussionsmethode*, decken sich von der Typologie her weitgehend mit den beiden ersten Typen bei Dolch und Einsiedler. Sie entsprechen dem darbietenden bzw. dem erarbeitenden Typus.

Im Typus des *individuellen* Unterrichts wird der Weg zum Ziel durch die Berücksichtigung des unterschiedlichen individuellen Lerntempos der Schüler gestaltet. Indem die Zeitstruktur verändert und damit das Erreichen der Lernziele nicht in der für alle Schüler gleichen Zeit angestrebt wird, treten gänzlich neue Möglichkeiten der Instruktion zum Vorschein. Der sogenannte Keller-Plan (»Personalized System of Instruction – PSI«) oder das »Mastery Learning« (Lernen bis zur Beherrschung des Lernstoffes) sind Beispiele dafür. Nicht das Gleichmaß der Zeit gilt hier als Bewertungsmaßstab, sondern das Erreichen des Zieles durch alle Schüler, und zwar nach ihrem jeweiligen, individuell unterschiedlichen Lerntempo.

Bei dem Ansatz des *offenen* und *humanistischen* Unterrichts geht es im Grunde nicht um Unterrichtsmethoden im üblichen Sinne. Gemeint ist überhaupt keine Form der direkten Instruktion, sondern vielmehr die Realisierung einer humanistischen Erziehungskonzeption wie etwa die von Alexander S. Neill in Summerhill (vgl. Neill 1969). Die Verwendung des Terminus »Unterrichtsmethode« halte ich daher in diesem Zusammenhang für unzutreffend und irreführend.

Schließlich verstehen Gage/Berliner unter dem etwas unbeholfenen Ausdruck *Unterricht in der Klasse* eine Kombination der Typen 1 bis 4. Dieser Typus soll daran erinnern, daß es keinen reinen Typus gibt und daß in jedem Unterricht letztlich eine Mischform – in Analogie zur Musik eine »Orchestration« bzw. »Instrumentierung« (vgl. Gage/Berliner 1986, S. 599 f.) genannt – vorliegt. Auch dieser Typus verdient Kritik, denn es gibt ja keine Typologie, die ein getreues Abbild der Wirklichkeit darstellen kann. Jede Typologie ist letztlich eine Idealisierung und Überzeichnung. Insofern hätten Gage und Berliner auf einen der Relativierung dienenden Typus verzichten können.

Bei Gage/Berliner fällt der Mangel an Systematik besonders auf. Die von ihnen sogenannte *humanistische* Methode kann nicht als Unterrichtsmethode aufgefaßt werden; sie ist vielmehr eine Erziehungskonzeption. Die *individuelle* Methode gehört meiner Ansicht nach wohl eher in die Ebene zwei der vorliegenden Systematik. Und schließlich ist es unter dem Gesichtspunkt der Systematisierung nach Typen unzulässig, die real praktizierte Mischform von Unterrichtsmethoden als eine Kategorie eigener Art aufzuführen.

1.3 Systematisierung nach Stil

Nicht nur die Art und Weise der Vermittlung eines Inhalts, sondern auch die zwischenmenschliche Beziehung, also der Umgangsstil, hat Einfluß auf das Erreichen von Lern- und Bildungszielen. Der Interaktionsmodus zwischen Lehrer und Schüler beeinflußt darüber hinaus Lernmotivation, Einstellung zum Fach und Sozialverhalten der Schüler. Pädagogen und Psychologen (vgl. Weber 1970; Schneewind/Herrmann 1980) haben hier den auf Kurt Lewins Feldtheorie zurückgehenden Gedanken aufgenommen, daß der Führungs- bzw. Unterrichtsstil Auswirkungen auf das Verhaltensmuster von Lernenden hat.

Untersuchungen zur Erforschung unterschiedlicher Führungsstile wurden ursprünglich in der Absicht durchgeführt, den ökonomisch effektivsten und für die Produktionssteigerung optimalen Führungsstil zu ermitteln. Die Pionierarbeit stammt von Lewin/Lippitt/White (vgl. Lewin u. a. 1939). Diese Autoren konstruieren unterschiedliche idealtypische Führungsstile: autokratisch, demokratisch und laissez-faire, wie sie real in dieser überzeichneten Form natürlich nicht vorkommen.

Der *autokratische* Führungsstil führt zwar zu einer Leistungssteigerung der Schüler, allerdings nur solange der Führer durch seine Anwesenheit Kontrollfunktion ausübt. Ist der Führer abwesend, so werden sogar vorliegende Planungen nicht weitergeführt. Mit anderen Worten: beim autokratischen Führungsstil ist eine starke Orientierung an und Abhängigkeit von der Person des Führers auffällig.

Der *Laissez-faire-Stil* bildet einen starken Kontrast zum autoritären Stil. Der Lehrer übt weitgehend Retention aus und greift kaum leitend in das unterrichtliche Geschehen ein. Dementsprechend bleiben die Schüler denn auch sich selbst überlassen, was bei vielen Gruppenmitgliedern ein Gefühl des Desorganisiertseins erzeugt. Meist langweilen sich die Schüler, da ihnen die motivierende Kraft fehlt und sie diese nicht aus sich selbst erzeugen und aufrechterhalten können. Ihr Verhalten schlägt bald in Aggression um.

Bei dem *demokratischen* Führungsstil kann eine produktive Kooperation der Gruppenmitglieder beobachtet werden. Daran ändert sich auch dann nichts, wenn der Führer vorübergehend abwesend sein sollte.

Spätere Untersuchungen von Lippitt und White (vgl. 1958) ergaben im Prinzip die gleichen Ergebnisse. Auch in der Bundesrepublik konnten die Erziehungspsychologen Reinhard und Anne-Marie Tausch ähnliche Forschungsresultate nachweisen, wie aus den früheren Auflagen ihres bekannten Werkes »Erziehungspsychologie« hervorgeht (vgl. Tausch/Tausch 1965). In den späteren Auflagen jedoch bezeichnet das Ehepaar Tausch die Erforschung des Umgangsstils zwischen Lehrer und Schüler nach dem Typenkonzept von Lewin u. a. als »zu ungenau« (vgl. Tausch/Tausch 1977, S. 111). Stattdessen unterscheiden sie im Anschluß an die humanistische Psychologie von Gordon und Rogers folgende vier Dimensionen des förderlichen Verhaltens in der zwischenmenschlichen Beziehung:

1. Achtung-Wärme-Rücksichtnahme
2. Einfühlendes nicht-wertendes Verstehen
3. Echtheit
4. Fördernde nicht-dirigierende Einzeltätigkeiten.

Diesen vier Umgangsstilen stellen Tausch/Tausch jeweils einen Kontrast-Stil gegenüber. Dem Stil Achtung-Wärme-Rücksichtnahme steht beispielsweise Mißachtung-Kälte-Härte gegenüber. So entwickeln sie eine Art Raster oder Theorie förderlicher zwischenmenschlicher Beziehungen (vgl. Tausch/Tausch 1977, S. 100ff.).

Damit schließe ich die systematische Darstellung der ersten Ebene der Unterrichtsmethode. Sie ist nicht abgeschlossen, im Gegenteil: Sie bleibt durchaus offen für die weitere Integration von Gesichtspunkten, die ich nicht berücksichtigen konnte oder die künftig erforscht werden – allerdings immer vorausgesetzt, daß das Element Unterrichtsmethode im genannten Kontext ›Weg zum Ziel‹ oder ›Mittel zum Zweck‹ und damit als die *Art und Weise* der Vermittlung von Zielen und Inhalten verstanden wird.

2. *Zweite Ebene: Unterrichtsmethode als Ziel*

Das Charakteristikum der Unterrichtsmethode auf der zweiten Ebene liegt darin, daß sie nicht mehr etwas Sekundäres ist. Sie hat sich gleichsam losgelöst von ihrer instrumentellen Abhängigkeit im Weg-Ziel-Konnex und hat selber Zielcharakter angenommen. Ein Beispiel dafür ist die *Projektmethode,* wie sie in Amerika durch John Dewey und William

Heard Kilpatrick entwickelt wurde. Andere Beispiele sind die *exemplarische Methode* (vgl. Gerner 1966), das *entdeckende Lernen* (vgl. Neber 1973; Klewitz/Mitzkat 1977), aber auch einige Formen des *individuellen Unterrichts* (vgl. Gage/Berliner 1986). Im folgenden werde ich die Projektmethode als ein Beispiel für die zweite Ebene exemplarisch darstellen.

In seiner kultursoziologischen Analyse der Zeit um 1930 in den USA gelangte Kilpatrick (vgl. Kilpatrick 1935) zu der Erkenntnis, daß die demokratische Gesellschaft eine neue Erziehung braucht. Kilpatricks Argumentation ist für die Soziologie, sofern sie sich mit dem Problem des Wandels befaßt, noch heute aufschlußreich und keineswegs gänzlich veraltet. Kilpatrick sieht nämlich im Phänomen des gesellschaftlichen Wandels den Schlüssel zum Verständnis der modernen demokratischen Gesellschaft. Alles verändert sich rasch und rascher, in der Wissenschaft, in der Technik und Wirtschaft, im Transport- und Kommunikationswesen. Die Schule hingegen unterrichtet noch nach dem alten aristotelischen Ideal des Wandels. Dieses Ideal lebt, so Kilpatrick, nicht von der Idee des Wandels als einer ständigen Veränderung, sondern von der Idee des Wandels als der ewigen Wiederkehr des Gleichen und Bekannten, mithin vom Wandel als Konstanz.

Kilpatrick führt dann am Beispiel von Aristoteles aus, was der Begriff des Wandels als Konstanz mit seiner zyklischen Wiederkehr des Gleichen für die Erziehung bedeutet. Die Eiche beispielsweise bringt Eicheln hervor, aus denen Eichenbäume hervorwachsen, die dann wiederum Eicheln hervorbringen. Diese Vorstellung vom Wandel bleibt für jedermann berechenbar. Im Wandel erlebt der Mensch die Konstanz der zyklischen Wiederkehr und braucht sich nicht zu beunruhigen. Ähnlich wie die Abfolge Eichel-Eiche-Eichel war das Bildungssystem organisiert. Die Schüler lernten in der Schule das, was ihren Lehrern vermittelt worden war. Und wenn sie dann einmal selbst Lehrer wurden, unterrichteten sie dieselben Inhalte, die sie in der Schule gelernt hatten.

Vor dem Hintergrund dieser Theorie des Wandels gelangt Kilpatrick zu einer Analyse der Schule, die er mit dem kritischen Attribut »alt« belegt. Die alte amerikanische Schule, so Kilpatrick, vermittle nach aristotelischem Vorbild das Wissen von gestern für die Welt von morgen. Ihre Misere bestehe darin, daß die Schüler ihre gegenwärtige Lebenszeit mit dem Erlernen eines veralteten Wissenskanons verbringen müßten.

Es sei daher verständlich, daß solches Wissen die Schüler nicht für das konkrete Leben handlungsfähig machen könne.

Deswegen erheben Dewey und Kilpatrick die Forderung, daß das Lernen dem Zweck dienen solle, im Leben besser zurechtzukommen. Kilpatricks Analyse mündet in eine Frage, die eigentlich Warnung signalisiert: Wie soll die künftige Gesellschaft vorankommen, wenn die heranwachsende Generation auf dem Wissensstand von gestern stehenbleibt? Ist nicht die Gesellschaft selbst, sind nicht Demokratie und Fortschritt in Gefahr, wenn die Pädagogik den aristotelischen Begriff des Wandels über Generationen hinweg fortschreibt? Die Frage scheint mir wichtig, daher möchte ich ihr in einer kurzen Reflexion ein wenig nachgehen.

Kilpatricks Analyse stützt sich auf die Argumentationslogik, daß zwischen der schulisch zu vermittelnden Bildung und dem gesellschaftlich-technischen Fortschritt eine direkte Verbindung besteht. Inwieweit nun eine solche Verbindung linear nachgewiesen werden kann, will ich hier nicht untersuchen. Wichtig und aus heutiger Sicht wohl noch gültig ist Kilpatricks These, daß der Wandel eine dynamische und offene Vorstellung implizieren muß, wenn er nicht mit sich selbst in Widerspruch geraten soll. Die aristotelische Vorstellung von Wandel als zyklischer Wiederkehr des Gleichen hingegen räumt dem Menschen kaum Eingriffsmöglichkeiten in das Weltgeschehen ein. Denn: Wenn trotz des Wandels alles doch beim alten bleibt, dann hat der Mensch nur noch eine Roboterfunktion.

Ilya Prigogine, der russische Chemie-Nobelpreisträger, hat genau dieses Problem, das sich wissenschaftstheoretisch für Geistes- und Naturwissenschaften in gleichermaßen relevanter Weise stellt, pointiert formuliert: »In der klassischen Wissenschaft lag der Akzent auf den zeitunabhängigen Gesetzen. Sobald die Anfangsbedingungen gegeben sind, bestimmen diese ewigen Gesetze für alle Zeiten die Zukunft, so wie sie die Vergangenheit bestimmt haben. Eine solche Sicht weckt unsere Begeisterung, denn sie besagt, daß die Welt für den menschlichen Geist intelligibel ist. Und dennoch wirft sie ein Problem auf, denn die auf diese Weise enträtselte Welt erscheint als ein Automat, als ein Roboter.« (Prigogine/Stengers 1986, S. 10f.). Wie soll man dem begegnen? Wie läßt sich die Schule so gestalten, daß das ihr zugrundeliegende Menschenbild die Vorstellung von Lehr- und Lern-Robotern ausschließt?

Kilpatrick und Dewey empfehlen, von festen Lehrplänen Abschied zu nehmen und Lernprozesse im wirklichen Lebenskontext zu initiieren. Lernen soll konkret und lebensnah stattfinden. Es soll der Bewältigung von Lebensproblemen dienen. Wie und wo identifiziert man aber Lebensprobleme? In authentischer Weise doch nur im Leben selbst! Ziel einer solchen Erziehung, so Kilpatrick wörtlich, ist es, »das Leben durch besseres Denken und Handeln zu verlängern und zu verbessern, und das ist seinerseits wieder Erziehung. So besteht die Erziehung in dem Leben und für das Leben. *Ihr Ziel liegt im Vorgang selbst.* Ein solches Ziel ist das einzige, das auf eine Welt paßt, die sich entwickelt.« (Kilpatrick 1935, S. 83; Hervorhebung nicht im Original).

Die Konsequenz lautet: Die Schule soll keine Anhäufung von totem Wissen anstreben und sich vom Lernen als Gedächtnisballast distanzieren. Sie darf Lernen nicht mit dem Tausch von schulischem Wissen gegen Noten verwechseln. Sie muß von starren Lehrplänen Abschied nehmen und sich für offenes Lernen in Projekten öffnen.

Projekt war der neue Name für eine Tätigkeit, die die Schüler weitgehend selbständig und in Eigenverantwortung in Angriff zu nehmen und unter pädagogischer Betreuung zu vollenden hatten. Es galt, Schluß zu machen mit dem zerhackten Verabreichen des Wissens in Portionen und im 45-Minuten-Takt. Diejenige didaktische Innovation, die »die alte Schule« zu revolutionieren und damit die demokratische Gesellschaft vor dem Erstarren zu bewahren versprach, hieß nach Überzeugung von Kilpatrick und Dewey *Projektmethode*. Sie ist freilich keineswegs eine Unterrichtsmethode im üblichen Sinne der ›Art und Weise‹ der Vermittlung von feststehenden Inhalten, sondern – wie Dewey ausdrücklich betont – eine völlig neue Konzeption, Lernprozesse im Lebenskontext zu generieren, also neue Lerninhalte zu suchen und zu finden. Projektlernen in diesem Sinne impliziert, daß sich Lernende auf eine Expedition ins Ungewisse einlassen, unterwegs unbekannte und nicht von vornherein festlegbare Lerninhalte entdecken und sich diese hautnah erschließen (vgl. Dewey 1935, S. 97).

Wenn das Wie des Lernens dazu führt, daß man ein neues Was findet, dann ist es kein bloßer Weg, und das Ziel steht nicht von Anbeginn fest, sondern dieses besondere Wie gestaltet erst den Inhalt des Lernprozesses; es ist somit zielträchtig und inhaltsgenerierend (vgl. Abb.).

> Die Erarbeitung der Unterrichtsinhalte kann nach dem Muster einer »*Expedition ins Ungewisse*« erfolgen: Lehrer und Schüler lassen sich auf »das Risiko des Lernens« (Meyer-Drawe 1986b) ein. Das Unbekannte, das Ungebärdige, das Sperrige ist besonders interessant. Versuch und Irrtum, Verfremdung von Liebgewordenem, Spurensicherung und Selbsttätigkeit der Schüler sind unverzichtbar. Lernirrwege werden begrüßt – *Lernumwege führen zum Erfolg!*«

Quelle: Jank / Meyer 1991, S. 83.

Es ist ein Unterschied, ob der Lehrer alles von Anfang an weiß und sich im Unterricht darum bemüht, sein Wissen schnell und ökonomisch an die Schüler weiterzugeben, oder ob er mit einer groben Zielvorstellung seine Schüler auf einer Bildungsexpedition begleitet. Dieser Unterschied scheint mir wesentlich für die systematische Unterscheidung zwischen der ersten und der zweiten Ebene der Unterrichtsmethode. Auf der ersten Ebene sind die Schüler Lernobjekte, der Lehrer ausführendes Organ, auf der zweiten sind beide – Schüler wie Lehrer – Lernsubjekte, wiewohl mit jeweils unterschiedlicher Ausgangssituation. Sie sitzen aber im selben Boot. In der kooperativen und gemeinsamen Lebensbewältigung – im Unterschied zur Verringerung einer Wissensdifferenz – liegt der Sinn des Lernens im Project.

Diese qualitativ neue und völlig andersartige Unterrichtsmethode – *Lernweg als Suchen und Finden von neuen Inhalten* – hat zweifellos Zielcharakter. Ihr haftet nicht jene instrumentelle Gleichgültigkeit eines bloßen Wie an, das sich an beliebige Inhalte und Ziele »anhängen« läßt. Hier meint Methode das gemeinsame Suchen, Finden und Lösen eines lebensnahen Problems. Hier lernt der Lehrer nicht weniger als die Schüler, wenn auch anders und anderes. Von einer solchen Lernexpedition kehren die Beteiligten auch anders zurück als vom schulischen Alltag.

Was aber hat das mit Wandel zu tun? Kilpatrick meint, daß wir uns auf das Phänomen des Wandels am besten dann einstellen können, wenn wir den echten und wahren Wandel täglich in der Schule einüben. Nur so lernen wir, uns auf ihn einzustellen und mit seinen vielfältigen Erscheinungsformen pragmatisch umzugehen. »Pragmatisch« bedeutet hier: am Handeln orientiert. Ein Unterricht, der aus pragmatischer Philosophie heraus die Individuen im Lebenskontext handlungsfähig machen will, kann sich nicht feste Ziele und Inhalte vorgeben lassen. Der Weg des Suchens von Problemen ist selber schon ein Ziel, der Weg des Ausprobierens, Scheiterns und Wiederversuchens ist selber der Lernzweck. Die Methode also hat hier einen anderen Charakter als auf der ersten Ebene. Sie effektiviert nicht das Vorgefaßte, sie verabreicht nicht das Fertige ökonomisch, d. h. zeitsparend. Vielmehr läßt sie die Lernenden selbständig suchen und machen und irren und individuell finden und entdecken.

Die erste und zweite Ebene sind – unter dem Aspekt der Zeitökonomie – einander diametral entgegengesetzt. Auf der ersten Ebene wird der Lernertrag nach dem Vorbild der Ökonomie immer nur in der dafür benötigten Zeit gemessen und bewertet. Auf der zweiten Ebene hingegen steht nicht die Zeit, sondern das Individuum im Vordergrund. Blick und Maßstab orientieren sich nicht an ökonomischer Schnelligkeit, sondern an pädagogischer Individualentfaltung. Für tiefes und erlebnishaftes Begreifen, für eigenes Entdecken, selbständiges Erarbeiten und exemplarisches Vertiefen können nicht Objektivität und Gleichmaß der Zeit ausschlaggebend sein, sondern vor allem subjektives Interesse, intrinsische Motivation und persönliche Begeisterung. Von solchen – schwer meßbaren oder gar benotbaren – Faktoren hängen Sinn und Zweck des Lernens ab.

Selbstverständlich bedeutet das Zeit»verlust« – und damit die Entscheidung für einen Umweg. Man geht bei diesem Verständnis von Unterrichtsmethode nicht schnurgerade auf die Inhalte los, um sie in leere Fässer zu füllen, sondern man lernt das Lernen. Dabei sind naturgemäß Irren und Zeitverlieren durchaus erlaubt, ja geradezu beabsichtigt und erwünscht. Rousseaus »wichtigste und nützlichste Regel jeder Erziehung« lautet lapidar eben »nicht: Zeit gewinnen, sondern Zeit verlieren.« (vgl. Rousseau 1983, S. 72). Und ein japanisches Sprichwort sagt: »Hast du es eilig, mache einen Umweg!«

Ich möchte die zweite Ebene der Unterrichtsmethode zusammenfassen: Wenn das Lernen selbst zum Gegenstand oder zum Problem geworden ist, dann wird die Unterrichtsmethode zum Ziel, das methodische

Unterwegssein zum Lernzweck. In diesem Fall läßt sich das Lernziel natürlich nicht von vornherein präzise angeben. Aber darauf kommt es auch nicht primär an. Vielmehr wirkt der Prozeß, auf den sich Schüler und Lehrer in suchender und lernender Absicht eingelassen haben, bildend. Indem sie unterwegs Probleme entdecken und sie lösen lernen, erfahren sie den Sinn des Lernens.

In der deutschen Didaktik wurde diese Einsicht Anfang der 50er Jahre besonders virulent. Damals schwollen die Lehrpläne immer mehr an, und jedes Grüppchen versuchte, seine Interessen in die Lehrpläne hineinzustopfen. Der ausgeuferte Lehrstoff mußte aus pädagogischer Sicht unbedingt gekürzt und reduziert werden. Da wurde der Ruf nach *exemplarischem* Lehren und Lernen laut. Was bedeutete das? Martin Wagenschein, einer der Verfechter der exemplarischen Methode, bringt es folgendermaßen auf den Punkt:

»In der Physik hieß es bisher: das Wichtigste aus der Mechanik *und* aus der Wärmelehre *und* aus der Optik *und* so weiter. Könnte man nun nicht an die Stelle dieser vielen Plus-Zeichen lieber sagen: An der Mechanik *oder* an der Elektrizitätslehre *oder* an ... ist etwas exemplarisch Physikalisches zu erreichen? (...) Das wären dann nicht Stofflisten, sondern ›Funktionspläne‹. Es wären bestimmte geistige Funktionen, Begegnungsweisen, die an ausgewählten Stoffen, ›ein für allemal‹ zu erfahren wären.« (Wagenschein 1965, S. 230f.).

Wilhelm Flitner sieht den bildenden Wert der exemplarischen Methode »nicht in der wissenschaftlichen Methode, sondern in der Methode der selbständigen Orientierung des Lernenden. (...) Der Lernende soll Blick für die Phänomene gewinnen und zur Orientierung, zur Selbstbelehrung, zur Benutzung der Hilfsmittel angeleitet werden. Die Stoffmengen sind nur Mittel zum Zweck dieser didaktischen Ziele.« (Flitner 1966, S. 22).

Die zweite Ebene zugespitzt formuliert und mit Wagenschein gegen die erste Ebene abgehoben: Will man *alles* lernen, was es gibt, muß man schnell und zeitökonomisch verfahren (1. Ebene). Will man hingegen lernen, was es alles *gibt*, so muß man verweilen und vertiefen, das heißt: das Lernen selbst zum Ziel erheben, es also methodisieren. Das ist der didaktische Moment, dem die Unterrichtsmethode ihre Selbstreferenz verdankt. Zu lernen, wie man lernt, verweist auf einen reflexiven Mechanismus, auf Reflexion und Selbstreferenz. Hier zeigt sich ein höheres Problembewußtsein als auf der ersten Ebene.

3. Dritte Ebene: Unterrichtsmethode als Allgemeine Methodik

Auf der dritten Ebene der Systematik stellt sich die Unterrichtsmethode als eine komplizierte Angelegenheit heraus. Denn es geht hier um eine *Allgemeine Methodik*. Allgemein deshalb, weil die Unterrichtsmethode Gültigkeit für Lernen im allgemeinen beansprucht, also für jedwedes Lernen. Der Blick richtet sich nicht auf die verschiedenen Lernstoffe, sondern auf den geistigen Prozeß. Nicht optimale Vermittlung, auch nicht tiefes und exemplarisches Begreifen stehen im Vordergrund, sondern das, was im Geist geschieht, wenn gelernt wird.

Der Grundgedanke ist ebenso einfach wie reizvoll, zugleich aber auch ebenso kompliziert wie anspruchsvoll. Man will wissen, welche geistigen oder psychischen Prozesse innerlich ablaufen, wenn ein Individuum etwas lernt. Dabei wird unterstellt, daß die inneren Abläufe eine gleichbleibende Struktur haben und bestimmte Gesetzmäßigkeiten aufweisen. Wenn das zuträfe und wenn es uns gelingen sollte, Einblick in diese Gesetze zu erhalten, so könnten wir hernach alles Lehren und Unterrichten diesen mentalen Strukturgesetzen anpassen, womit wir dann eine Art »Königsweg« des Lehrens hätten und uns so eine Allgemeine Methodik erschließen könnten.

Eine solche Deduktionslogik mag erstrebenswert erscheinen, aber sie ist meiner Ansicht nach allenfalls als eine dynamisch-prozessuale Interaktionstheorie denkbar. Die Vorstellung einer geschlossenen und ein für allemal zu gewinnenden Strukturtransformation hingegen halte ich weder für realistisch noch für wünschenswert. Ein für alle Menschen in gleicher Weise gültiges Lerngesetz gibt es nicht, daher kann es auch keinen »Königsweg« des Lernens oder Lehrens geben. Das ist vor allem deshalb nicht möglich, weil die menschliche Intelligenz in der Lage ist, ein solches Gesetz, sollte es einmal gefunden werden, zu durchschauen und zu überlisten. Die Transformation der Lerngesetze auf Lehrprozesse kann und darf daher nicht anders als prozessual aufgefaßt werden.

Herbart war da anderer Meinung. Er glaubte, die universalen Gesetzmäßigkeiten des Lernens aufgedeckt zu haben, und seine Schüler ereiferten sich, diese Lerngesetze sozusagen im Eins-zu-Eins-Verhältnis auf die Lehrprozesse zu übertragen. Gleichwohl ist Herbarts Psychologie, in der er aus seiner Sicht den »Königsweg« des Lernens entfaltet, faszinierend und für die Verdeutlichung der dritten Ebene unterrichtsmethodischer Reflexion besonders ertragreich und anschaulich. Hier läßt sich die angedeutete Deduktionslogik eindrucksvoll demonstrieren. Herbarts Theorie ist übrigens keineswegs der einzige Ansatz dieser Art. Ich denke hier an verschiedene Lerntheorien, aber auch an die Tätigkeitstheorie, deren Explikation ich hier nicht leisten kann. Daher beschränke ich mich auf einige Belege aus der Geschichte der Didaktik. Sie basieren alle auf derselben Grundeinsicht, daß eine Allgemeine Methodik erst entwickelt werden kann, wenn die allgemeinen Lerngesetze aufgedeckt und dargelegt worden sind.

1. Beleg: Johann Heinrich Pestalozzi

Pestalozzis didaktisches Denken kommt am deutlichsten zum Ausdruck in seiner Abhandlung: »Wie Gertrud ihre Kinder lehrt« (zuerst erschienen 1801). In dieser Schrift erklärt Pestalozzi seine didaktische Intention dahingehend, daß er »den Volksschulunterricht auf psychologische Fundamente zu gründen« beabsichtige (Pestalozzi 1932, S. 190f.), daß diese Absicht in der Ausarbeitung *»einer allgemeinen Unterrichtsmethode«* (ebd., S. 195; Hervorhebung nicht im Original) zu realisieren sei. Und er faßt die Begründung seiner Absicht in der Formulierung zusammen: »Aller Unterricht des Menschen ist also nichts anderes, als die Kunst: diesem Haschen der Natur nach ihrer eigenen Entwicklung Handbietung zu leisten.« (ebd., S. 197). Der Ausdruck »Haschen der Natur« zielt auf jene Gesetze, die sich gleichsam von selbst endogen vollziehen und »Lernen« genannt werden. Diesem natürlichen Vorgang soll der Unterricht Hilfe (»Handbietung«) leisten.

2. Beleg: Wilhelm Rein

Wilhelm Rein, einer der berühmtesten Herbart-Schüler, faßt 1893 seine Einsichten über die Unterrichtsmethode in dem prägnanten Satz zusammen: »Wer also im Besitz der Kenntnis und Einsicht in die Gesetze des psychischen Geschehens ist, der würde damit auch in den Besitz des rechten Weges für den Unterricht gelangen.« (vgl. Rein 1970, S. 29).

3. Beleg: Hans Aebli

In der Absicht, die Theorie der kognitiven Entwicklung seines Lehrers Jean Piaget als eine allgemeine Lerntheorie zu interpretieren und sie für die didaktische Praxis fruchtbar zu machen, schreibt Hans Aebli 1968: »Die wissenschaftliche Didaktik stellt sich als Aufgabe, aus der psychologischen Kenntnis der Vorgänge geistiger Formung diejenigen methodischen Maßnahmen abzuleiten, welche für die Entwicklung der Prozesse am besten geeignet sind. Eine solche Beziehung zwischen Didaktik und Psychologie wird nur selten bewußt und unmittelbar hergestellt. Gleichwohl ist jedes Unterrichtsverfahren einer Kindespsychologie verpflichtet, die zwar nicht ausgesprochen, aber stillschweigend vorausgesetzt wird.« (Aebli 1968, S. 15f.).

Soweit die Belege. Die dritte Ebene der Unterrichtsmethode, also die deduktive Begründung der Unterrichtsmethode aus erkenntnistheoretischer oder psychologischer Sicht, hat eine Tradition, die in Herbart ihren ersten Vertreter und zugleich Höhepunkt gefunden hat. Diesen Ansatz möchte ich im folgenden kurz und exemplarisch für die dritte Ebene darstellen.

Die Grundlage für Herbarts Allgemeine Methodik ist seine Psychologie. Sie zeigt der Pädagogik den Weg – richtiger: ›den‹ Weg – der natürlichen Entwicklung des Geistes. Herbart stellt sich ihn so vor, daß die geistigen Lernprozesse – modern gesprochen: Kognitionsprozesse – im wesentlichen aus zwei Teilprozessen bestehen:

Erstens bereichert sich der Geist quantitativ, und zwar durch die Perzeption von Vorstellungen, also etwa durch Aneignung von Wissensstücken. Alles Neue, was ein Mensch zu dem, was er kann, hinzulernt, ist eine neue Vorstellung, die zu seinen vorhandenen hinzukommt. Diese Erweiterung oder Bereicherung rein quantitativer Art nennt Herbart in seiner eigentümlichen Sprache »Vertiefung«.

Zweitens werden diese Vorstellungen und Perzeptionen mit den vorhandenen Vorstellungen und Wissensverbindungen verknüpft und vernetzt. Dabei kommt es zu neuen Kombinationen und Verbindungen.

Einige alte Verbindungen lösen sich teilweise auf, andere entstehen neu. Was hier zustandekommt, geht über die quantitative Anhäufung von Vorstellungen hinaus. Es findet eine strukturelle oder qualitative Reorganisation von Vorstellungen statt. Diese qualitative Verarbeitung von Vorstellungen nennt Herbart »Besinnung«. Lern- oder Kognitionsprozesse haben folglich zwei wesentliche Teilaspekte, nämlich:

1. die quantitative Erweiterung von Wissensstücken oder Vorstellungen und
2. die qualitative, d. h. variationsreiche und sinnvolle Verknüpfung und Verbindung zu neuen Vorstellungskomplexionen oder Wissensstrukturen.

Diese beide Teilprozesse müssen stets Hand in Hand gehen. Wer Wissen ohne Zusammenhang nur anhäuft, endet als Enzyklopädieband auf einem Bücherregal. Und wer nur aus dem wenigen Wissen, das er erworben hat, eine ganze Kosmologie konstruiert, endet womöglich in einer Nervenheilanstalt.

Dem Gesetz des Lernens im Rhythmus von »Vertiefung« und »Besinnung« muß die Didaktik Rechnung tragen. Die Schüler müssen also immer in einem ersten Schritt einen neuen Stoff dazulernen und dann in einem zweiten Schritt diesen neuen Stoff mit dem zuvor Gelernten vielfach verknüpfen und vernetzen, damit – frei nach Goethe – ein »geistiges Band« entsteht. So wäre die deduktive Logik vollzogen: den Lerngesetzen folgt – unterstützend und fördernd – die Lehre.

In seiner schwer verständlichen und kaum erforschten Psychologie schickt Herbart sich nun an, die Gesetze, nach denen sich die einzelnen Vorstellungspartikel ansammeln und irgendwelche Verbindungen eingehen, als physikalische Kräfte zu deuten und mathematisch zu berechnen. Natürlich nicht in Zahlen und Prozenten, sondern in Formeln. Hierbei greift Herbart überraschenderweise auf die physikalischen Gesetze der Himmelsmechanik zurück. Seine spekulative Grundannahme lautet: »Die Gesetzmäßigkeit im menschlichen Geiste gleicht vollkommen der am Sternenhimmel.« (Herbart 1964, S. 373). Wie ist das zu verstehen?

Herbart unterstellt, daß das, was im menschlichen Geiste passiert, nämlich: Aufnahme, Bewegung, Lösung, Verknüpfung und Neuverbindung von Vorstellungen, den gleichen Gesetzen unterliegt, denen auch die Himmelskörper gehorchen: Anziehen und Abstoßen, Energieverlust und Energiegewinn. Er unterstellt damit – ich vermute im Anschluß an Newton – eine kosmisch angelegte Urparallelität oder Urhomologie zwischen dem Mikrokosmos in der geistigen Welt und dem Makrokosmos im Sternenhimmel. Menschliche Geistestätigkeit und kosmische Entwicklung verlaufen parallel: wie oben, so unten.

Für Herbart war diese Grundannahme ein zentraler metaphysischer und naturphilosophischer Gedanke. Um ihn nachzuvollziehen, muß man nach Herbarts Vorstellung Physik studieren. So wie die Sterne geboren werden, ganze Galaxien entstehen und zugrundegehen, so muß man sich auch den Lauf der Dinge im menschlichen Geist vorstellen. Nur daß dort oben die Himmelskörper Anziehungskraft aufeinander ausüben, während es hier unten die Vorstellungspartikel sind. »Das Sinnliche«, schreibt er, »verhält sich zum Uebersinnlichen wie das Differential zum Integral« (Herbart 1964, S. 237).

Am Ende will Herbart seine Psychologie als eine »Physik des Geistes« entfalten. Er gibt sich alle erdenkliche Mühe, um die mathematische Formel für die Anziehungskraft von Vorstellungen zu finden, die nach physikalischen Gesetzen logisch rekonstruierbar wäre. Heute lesen wir diese Psychologie nicht mehr physikalisch oder mathematisch, sondern allenfalls als eine Kognitionspsychologie (vgl. Bonne 1978, S. 63).

Wenn nun darin die Grundstruktur einer allgemeinen Lerntheorie liegt, wenn also der Geist sich im wechselnden Rhythmus von »Vertiefung« und »Besinnung« entwickelt, dann liegt es nahe, seinen eigenen Gang auf den Unterricht zu kopieren. Das bedeutet: Jeder Unterricht muß methodisch ebenfalls in zwei Teilschritten aufbereitet und vermittelt werden. Zuerst muß jedes einzelne Stück Wissen oder Können um der »Vertiefung« willen isoliert für sich vermittelt werden, sodann aber muß die Isolierung um der »Besinnung« willen überwunden werden, damit Wissensstrukturen und miteinander vernetzte Fähigkeiten entstehen.

Ein solches Vorgehen nun, so darf festgestellt werden, ist keine bloße Methode im Sinne von ›Weg zum Ziel‹ oder Mittel zum Zweck‹, es stellt auch nicht eine Methode dar, deren Zweck im ›Lernen des Lernens‹ läge. Vielmehr handelt es sich hier zweifellos um eine *lerntheoretisch fundierte Allgemeine Methodik des Lehrens*. Allgemein deshalb, weil jede Lehre, unabhängig vom Inhalt oder Fach, nach demselben Gang vermittelt werden kann und muß. In Herbarts Worten:

»Ferner gehört hieher die allgemeine Forderung, daß *Vertiefung* und *Besinnung* gleich einer geistigen Respiration, stets mit einander abwechseln sollen. Die Vertiefung geschieht, indem einige Vorstellungen nach einander [...] ins Bewußtsein gebracht werden. Die Besinnung ist Sammlung und Verbindung dieser Vorstellungen.« (Herbart 1964, S. 409).

Im weiteren Verlauf differenziert Herbart die »Vertiefung« in die Teilschritte »Klarheit« und »Assoziation« und die »Besinnung« entsprechend in »System« und »Methode«, so daß der Gesamtrhythmus seiner *Allgemeinen Methodik* vier Teilschritte aufweist. Sie bilden die innere Logik – den »Königsweg« – jedweden Unterrichts. Dies auszuführen ist hier nicht notwendig (vgl. dazu Adl-Amini u. a. 1979). Mir kam es auf die exemplarische Darstellung einer für die dritte Ebene der Unterrichtsmethode ebenso charakteristischen wie maßgeblichen Lerntheorie an.

Die dritte Ebene der Unterrichtsmethode ist, so möchte ich resümieren, auf eine Fundierung angewiesen, auf eine entwicklungstheoretische, kognitionspsychologische, lerntheoretische, tätigkeitstheoretische, gehirnphysiologische oder sonstige Fundierung der Lerngesetze. Diese Lerngesetze werden zum Maßstab für die Gestaltung jedweder Lehre genommen und damit als eine *Allgemeine Methodik* ausgegeben. Jede Kognitionspsychologie enthält eine implizite oder explizite Theorie über das menschliche Lernen und damit zugleich auch eine Theorie über die Gesetze der geistigen Entwicklung. Erst wenn diese Gesetze erforscht und aufgedeckt sind, – so die Kernthese der dritten Ebene – können wir Einblick in den inneren Gang der geistigen Entwicklung gewinnen. Jede begründete Instruktionsmethode muß sich diesem allgemeingültigen Lerngesetz anpassen. Wir haben also eine Vielzahl von Unterrichtsmethoden, aber nur wenige lerntheoretisch fundierte *Allgemeine Methodiken*.

Ich rufe jetzt noch einmal die oben angeführten drei Belege in Erinnerung. Bei Pestalozzi hieß es »diesem Haschen der Natur nach ihrer eigenen Entwicklung Handbietung zu leisten«. Bei Rein hieß es: »Wer also im Besitz der Kenntnis und Einsicht in die Gesetze des psychischen Geschehens ist, der würde damit auch in den Besitz des rechten Weges für den Unterricht gelangen«. Und bei Aebli hieß es: »Gleichwohl ist jedes Unterrichtsverfahren einer Kindespsychologie verpflichtet, die zwar nicht ausgesprochen, aber stillschweigend vorausgesetzt wird.«

Die noch ausstehende *Theorie der Unterrichtsmethode* kommt auf keiner der drei hier entfalteten Ebenen allein aus. Die meisten Systematisierungsversuche bleiben aber auf einer der drei Ebenen stehen. Ist das womöglich der Grund dafür, daß eine Theorie der Unterrichtsmethode bis heute Desiderat geblieben ist? Nur eine kontinuierliche Diskussion über das Problem der Unterrichtsmethode vermag diese Frage zu beleuchten.

Forschungsergebnisse aus allen drei Ebenen zusammenzutragen und in ein Ebenen-Modell einmal versuchsweise zu integrieren war die Absicht der vorliegenden Systematik. Was ich hier nicht leisten konnte, war, das Verhältnis der drei Ebenen zueinander zu klären. Auch konnte ich die einzelnen Ebenen im Rahmen dieses Beitrags nur exemplarisch anreißen, aber nicht ausführlich darstellen und diskutieren. Es gibt – wie man sieht – noch einiges zu tun in Sachen *Theorie der Unterrichtsmethode*.

Literatur

Adl-Amini, B.: Didaktik, Methodik und das ungelöste Problem der Interdependenz. In: B. Adl-Amini (Hrsg.): Didaktik und Methodik. Weinheim 1981, S. 10–39.

Adl-Amini, B.: Ebenen didaktischer Theoriebildung. In: D. Lenzen (Hrsg.): Enzyklopädie Erziehungswissenschaft. Band 3: Ziele und Inhalte der Erziehung und des Unterrichts, hrsg. von H.-D. Haller/H. Meyer. Stuttgart 1986, S. 27–48.

Adl-Amini, B./Oelkers, J./Neumann, D. (Hrsg.): Didaktik in der Unterrichtspraxis. Grundlegung und Auswirkungen der Theorie der Formalstufen in Erziehung und Unterricht. Bern 1979.

Aebli, H.: Psychologische Didaktik. Didaktische Auswertung der Psychologie von Jean Piaget. Stuttgart, 3. Aufl. 1968.

Aschersleben, K.: Einführung in die Unterrichtsmethodik. München 1974.

Blankertz, H.: Theorien und Modelle der Didaktik. München 1969, 9. Aufl. 1975.

Boldyrew, N. I. u. a.: Lehrbuch für die Ausbildung von Oberstufenlehrern. (Moskau 1968). Berlin (DDR) 1973.

Bonne, L.: Lernpsychologie und Didaktik. Weinheim 1978.

Dewey, J.: Der Ausweg aus dem pädagogischen Wirrwarr. In: J. Dewey/W. H. Kilpatrick: Der Projektplan. Grundlegung und Praxis, hrsg. von P. Petersen. Weimar 1935, S. 85–101.

Dolch, J.: Grundbegriffe der pädagogischen Fachsprache. 3., verbesserte Aufl., München 1960.

Einsiedler, W.: Lernmethoden. München 1981.

Flitner, W.: Theorie des pädagogischen Weges und der Methode. Weinheim 1950.

Flitner, W.: Der Kampf gegen die Stoffülle: Exemplarisches Lernen, Verdichtung und Auswahl. In: B. Gerner (Hrsg.): Das exemplarische Prinzip. Beiträge zur Didaktik der Gegenwart. Darmstadt 1966, S. 19–27.

Gage, N. L./Berliner, D. C.: Pädagogische Psychologie. 4., völlig neu bearb. Aufl., Weinheim und München 1986.

Gerner, B. (Hrsg.): Das exemplarische Prinzip. Beiträge zur Didaktik der Gegenwart. Darmstadt 1966.

Heimann, P.: Didaktik als Theorie und Lehre. In: Die Deutsche Schule 54 (1962), S. 407–426.

Heimann, P./Otto, G./Schulz, W.: Unterricht – Analyse und Planung. Hannover 1965, 8. Aufl. 1976.

Henningsen, J.: Erfolgreich manipulieren. Methoden des Beybringens. Ratingen 1974.

Herbart J. F.: Sämtliche Werke in 19 Bänden. Hrsg. von K. Kehrbach und O. Flügel. Aalen. Band 4, 1964.

Jank, W./Meyer, H.: Didaktische Modelle. Frankfurt a. M. 1991.

Kaiser, H./Menck, P.: Methodik und Didaktik. Vorüberlegungen zu einer Ortsbestimmung pädagogischer Methodenlehre. In: P. Menck/G. Thoma (Hrsg.): Unterrichtsmethode. Intuition, Reflexion, Organisation. München 1972, S. 145–157.

Kilpatrick, W. H.: Erziehung für eine sich wandelnde Kultur. In: J. Dewey/W. H. Kilpatrick: Der Projektplan. Grundlegung und Praxis, hrsg. von P. Petersen. Weimar 1935, S. 7–84.

Klafki, W.: Das pädagogische Problem des Elementaren und die Theorie der kategorialen Bildung. Weinheim 1959.

Klafki, W.: Studien zur Bildungstheorie und Didaktik. Weinheim 1963, 10. Aufl. 1975.

Klafki, W.: Zum Verhältnis von Didaktik und Methodik. In: Z. f. Päd. 22 (1976a), S. 77–94.

Klafki, W.: Replik auf Peter Menck's »Anmerkungen zum Begriff der Didaktik«. In: Z. f. Päd. 22 (1976b), S. 803–810.

Klewitz, E./Mitzkat, H. u. a. (Hrsg.): Entdeckendes Lernen und offener Unterricht. Braunschweig 1977.

Klingberg, L.: Einführung in die Allgemeine Didaktik. Frankfurt o. J.

Koskenniemi, M.: Elemente der Unterrichtstheorie. München 1971.

Lewin, K./Lippitt, R. K./White, K.: Patterns of aggressive behavior in experimentally created »social climates«. In: Journal of Social Psychology 10 (1939), S. 271–299.

Lippitt, R./White, K.: An experimental study of leadership and group life. In: Maccomby, E. E./Newcomb, T. M./Hartly, E. L.: Readings in social psychology. 3rd edit., London 1958, p. 496–511.

Menck, P.: Ansätze zur Erforschung von Unterrichtsmethode in der BRD. In: P. Menck/G. Thoma (Hrsg.): Unterrichtsmethode. Intuition, Reflexion, Organisation. München 1972, S. 158–185.

Menck, P.: Anmerkungen zum Begriff der Didaktik. In: Z. f. Päd. 22 (1976), S. 793–801.

Menck, P./Thoma, G. (Hrsg.): Unterrichtsmethode. Intuition, Reflexion, Organisation. München 1972.

Meyer, H.: UnterrichtsMethoden. 2 Bände. Frankfurt 1987.

Meyer-Drawe, K.: Das Risiko des Lernens. In: Lernen – Ereignis und Routine. Jahresheft IV, 1986, hrsg. von Friedrich Verlag, Velber, S. 138–140.

Montessori, M.: Meine Methode. Öffentlicher Vortrag 1937. In: M. Montessori: Frieden und Erziehung, hrsg. von P. Oswald und G. Schulz-Benesch. Freiburg 1973, S. 119–128.

Neber, H. (Hrsg.): Entdeckendes Lernen. Weinheim 1973.

Neill, A. S.: Theorie und Praxis der antiautoritären Erziehung. Reinbek 1969.

Pestalozzi, J. H.: Wie Gertrud ihre Kinder lehrt. Bern und Zürich 1801. Sämtliche Werke, Band 13. Berlin 1932.

Prigogine, I./Stengers, I.: Dialog mit der Natur. Neue Wege naturwissenschaftlichen Denkens. München 1980, 5., erweiterte Aufl., 1986.

Rein, W.: Pädagogik im Grundriß. Stuttgart, 2. Aufl., 1893. Teilabdruck in: G. Geißler (Hrsg.): Das Problem der Unterrichtsmethode in der pädagogischen Bewegung. Weinheim 1970, S. 29–34.

Roth, H.: Pädagogische Psychologie des Lehrens und Lernens. Hannover (1957), 14. Aufl. 1973.

Rousseau, J. J.: Emil oder Über die Erziehung. Paderborn 1983.

Schneewind, Th./Herrmann, K. A. (Hrsg.): Erziehungsstilforschung. Bern 1980.

Schulz, W.: Unterricht – Analyse und Planung. In: P. Heimann/G. Otto/W. Schulz: Unterricht – Analyse und Planung. Hannover 1965, S. 13–47.

Schulze, Th.: Methoden und Medien des Unterrichts. München 1978.

Tausch, R./Tausch, A.-M.: Erziehungspsychologie. Psychologische Vorgänge in Erziehung und Unterricht. Göttingen 1963, 2., wesentl. erw. Aufl. 1965.

Tausch, R./Tausch, A.-M.: Erziehungspsychologie. Begegnung von Person zu Person. 8., gänzl. neugestaltete Aufl., Göttingen 1977.

Terhart, E.: Unterrichtsmethode als Problem. Weinheim 1983.

Terhart, E.: Lehr-Lern-Methoden. Eine Einführung in Probleme der methodischen Organisation von Lehren und Lernen. Weinheim 1989.

Vogel, A.: Artikulation des Unterrichts. Verlaufsstrukturen und didaktische Funktionen. Ravensburg 1973.

Wagenschein, M.: Ursprüngliches Verstehen und exaktes Denken. Stuttgart 1965.

Weber, E.: Erziehungsstile. Donauwörth 1970.

Weniger, E.: Didaktik als Bildungslehre. Teil I: Die Theorie der Bildungsinhalte und des Lehrplans. Weinheim 1952.

Winkel, R.: Die siebzehn Unterrichtsmethoden. In: H. Gudjons u. a. (Hrsg.): Unterrichtsmethoden: Grundlegung und Beispiele. Braunschweig 1982, S. 11–23.

Hilbert Meyer

Reflexionsebenen unterrichtsmethodischen Handelns[1]

Ausgangspunkt dieses Bandes und auch meines Einzelbeitrags ist die Frage: Was leistet die Theorie der Methodik für die Didaktik? Theodor Schulze hat diese Frage in seinem Beitrag als »merkwürdig« charakterisiert. Zu recht! Es ist zwar seit jeher üblich, aus didaktischen Modellen mehr oder weniger lieblos gestaltete unterrichtsmethodische Konsequenzen zu ziehen (wie dies z. B. bei Erich Weniger, aber auch bei Wolfgang Klafki oder Herwig Blankertz zu beobachten ist); der Versuch, die Fragerichtung umzukehren, also die Einbahnstraße des Theorie-Transfers aufzuheben, ist demgegenüber neu und vielleicht auch provokativ.

Denn es ist umstritten, wie ergiebig die vorliegenden Veröffentlichungen zur Unterrichtsmethodik für die Theoriebildung der Didaktik sind oder noch werden können. Es ist erst recht umstritten, ob aus der Existenz einer Reihe von Veröffentlichungen zur Theorie der Methodik (Menck/Thoma 1970; Klingberg 1972; Fuhrmann/Weck 1976; Schulze 1978; Einsiedler 1981; Terhart 1983; Prange 1983; Terhart 1989) auf deren theoretische Eigenständigkeit gegenüber der Theorie der Didaktik gefolgert werden dürfe. Nicht bestreitbar ist jedoch der Tatbestand, daß es eine breite unterrichtsmethodisch orientierte Ratgeber- und Kompendienliteratur gibt, aus deren hohen Auflagenzahlen[2] trotz vieler offener

---

1 Dieser Beitrag ist von Theodor Schulze, Bielefeld, und Ewald Terhart, Lüneburg, durchgesehen worden. Einige Anregungen – bis hin zu wörtlichen Formulierungen – habe ich von Theodor Schulze übernommen.

2 Z. B. das »Lehrbuch der Pädagogik« von W. Ostermann/L. Wegener, deren »Besondere Unterrichtslehre« 1914 eine Auflage von 48.000 erreicht hatte; die »Neuzeitliche Unterrichtsgestaltung« von Karl Stöcker, 18. Aufl. 1984; Jochen Grells »Techniken des Lehrerverhaltens« mit einer Auflage über 104.000; Ursula Drews/Elisabeth Fuhrmann: «Fragen und Antworten zur Gestaltung einer guten Unterrichtsstunde«, über 100.000 Exemplare oder Reinhold Millers vor kurzem erschienenes Buch. »Lehrer lernen« (3. Aufl. 1992).

Forschungsfragen (Berg 1991) auf die Befriedigung praktischer Bedürfnisse von Auszubildenden und vielleicht auch von berufserfahrenen Lehrern und Lehrerinnen geschlossen werden kann (Drerup 1988; Petersen/Priesemann 1988). In der genannten Literatur zur Theorie der Methodik und auch in den Standardwerken der Didaktik kommt die Ratgeberliteratur gar nicht oder nur in polemisch ausgrenzender Form vor; umgekehrt werden in der Ratgeberliteratur die »Feiertagsdidaktiken« mehr oder weniger ruppig kritisiert. Dieser Zustand ist unbefriedigend: Der Ratgeberliteratur fehlt die konstruktive Kritik der Theoretiker; die Theoretiker klagen laut oder leise über mangelnde Praxis-Akzeptanz[3]. Es fehlt ein gemeinsamer theoretischer Bezugsrahmen, der integrierende und nicht nur polarisierende Funktionen hat. In diesem Beitrag sollen Vorüberlegungen zu einem solchen Bezugsrahmen angestellt werden.

1. Ordnungskriterien der Ebenenbildung

Ebenen-Modelle zur Methodenreflexion sind theoretische Konstrukte. Sie setzen ein bzw. mehrere theoretisch bestimmte Ordnungskriterien voraus, anhand derer die einzelnen Ebenen identifiziert und Zuordnungsentscheidungen getroffen werden können. Ein »rein deskriptives« Ebenenmodell ist nicht denkbar, vielmehr fließen immer wissenschaftstheoretische Prämissen des Autors ein. Wolfgang Schulz (1965, S. 30/31; 1980, S. 109–125) hat Methodenentscheidungen im Blick auf ihre »Reichweite« geordnet, dieses Kriterium aber nicht auf allen Ebenen durchgehalten. Bijan Adl-Amini hat in diesem Band (S. 85 ff.) ein inhaltlich-qualitatives Kriterium gewählt: Ausschlaggebend ist für ihn die Übereinstimmung mit bzw. Abweichung von einer wohl begründeten, aber normativen Definition der »eigentlichen« Aufgaben einer wissenschaftlichen Methodik. Ich wähle im Rückgriff auf Erich Wenigers 1929 erstmals veröffentlichten Aufsatz »Theorie und Praxis in der Erziehung« (Weniger 1990, S. 29–44) das *formale* Kriterium der Nähe bzw. Ferne

---

[3] Dies war nicht immer so. Insbesondere in der Reformpädagogik haben unterrichtsmethodische Neuerer vielfältige Anregungen zur Entwicklung einer geisteswissenschaftlichen Bildungstheorie gegeben, die in Ansätzen auch zu einer »Theorie« der Methode ausgeformt wurde (vgl. Georg Geißler oder Wilhelm Flitners »Theorie des pädagogischen Wegs und der Methode«, 1928/1950).

der einzuordnenden Aussagesysteme zu den handelnden Subjekten im Unterrichtsprozeß. Dieses *Kriterium der Handlungs-, bzw. Prozeßnähe* bietet sich für ein handlungstheoretisches Methodenverständnis an, bedarf aber einiger, hier noch nicht abgeschlossener präzisierender Erläuterungen:

- Mit Handlungsnähe ist nicht die räumliche oder zeitliche Nähe, sondern die Einbindung des Praktikers in die *pädagogische Situation* mit ihren spezifischen Emotionen und Handlungszwängen gemeint; mit Handlungsferne die entsprechende Entlastung der Reflexion von Handlungszwängen und situationsspezifischem Erleben – in Wenigers Worten: »... die Entfernung von dem unmittelbar Gegebenen« (1990, S. 41).
- Dieser Nähe bzw. Ferne zu den handelnden Subjekten korrespondiert eine logisch keineswegs zwingende, empirisch jedoch häufig anzutreffende Unbewußtheit oder aber Bewußtheit des Theorie-Charakters unterrichtsmethodischer Aussagen. Methodenaussagen können deshalb nach dem Grad der *Implizitheit* bzw. *Explizitheit* ihres theoretischen Geltungsanspruchs und ihrer Vernetzung mit anderen theoretischen Aussagesystemen geordnet werden.
- Handlungsnähe bzw. -ferne hat häufig – aber keineswegs in jedem Fall – unterschiedliche Grade der *Konkretheit* (Situationsbezogenheit) oder *Abstraktheit* (Situationsunabhängigkeit) der theoretischen Aussagen zur Folge.
- Nähe oder Ferne zum Handlungsprozeß beeinflussen offensichtlich auch die unterschiedlichen *Funktionen*, die das Theoriewissen für die handelnden Subjekte und für die Theorie-Produzenten selbst haben kann.

Schon Erich Weniger hat betont, daß es auf keiner der von ihm definierten Theorie-Ebenen ein »reine«, praxisleere Theorie oder eine theorielose Praxis gebe. Vielmehr lassen sich immer wieder *unterschiedliche Gemengelagen* der Theorie-Praxis-Verschränkung beobachten: buntscheckige oder auch systematisch-strenge Verknüpfungen pädagogischer Grundhaltungen, beruflicher Routinen, tradierter Vorurteile, plötzlich aufleuchtender oder mühsam erarbeiteter theoretischer Einsichten. Diese Vermengung methodenbezogener Aussagen zum Zwecke der Theoriebildung mit Aussagen zum Zwecke der Legitimation und Orientierung praktischen Handelns kann nicht durch die schlichte Unterscheidung von Objekt- und Metaebenen der Methodenreflexion aufgehoben werden. Dies macht die Modellbildung noch schwieriger. Die Vermengung der Funktionen bietet andererseits die Chance, die traditionelle Blickrichtung von der Theorie auf die Praxis umzukehren und den komplexen Umgang des Praktikers mit Theoriewissen zum Ausgangspunkt der Modellbildung zu machen (siehe Abschnitt 7)..

2. *Drei Ebenen der Methodenreflexion*

In Abbildung 1 werden *drei* Reflexionsebenen unterrichtsmethodischen Handelns unterschieden, so wie dies auch Erich Weniger und Bijan Adl-Amini tun[4]. Die Anzahl der Ebenen ist allerdings unerheblich. Entscheidend ist die Wahl des Ordnungskriteriums und das diesem Kriterium zugrunde liegende Erkenntnisinteresse. Auf jeder der drei Ebenen können unterschiedlich hohe oder niedrige Niveaus der Theoretisierung der Methodenreflexion erreicht werden; die Unterscheidung der Ebenen stellt also keine wertende Hierarchisierung dar.

- *Grundlage* des Modells ist eine Prozeß- bzw. Handlungsebene des Unterrichts, auf die sich *jede* Form unterrichtlicher Methodenreflexion beziehen muß.
- Die *erste Ebene* erfaßt institutionell eingebundenes und biographisch gewachsenes *Erfahrungswissen* der im Unterrichtsprozeß methodisch Handelnden, also der LehrerInnen und SchülerInnen. Dieses teils bewußte, teils verinnerlicht-unbewußte Erfahrungswissen ist ganzheitlich-normativ und unbeschadet seiner vorhandenen oder fehlenden theoretischen Legitimation faktisch handlungsleitend (vgl. Gehm 1991).
- Die *zweite Ebene* wissenschaftlich mehr oder weniger gründlich durchdachter *Handlungsentwürfe* erfaßt die aus der Literatur bekannten Unterrichts- bzw. Methodenkonzepte, die eingangs erwähnte Ratgeber- und Kompendienliteratur, aber auch die in den Köpfen und Herzen der handelnden Subjekte verankerten »Philosophien« einzel-

---

4 Die »Schnittstellen« der einzelnen Ebenen bzw. Theorie-Grade differieren allerdings aufgrund der unterschiedlichen Ordnungskriterien. So umfaßt z. B. die von Weniger (a. a. O.) definierte »Theorie zweiten Grades« meine Schichten 2, 3 und 4.

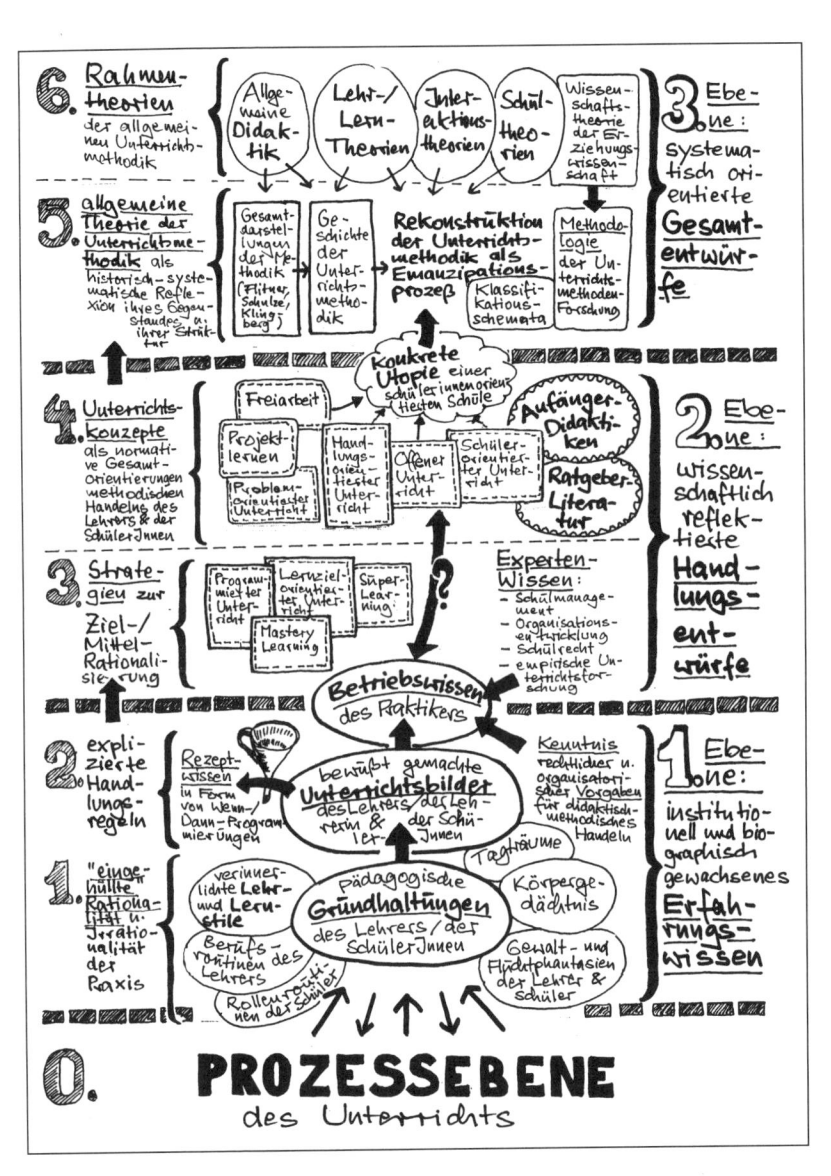

Abbildung 1

ner Schulen und ganzer Schulformen zur Weiterentwicklung der Methodenkultur »vor Ort«.
Handlungsentwürfe sind grundsätzlich normativ. Sie beschreiben, wie »guter« Unterricht aus der Sicht der Autoren gestaltet werden sollte. Letztere werben geradezu um die Zustimmung ihrer Leser und Leserinnen. Sie versprechen, Gesamtorientierungen des didaktisch-methodischen Handelns »mit Kopf, Herz, Händen und allen Sinnen« zu liefern, obgleich von der dritten Reflexionsebene aus deutlich wird, daß auch hier nur Teil-Rationalisierungen des Gesamtkomplexes »Theorie und Praxis der Methodik« gelingen können (vgl. Jank/Meyer 1991, S. 290).

– Auf der *dritten Ebene* finden sich – in enger Verbindung zur Allgemeinen Didaktik – *allgemeine Theorien* der (Unterrichts-)Methodik. Methodenreflexion bedeutet hier die historisch-systematische Erfassung des Gegenstandsfeldes der Methodik, ihrer Strukturen und Prinzipien, ihrer Voraussetzungen und Bezugsdisziplinen.

Das Schema dürfte ausreichend deutlich machen, daß es *keine eigenständige Theorie* der (Unterrichts-)Methodik geben kann, und zwar deshalb nicht, weil auf jeder der drei Ebenen der Grundsatz der komplexen Wechselwirkung von Zielen, Inhalten, Methoden und Organisationsformen des Lehrens und Lernens gilt – unabhängig davon, ob sich die handelnden oder reflektierenden Subjekte dessen bewußt sind oder nicht. Das Handlungsfeld »Unterricht« ist sinnvoller Gegenstand einer Theorie didaktisch-methodischen Handelns, nicht aber das Strukturmoment »Methode« für sich genommen. Eine »allgemeine« Theorie der Unterrichtsmethodik ist also nur als *Aspekt*-Theorie möglich, die auf eine grundlegende Unterrichtstheorie im Sinne einer Prozeßtheorie des Lehrens und Lernens bezogen bleiben muß.

3. Sechs Schichten

Die drei Ebenen sind in Abbildung 1 nochmals in jeweils zwei Schichten untergliedert, so daß sich insgesamt sechs »Etagen« des Theorie-Gebäudes ergeben:

– In der *ersten Schicht* geht es um die unmittelbare sinnliche Erfahrung der Unterrichtswirklichkeit durch Lehrer *und* Schüler: um die nichtbewußten, vor-bewußten oder in mehr oder weniger langwierigen Sozialisationsprozessen verinnerlichten pädagogischen Grundhaltungen; um die damit verknüpften pädagogischen Routinen, um Einstellungen, Phantasien und Tagträume der Lehrer und Schüler. Erich Weniger hat diese Phänomene als »Theorien ersten Grades« bezeichnet und ihnen eine »eingehüllte« pädagogische Rationalität zugestanden (Weniger 1990, S. 38). Dieser bildungstheoretisch motivierte Optimismus ist lobenswert, aber nicht in jedem Falle empirisch zu belegen. Es gibt in der ersten wie auch in allen weiteren Schichten nicht nur eingehüllte »Rationalität«, sondern auch Vorurteile und Irrationalismen unterschiedlichster Herkunft, die der gezielten wissenschaftlichen Reflexion und Kritik bedürfen, ohne daß damit behauptet würde, einen objektiven Maßstab solcher Kritik zu besitzen.

— Im Mittelpunkt der *zweiten Schicht* stehen für mich die in den letzten Jahren verstärkt empirisch erforschten »Unterrichtsbilder« bzw. »subjektiven Theorien« oder »mind maps« von Lehrern und Schülern (vgl. Hofer 1981; Koch-Priewe 1986; Krampen 1986; Mühlhausen 1986; Fromm 1987; Groeben u. a. 1988; Kleinespel 1990; Fichten 1993). »Unterrichtsbilder« sind die im Verlaufe der Schüler-, der Berufs- und Fachsozialisation des Lehrers verinnerlichten, sinnlich-ganzheitlichen Vorstellungen von erhofftem »guten« und befürchtetem »schlechten« Unterricht. Unterrichtsbilder haben einen ›eingebauten Selbstverstärker‹. Sie steuern aufgrund des Pygmalion-Effekts das methodische Alltagshandeln der Lehrer und Lehrerinnen in beträchtlichem Umfang.

Einen ersten Schritt zur Veröffentlichung der Unterrichtsbilder stellt die Formulierung von Unterrichtsrezepten dar. Zumeist handelt es sich dabei um Konditionalprogammierungen im Sinne Luhmanns (1968, S. 68ff.), also um anlaßbezogene, eindeutig gemeinte (aber nicht immer eindeutig verstandene) Wenn-Dann-Regeln: »Wenn die Schüler unruhig werden, mußt Du einen Methodenwechsel vornehmen!« – Die Frage, welche impliziten Ziele durch diese Maßnahme verfolgt werden, bleibt dann ebenso unbeantwortet wie die empirisch gerichtete Frage, aufgrund welcher Lehr-/Lerngesetze und/oder institutioneller Zwänge das Unterrichtsrezept funktioniert – oder

auch nicht[5]. Auch SchülerInnen entwickeln vielfältige Formen von Rezeptwissen (Heinze 1980; Hoferichter 1980).
Eine hoch-effiziente, handlungsleitende Verdichtung erfährt das Erfahrungswissen im Betriebs-, Berufs- oder Expertenwissen des Praktikers (vgl. Bromme 1991).

- In der *dritten Schicht* geht es um Unterrichts-Technologien, also um Ziel-Mittel-Programmierungen, die aufgrund empirisch gehaltvollen Wissens über Gesetzmäßigkeiten des Lernens Optimierungsregeln des Lehrens formulieren. Der gesetzte Anspruch wird aber nicht erreicht – und dies nicht wegen eines in Zukunft vielleicht einmal behobenen «Technologie-Defizits der Erziehung» (Luhmann/Schorr 1979), sondern wegen einer grundsätzlichen Technologie-Resistenz der komplexen Gesamtaufgabe. Unterrichts-Technologien leisten eine Rationalisierung von Teil-Aspekten des Lehr-/Lernprozesses auf hohem oder höchstem Niveau, produzieren aber eben dadurch dysfunktionale Nebenwirkungen.
- In der *vierten Schicht* habe ich Methoden-, Unterrichts- und Schulkonzepte, aber auch Anfänger- und Einführungsdidaktiken plaziert. Sie leisten – zumindest ihrem Selbstverständnis nach – normative Gesamtorientierungen methodischen Handelns des Lehrers und der Schüler. Ihre Absicherung durch Ergebnisse der empirischen Unterrichtsforschung ist zumeist niedrig, die Anleihen bei historischen Vorläufern (insbesondere bei den Methodenkonzeptionen der Reformpädagogik) sind zumeist hoch.
- Die *fünfte Schicht* entspricht den »Theorien dritten Grades« bei Erich Weniger (1990, S. 41). Auf dieser Ebene geht es um die Voraussetzungen, Möglichkeiten und Grenzen einer »allgemeinen« Theorie der Unterrichtsmethodik im Sinne der auf Seite 116 skizzierten Aspekttheorie. Die *sechste Schicht* skizziert dann die Bezugstheorien, ohne die die Theorie der Unterrichtsmethodik nicht entwickelt werden könnte.

Die von Adl-Amini für die fünfte Schicht vorgeschlagene Konzentration der Fragestellung auf die *lern*theoretische Grundlegung der Unterrichtsmethodik halte ich für notwendig, aber nicht für ausreichend.

---

5 Das Buch »Unterrichtsrezepte« von Jochen und Monika Grell (1979) gehört nicht in die zweite, sondern in die vierte Schicht meines Modells. Denn es liefert – im Gegensatz zu seinem polemisch-ironisch gemeinten Titel – eine praxisnah-nüchterne Gesamtorientierung des Lehrerhandelns.

Sie steht in der Tradition der jahrhundertealten, bis heute erfolglos gebliebenen Suche eines Comenius, Rousseau oder Pestalozzi nach der »natürlichen« Methode, die unmittelbar an die »wirklichen« kognitiven und emotionalen Lernprozesse des Individuums anknüpft. Aber Unterricht ist immer ein künstliches Arrangement, in dem Lehrer und Schüler durch ihr methodisches Handeln den Unterrichtsinhalt »erschaffen«. Diese dialektische Widersprüchlichkeit des Lehrens und Lernens gilt auf jeder der beschriebenen Ebenen und Schichten; sie kann nicht durch die einseitige Fixierung der wissenschaftlichen Aufmerksamkeit auf die Lerngesetzmäßigkeiten des Individuums aufgehoben werden.

Für jede Ebene läßt sich eine dominierende »Logik« bzw. Intentionalität der Methodenreflexion ausmachen. Die Reflexion auf der *ersten Ebene* läuft darauf hinaus, Lehrern und Schülern zu mehr Bewußtsein ihrer Handlungsvoraussetzungen und -motive zu verhelfen. Auf dieser Ebene gilt am ehesten Friedrich Schleiermachers mißverständlicher Satz, daß die »Dignität« der Praxis unabhängig von der Theorie gelte, daß diese Praxis aber durch die Theorie zu einer »bewußteren« werden könne (Schleiermacher 1966, S. 11; zur Kritik siehe Ruhloff 1986, S. 99–102).

Die Methodenreflexion und -konstruktion auf *der zweiten Ebene* läuft darauf hinaus, bestimmte methodische Erfindungen und ganze Methodenkonzepte bekannt zu machen und zur Erprobung anzubieten. Hier sind am deutlichsten die »Frontlinien« im Kampf um pädagogische Innovationen und (mehr oder weniger partikulare) Interessendurchsetzungen markiert: Technologische Modelle gegen reformpädagogische Ideale, Alternativschulen gegen Regelschulen, Fachunterricht gegen Projektarbeit usw. Da auf der zweiten Ebene immer nur Teil-Rationalisierungen des Gesamtkomplexes »Methode« vorgenommen werden, wird es nie dazu kommen, daß es »die« eine Methode gibt, die sich allen anderen gegenüber als überlegen erweist, sondern eine fortwährende Pluralität und Konkurrenz um Vorherrschaft. Diese Ebene ist am deutlichsten bildungspolitisch und »strategisch« orientiert.

Die Methodenreflexion der *dritten Ebene* zielt auf die Definition methodischer Erscheinungen, auf die Entwicklung von Ordnungsschemata und Beurteilungskriterien, auf die Entwicklung von Forschungsvorhaben und die Vernetzung der Methoden-Theorien mit übergreifenden Rahmentheorien. Sie ist – auch in Erich Wenigers Konzept – die eigentliche Theorieebene. Sie ist nicht zwecklos, sondern steht unter dem Anspruch der Beförderung menschlicher Mündigkeit – so, wie Herwig Blankertz die Funktion der Erziehungswissenschaft insgesamt bestimmt hat: »Sie rekonstruiert die Erziehung als den Prozeß der Emanzipation, d. h. der Befreiung des Menschen zu sich selbst« (Blankertz 1982, S. 307). Ob und wie die Methodenreflexion der dritten Ebene auf die der zweiten und ersten zurückwirkt, ist Gegenstand vielfältiger Spekulationen, aber leider noch so gut wie gar nicht erforscht. Erich Weniger (1990, S. 42) erhofft sich eine »Läuterung« der Theorien ersten und zweiten Grades durch die Theorien dritten Grades. Andere Autoren gehen noch weiter und erhoffen eine grundsätzliche Infragestellung der Alltagspraxis durch den utopischen Überschuß der Theorie. Dem hier verfolgten geisteswissenschaftlichen Theorie-Praxis-Verständnis entspricht jedoch eher eine Umkehrung der Fragerichtung: Welche Impulse können die Theoreme der ersten und zweiten Ebene für die Weiterentwicklung der Methodenreflexion auf der dritten Ebene geben?

Die Schwierigkeiten bei der Abgrenzung der dritten von der vierten Schicht der Methodenreflexion sind Indiz für ein weiteres Problem: Sogenannte Empiriker unter den Erziehungswissenschaftlern dürften es vorziehen, Schicht 3 und 4 gegeneinander auszutauschen. Dies ist aber nur dann plausibel, wenn man die «Wissenschaftlichkeit« einer methodenbezogenen Aussage sehr eng an den Grad ihrer empirischen Überprüfbarkeit koppelt, was jedoch einige Folgeprobleme schafft. Zum einen ist das von den Positivisten in die wissenschaftstheoretische Diskussion eingebrachte empiristische Sinnkriterium nur scheinbar eindeutig (dies machen die Kritik Karl R. Poppers und die Weiterentwicklung des Konzepts durch Thomas S. Kuhn und Imre Lakatos deutlich); zum anderen sind die bisher vorliegenden empirischen Forschungsergebnisse zur Unterrichtsmethodik aufgrund der Komplexität des Forschungsgegenstandes mehr als dürftig. Dies hätte zur Folge, daß Praktiker und Theoretiker, die sich an das empiristische Sinnkriterium halten wollen, ihre Theoriebildung mit einer geradezu asketischen Strenge und Begrenztheit des Gegenstandsfeldes vornehmen müßten – eine Strenge, die kaum ein Praktiker und nur wenige Theoretiker aufzubringen bereit sein dürften.

Eine in Abbildung 1 nicht umgesetzte Alternative der Modellierung methodischen Denkens bestünde deshalb darin, auf eine strenge Über- und Unterordnung zweckrational-technologischen und ganzheitlich-pragmatischen Denkens zu verzichten und stattdessen innerhalb jeder der drei Reflexionsebenen eine (horizontal anzuordnende) Unterscheidung von praktischer, technischer und emanzipatorischer Rationalität (Habermas 1968, S. 234–262) vorzunehmen und deren spannungsvolles Wechselverhältnis zum Impuls der Methodenreflexion zu nehmen.

4. Eine Arbeitsdefinition für Unterrichtsmethoden

Aus der Literatur sind sehr unterschiedliche Definitionen des Methodenbegriffs bekannt (vgl. den Überblick bei Meyer 1987, Bd. I, S. 45). Die Unterschiede ergeben sich zum Teil aus den in Abschnitt 3 skizzierten »Logiken« der drei Reflexionsebenen:

- Auf der ersten, handlungsnahen Ebene wird zumeist auf Definitionen verzichtet. Allenfalls finden sich Definitionen, die einseitig das methodische Handeln des Lehrers/der Lehrerin fixieren und das Methodenrepertoire des Schülers außer acht lassen; Methoden sind dann »Lernhilfen des Lehrers« (Aschersleben 1974, S. 18) – mehr nicht!
- Auf der zweiten, an der Methodenkultur »vor Ort« orientierten Ebene der Handlungsentwürfe sind Methoden – je nach Erkenntnisinteresse – zweckrationale Strategien zur Lernbeschleunigung oder Instrumente zur Erneuerung der alltäglichen Unterrichtspraxis.
- Erst auf der dritten Ebene wird die Wechselwirkung von Ziel-, Inhalts- und Methodenfragen zum theoretischen Problem gemacht.

Auf jeder der drei Reflexionsebenen sind grundlegende und nicht nur marginale Fragen ungeklärt. Dies ist für eine lebendige Wissenschaft eine Selbstverständlichkeit, aber dennoch lästig. So ist bis heute umstritten, welchen Status Medienfragen haben (vgl. Schulze 1978, S. 57). Ebenfalls ungeklärt ist die Frage, ob der Körper des Lehrers und der Schüler zum Gegenstandsfeld der Unterrichtsmethodik zu rechnen ist oder nicht: »Hat« der Lehrer Methode oder »ist« er durch den methodisch kontrollierten Einsatz seines Körpers ein Bestandteil des Methodenarrangements? Gehören die Körper- und die Verbalsprache zur Methodik oder zur Thematik des Unterrichts? Darf die Entscheidung für eine bestimmte Sozialform des Unterrichts als »methodisches Handeln« deklariert werden oder handelt es sich hierbei um Probleme der Unterrichtsorganisation? Haben Organisationsfragen theoretische Eigenständigkeit?

Es wäre naiv zu meinen, diese Definitionsprobleme könnten mit Gewalt oder durch Einsicht zu einem übergreifenden Konsens geführt werden. Was unter Unterrichtsmethoden zu verstehen sei, wird immer umstritten bleiben. Deshalb ist es das klügste, selbst zu sagen, was man unter Unterrichtsmethoden versteht. Ich schlage vor, so etwas wie eine *handlungstheoretische Definition* des Methodenbegriffs vorzunehmen und diese dann dialektisch zu präzisieren (vgl. Meyer 1987, Bd. I, S. 45):

> Unterrichtsmethoden sind Formen und Verfahren, mit denen sich LehrerInnen und SchülerInnen die sie umgebende natur- und gesellschaftsbezogene Wirklichkeit aneignen.

Dieser Aneignungsprozeß ist ein *Handlungs*prozeß. Er hat die ganzheitliche, aktive Mitarbeit von Lehrern und Schülern zur Voraussetzung. Anders formuliert: Die Unterrichtsinhalte werden durch das methodische Handeln des Lehrers und der Schüler »geschaffen«. Diese handlungstheoretische Dynamisierung des Inhaltsbegriffs (die in ähnlichen Formulierungen von Lothar Klingberg, Peter Menck, Hans Rauschenberger, Ewald Terhart und weiteren gefordert wurde[6]) stellt meines Erachtens einen gewichtigen Beitrag der Theorie der Unterrichtsmethodik für die Allgemeine Didaktik dar. Die theoretische Fixierung auf den Handlungsaspekt schafft andererseits sicherlich eine Blickverkürzung, die in anderen Theoriemodellen (z. B. bei Theodor Schulze) vermieden wird: Die pädagogisch gestaltete Situation, in der gehandelt wird, wird weniger deutlich ausgeleuchtet; die historische Gewordenheit und

---

6 Vgl. Klingberg (1983, S. 764) »Der Inhalt des Unterrichts wird im Prozeß des Unterrichts durch die Akteure dieses Prozesses ›geschaffen‹.« – Es ist sicherlich kein Zufall, daß die diesem Inhaltsbegriff zuneigenden Didaktiker allesamt zugleich auch wissenschaftliche Beiträge zur Unterrichtsmethoden-Problematik veröffentlicht haben.

der institutionelle Rahmen von Methodenarrangements treten ebenfalls in den Hintergrund.

Die Arbeitsdefinition bedarf weiterer Erläuterungen:
1. Als »Formen und Verfahren« bezeichne ich jenen Ausschnitt von Interaktions- bzw. Umgangsformen, der pädagogisch motiviert ist, also zum Zwecke des Lehrens und Lernens arrangiert wird (eine tautologische Bestimmung!).
2. Diese Arrangements sind grundsätzlich »künstlich«. Die Künstlichkeit entsteht nicht erst durch die institutionellen Rahmenbedingungen, sondern durch die unterschiedlichen Absichten und Handlungslogiken des Lehrers und der Schüler.
3. Die anzueignende Wirklichkeit ist nicht beliebig, vielmehr handelt es sich immer um einen vom Lehrer und/oder seinen Schülern als bedeutungsvoll erachteten Ausschnitt.
4. Das Lehren des Lehrers und das Lernen der Schüler sind dialektisch aufeinander bezogen; sie entwickeln eine je unterschiedliche Handlungslogik, durch die der Unterrichtsprozeß vorangetrieben wird:
   – Die Schüler wollen sich entwickeln; sie wollen selbst lernen (oder sich das Recht nehmen, das Lernen zu verweigern); sie wollen ihre Handlungsspielräume sichern und ausweiten; sie wollen soziale Anerkennung bei Mitschülern und Lehrern finden, aber auch das Recht haben, sich zurückzuziehen und die Subjektivität zu verbergen.
   – Der Lehrer betrachtet sich als »Motor« des Unterrichtsprozesses. Er will, daß die Schüler mit seiner Hilfe zu den von ihm gesetzten oder gemeinsam vereinbarten Zielen gelangen.

Der Lehrer muß seine Schüler, ob ihm dies behagt oder nicht, immer wieder zwingen, etwas zu tun, was sie von sich aus nicht oder zumindest ganz anders tun würden, als es der Lehrer vorhat. Aber der Lehrer tut dies nicht, weil er seine Schüler quälen oder entmündigen will, sondern umgekehrt, weil er die Hoffnung nicht aufgibt, sie dadurch zu mehr Selbständigkeit, Fach- und Sozialkompetenz zu führen. Überspitzt formuliert: Der Lehrer soll die Schüler mit Gewalt und Liebe zur Selbständigkeit führen.[7]

---

7 Zum Gewaltbegriff vgl. Benner (1987, S. 187–207); nicht physische Gewalttätigkeit, sondern die (teilweise) Verfügung der LehrerInnen über die Körper, die Zeiten, die Herzen und Köpfe ihrer SchülerInnen ist gemeint.

Aber wie macht er das? Der einzig vernünftige, aus der Geschichte der Pädagogik bekannte, systematisch noch weiter zu entfaltende Ausweg aus dieser »Interessenkollission« von Lehrer und Schülern besteht meines Erachtens darin, daß der Lehrer seine gewaltsamen Eingriffe in die Lernprozesse der Schüler dadurch schrittweise überflüssig macht, daß er seine eigenen Methodenkompetenzen an die Schüler und Schülerinnen weitervermittelt und sie dadurch in den Stand versetzt, selbsttätig und selbständig weiterzulernen. Das methodische Handeln des Lehrers darf sich nicht darauf beschränken, den SchülerInnen Wissen und Fertigkeiten zu vermitteln. Die Idee der Methode enthält vielmehr das heimliche Versprechen zur Emanzipation des Schülers von jeder fremden Hilfe. Denn wer eigene Methodenkompetenz entwickelt hat, kann selbst entscheiden, was er wann mit wem lernen will. Die entscheidende Botschaft der dritten Reflexionsebene an die erste und zweite Ebene lautet deshalb für mich, Methodenfragen immer auch als Politikum zu betrachten, das über die jeweils vermittelten Inhalte und die erreichten Ziele grundsätzlich hinausweist. Methodenkompetenz hilft den Schülern und Schülerinnen, den aufrechten Gang zu proben. – Methodenbewußtsein der Schüler trägt dazu bei, das methodische Handeln des Lehrers vor den Schülern zu legitimieren.

Ich gehe davon aus, daß sämtliche heute bekannten Formen und Verfahren methodischen Handelns sowohl von Lehrern wie auch von Schülern beherrscht werden können. Es gibt keine exklusiven Lehrer-Methoden! Dennoch liegt die Frage nahe, welche Umformungen und neuen Prioritätensetzungen am Platze sind, wenn nach dem Methoden-Repertoire der Schüler gefragt wird. Dabei handelt es sich um ein weitgehend offenes, wenig bearbeitetes Forschungsproblem (vgl. Wenzel 1987), auch wenn viele Vorarbeiten, die auf unserem Ebenen-Modell auf der zweiten Ebene anzusiedeln sind, vorliegen: reformpädagogische Konzepte zur Entfaltung von Arbeitstechniken, Lernen im Projekt, Konzepte der Selbstregulation und des Offenen Unterrichts. Auch hier gilt die Dialektik von Lehrern und Lernen: Selbsttätigkeit der Schülerinnen führt nicht zwangsläufig zur Selbständigkeit, sondern vor allem dann, wenn sie vom Lehrer/von der Lehrerin methodisch bewußt gestaltet worden ist. Der Lehrer muß seinen Schülern leibhaftig vormachen, wie »man« mit einem bestimmten Wirklichkeitsausschnitt der Welt vernünftig umgeht – dann haben die Schüler die Chance, sich eigene Formen der Weltbegegnung und -aneignung zu erarbeiten (vgl. Rumpf 1991).

5. *Klassifikationsschemata der »Theoretiker«*

Das in Abbildung 1 dargestellte Drei-Ebenen-Modell soll, wie eingangs behauptet wurde, einen Bezugsrahmen schaffen, mit dem die weithin gegeneinander abgeschotteten Diskussionen auf den verschiedenen methodischen Reflexionsebenen besser miteinander verknüpft werden können. Ich möchte deshalb abschließend eine methodische Teilfrage, nämlich die nach der Klassifikation von methodischen Handlungsformen, auf den drei Reflexionsebenen lokalisieren und dann miteinander verknüpfen.

Die aus der Literatur bekannten Klassifikationsschemata werden mit dem Anspruch vorgestellt, denkmögliche Formen und Verfahren methodischen Handelns in eine formale oder auch inhaltlich-qualitative Ordnung zu bringen[8]. Sie können – mit funktionsbedingten Variationen der Ordnungskriterien und Präsentationsformen – auf allen drei Ebenen der Methodenreflexion nachgewiesen werden:

– auf der ersten Ebene als die subjektiven Ordnungsmuster für Methoden, die der Praktiker in seinen Unterrichtsbildern aufgebaut hat (siehe Abschnitt 7);
– auf der zweiten Ebene als pragmatische, insbesondere in der Lehrerausbildung eingesetzte Tabellen und Übersichten (z. B. die von Karl Stöcker 1970, S. 205, präsentierte »Übersicht über die Unterrichtsformen«), als implizit genutzte Ordnungsstrukturen in der allgemein- und fachdidaktischen Literatur, als Methodenpräferenzen einzelner Unterrichtskonzepte usw.
– und schließlich als theorieorientierte Schemata, die den Anspruch auf Vollständigkeit, interne Widerspruchsfreiheit und Stimmigkeit zu den übrigen Elementen der vom Autor vorgelegten Theorie stellen (z. B. die Ansätze von Lothar Klingberg 1989, S. 248ff., oder Theodor Schulze 1978, S. 39).

Die zuletzt genannten Schemata sind auf der dritten Reflexionsebene anzusiedeln. Sie stellen eine systematische Zusammenfassung und

---

8 Das in Abbildung 1 dargestellte Drei-Ebenen-Modell ist mithin *kein* Klassifikationsschema für Methoden. Denn es erfaßt unterschiedliche Deutungen, Entwürfe und Theoretisierungsversuche für das Problem »Methode«. Ein Klassifikationsschema katalogisiert demgegenüber empirisch vorgefundene oder denkmögliche Methoden nach Erscheinungsformen, Funktionen, Dimensionen usw.

Explizierung des Methodenverständnisses des jeweiligen Autors dar. Ich schlage vor, von folgender *Arbeitsdefinition* auszugehen (Meyer 1987, Bd. I, S. 205):

> Klassifikationsschemata für Unterrichtsmethoden sind theoretisch begründete Strukturmodelle methodischen Handelns, die eine vollständige und widerspruchsfreie Einordnung und In-Beziehung-Setzung sämtlicher Erscheinungsformen der Methode gestatten.

Diese Aufgabe können Klassifikationsschemata der dritten Ebene nur erfüllen, wenn sie die Ordnungsgesichtspunkte bzw. Kriterien, nach denen sie konstruiert worden sind, offenlegen. Nur dann ist es dem Benutzer des Schemas möglich, neue Varianten methodischen Handelns oder unübliche Kombinationen und Mischformen zweifelsfrei der richtigen bzw. den richtigen Klassen des Schemas zuzuordnen. Im Prinzip müßte es sogar möglich sein, »Leerstellen« des Schemas, die sich aufgrund historisch zufälliger Einseitigkeiten unserer Methodenpraxis ergeben haben, auszuweisen (so, wie dies in den Naturwissenschaften mit den im 19. Jahrhundert noch vorhandenen Leerstellen der chemischen Elementantafel versucht worden ist).

Es gibt Klassifikationsschemata, die lediglich *ein* Ordnungskriterium nutzen (so z. B. das Kriterium der »kommunikativen Poligkeit« bei Rainer Winkel 1982), aber keine widerspruchsfreie Zuordnung aller Einzelmethoden ermöglichen. – Unterrichtsmethodisches Handeln ist so komplex, daß es nur durch die Verschränkung mehrerer Kriterien in befriedigender Art und Weise strukturiert werden kann. Ein theoretischer Schlüssel, mit dem die genaue Anzahl der »Dimensionen«, »Aspekte« oder »Ebenen« eines Klassifikationsschemas bestimmt werden könnte, ist m. E. noch nicht gefunden. Ich bezweifle auch, daß es hier überhistorisch gültige »formale Konstanten« (Schulz 1965, S. 23) geben kann. Endgültig überfrachtet würden die Schemata vermutlich, wenn sie eine zusätzliche Dimensionierung im Blick auf unterschiedliche Unterrichtsinhalte vorzunehmen versuchten; zumindest ist mir kein entsprechendes Klassifikationsschema bekannt. Eine interessante Dimensionierung im Blick auf lehrzielbezogene »Familien« von Unterrichtsmethoden haben jedoch Joyce/Weil/Showers (1992) vorgelegt.

Ein bis heute umstrittenes, schon vor Adolf Diesterweg benutztes Kriterium zur Klassifizierung von Methoden ist die Unterscheidung einer »inneren« und »äußeren« Seite der Methode «(Klingberg 1989). Diese der dialektischen Unterscheidung von »Erscheinung« und »Wesen« verpflichtete Denkfigur enthält eine Reihe theoretisch noch ungenügend geklärter Fragen. So ist offen, ob diese Unterscheidung nur für die Zeitdimension des Unterrichts, also für den »methodischen Gang« angemessen ist oder ob sie auch auf die Sozial- und Handlungsdimension ausgeweitet werden sollte; offen ist auch die Frage, ob und wie die Wechselwirkungen von Zielen, Inhalten, Methoden und Organisationsentscheidungen das Verhältnis von innerer und äußerer Seite bestimmen. Dennoch habe ich den Eindruck, daß Klassifikationsschemata dieser Form weniger theoretische Ungereimtheiten enthalten als die bisher vorgelegten anderen.

Festzuhalten bleibt: Klassifikationsschemata sind dem Selbstverständnis ihrer Autoren nach deskriptiv und formal; sie nehmen keine Wertung einzelner Methodenarrangements vorweg, sondern überlassen sie dem Benutzer der Klassifikation. Tatsächlich gehen jedoch in jedes Schema »parteiliche« theoretische Grundannahmen und zeitbedingte Zufälligkeiten ein, die durch einen Vergleich erkannt werden können.

6. Beispiel eines Klassifikationschemas

Das folgende Beispiel eines Klassifikationsschemas der dritten Reflexionsebene (Abbildung 2) betrachte ich als Weiterentwicklung des von Lothar Klingberg (1989; S. 257/258) vorgestellten Ansatzes. Es wird bei Meyer (1987, Bd. I, S. 234–239) erläutert.

In diesem Schema werden zwei Ordnungsgesichtspunkte miteinander verknüpft: die Unterscheidung verschiedener »Aggregatzustände« und die Ausdifferenzierung in drei den Unterrichtsprozeß konstituierende, jeweils nach einer inneren und einer äußeren Seite gewendete »Dimensionen« methodischen Handelns:

— Auf einer *ersten Zustandsebene* ist das methodische Handeln für alle Beteiligten sinnlich-anschaulich faßbar. Es handelt sich um die »Handlungsituationen«, aus deren Abfolge sich alle komplexeren

Der
Unterrichtsproze߀
konstituiert sich in

⬇

Handlungssituationen,

in denen durch die zielbezogene Arbeit, die soziale Interaktion und sprachliche Verständigung von Lehrer und Schülern der *Unterrichtsinhalt* erarbeitet wird. Dabei findet eine Entfaltung des methodischen Handelns in drei *Dimensionen* statt, die untereinander und zu der Ziel- und Inhaltsdimension in Wechselwirkung stehen:

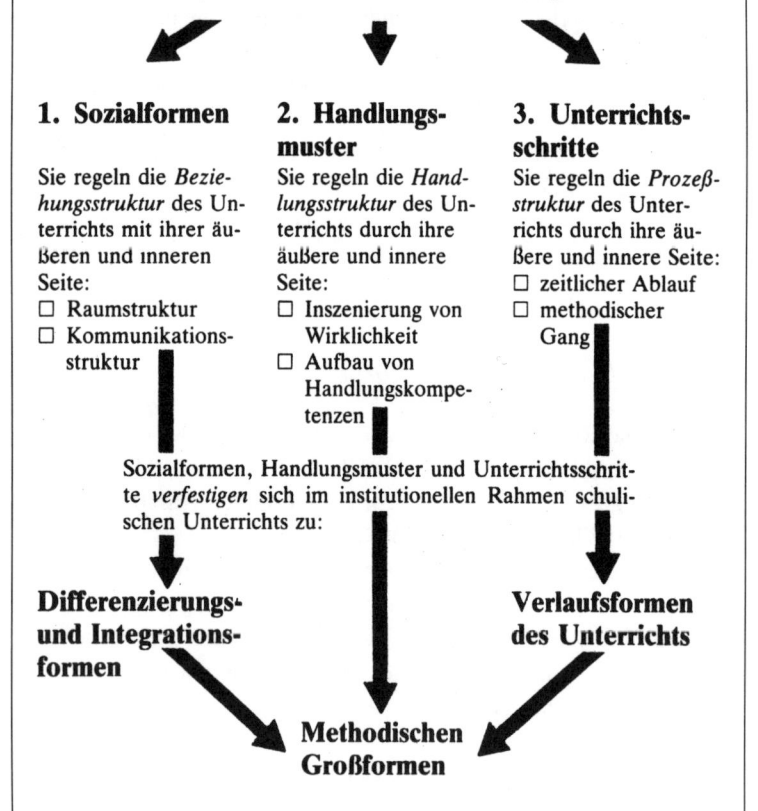

1. Sozialformen

Sie regeln die *Beziehungsstruktur* des Unterrichts mit ihrer äußeren und inneren Seite:
- Raumstruktur
- Kommunikationsstruktur

2. Handlungsmuster

Sie regeln die *Handlungsstruktur* des Unterrichts durch ihre äußere und innere Seite:
- Inszenierung von Wirklichkeit
- Aufbau von Handlungskompetenzen

3. Unterrichtsschritte

Sie regeln die *Prozeßstruktur* des Unterrichts durch ihre äußere und innere Seite:
- zeitlicher Ablauf
- methodischer Gang

Sozialformen, Handlungsmuster und Unterrichtsschritte *verfestigen* sich im institutionellen Rahmen schulischen Unterrichts zu:

Differenzierungs- und Integrationsformen

Verlaufsformen des Unterrichts

Methodischen Großformen

Abbildung 2

Formen und Prozesse methodischen Handelns ergeben. Handlungssituationen sind zumeist kurz und flüchtig; sie können sich blitzschnell durch geplante oder ungeplante, vorhergesehene oder unvorhersehbare Ereignisse wandeln.
Pädagogische Handlungsituationen müssen bestimmten Maßstäben genügen; Lehrer und Schüler setzen eine breite Palette von Inszenierungstechniken zur Gestaltung dieser Situationen ein (Frage- und Impulsgebungs-Techniken; Verfremdungstechniken; Verfahren der Beschleunigung und Verlangsamung, der Einblendung und Ausblendung usw.).

- Auf einer *zweiten Zustandsebene* werden in sich mehr oder weniger geschlossene lebendige Formen methodischen Handelns erfaßt. Diese Formen (z. B. die Gesprächs- und Spielformen des Unterrichts, Phasierungen und soziale Gruppierungen) haben eine innere Zielorientierung, aufgrund derer sie den Unterrichtsprozeß vorantreiben. Sie sind Ausdruck der von Lehrern und Schülern entwickelten Methodenkultur »vor Ort« und unterliegen einem mehr oder weniger intensiven fortwährenden Formwandel.
- Auf einer *dritten Zustandsebene* können relativ überdauernde, historisch gewachsene und im organisatorisch-institutionellen Rahmen der Schule verankerte feste Strukturen methodischen Handelns erfaßt werden. Diese festen Strukturen werden durch Lehrpläne, Ausbildungsverordnungen, Gesetzesvorschriften, durch die räumlich-architektonische Gestaltung, durch die Fixierung von Leistungsstandards und vieles andere mehr gesellschaftlich normiert.

Quer zu den drei Aggregatstufen sind im Schema *drei Dimensionen* methodischen Handelns ausgewiesen: die Sozial-, die Handlungs- und die Zeitdimension. In allen drei Dimensionen kann, so behaupte ich, eine innere und eine äußere Seite methodischen Handelns unterschieden werden. Die äußere Seite ist direkter Beobachtung zugänglich, die innere kann nur durch hermeneutische Interpretation erschlossen werden. Die Bestimmung einer inneren Seite methodischen Handelns ist ein theoretisches Konstrukt. Gäbe es dieses Konstrukt nicht, wäre es nicht möglich, den »methodischen Gang des Unterrichts« (Klingberg 1989, S. 258) zu bestimmen – eine zentrale Kategorie für die theoretische und praktische Bestimmung der Wechselwirkung von Zielen, Inhalten,

Methoden und Organisationsformen des Unterrichts. Ein *Beispiel:* Vier Schüler sitzen um einen Tisch herum, der Lehrer hält sich im Hintergrund. Die Schüler lesen irgendetwas. Der Unterrichtsbeobachter wird auf den ersten Blick *kaum mehr* erkennen können, als daß es sich *nicht* um Frontalunterricht handelt und daß die Schüler »ziemlich lange« lesen (oder auch nicht). Ob es sich um Gruppen- oder Einzelarbeit handelt, ist erst dann zu klären, wenn die Aufgabe, die sich die Schüler vorgenommen haben, erkannt ist. Ob es sich um eine Einstiegs- oder Erarbeitungs- oder Abschlußphase handelt, ist ebenfalls nur indirekt zu erschließen. Erst dann, wenn der Beobachter eine Hypothese über die Absicht des Lehrers und die Handlungsziele der Schüler gemacht hat, kommt er mit seiner Methoden-Klassifizierung weiter!

Unterricht ist nicht denkbar, ohne daß sämtliche in diesem Klassifikationsschema benannten Strukturmomente vorhanden sind. Wenn wir in einem Gedankenexperiment eine einzige, nur wenige Sekunden andauernde Handlungssituation (z. B. das vom Lehrer gesprochene Stundeneröffnungsritual »So, können wir anfangen?!«) zum Zwecke der Analyse methodischer Erscheinungformen herauslösen, so sind in dieser Situation doch alle genannten Aggregatzustände, Dimensionen und Strukturmomente methodischen Handelns nachweisbar.

Welche *Funktionen* können Klassifikationsschemata haben? Auf der obersten, der dritten Reflexionsebene ist diese Frage noch verhältnismäßig einfach zu beantworten: Die Frage nach der Klassifizierung von Methoden ist eine abgeleitete Frage, die erst dann beantwortet werden kann, wenn das pädagogische Grundverhältnis von Lehrenden und Lernenden und die Wechselwirkung von Zielen, Inhalten, Methoden und Organisationsformen zumindest vorläufig bestimmt worden sind. Dann jedoch können diese Schemata eine katalysierende Funktion für den Vergleich und die kritische Hinterfragung allgemeiner Theorien der Unterrichtsmethodik erhalten. Sie erlauben eine präzisere theoretische Bestimmung des Gegenstandsbereichs der jeweiligen Theorie der Unterrichtsmethodik.

Welche Funktion den Klassifikationsschemata der dritten Ebene auf den beiden unteren, pragmatisch-handlungsorientierenden Reflexionsebenen zukommt, ist demgegenüber noch kaum diskutiert und schon gar nicht zum Gegenstand empirischer Untersuchungen des faktischen Denkens und Handelns von LehrerInnen und SchülerInnen gemacht worden.

Autoren der Unterrichts- und Methodenkonzepte könnten die Klassifikationsschemata zur Sensibilisierung gegenüber bisher nicht bedachten methodischen Alternativen nutzen; Lehrerausbilder könnten die Schemata verwenden, um den eigenen Blick für die Vollständigkeit der Analyse, der Planung und Auswertung von Unterrichtsprozessen zu schärfen. Für sehr wahrscheinlich halte ich diese mögliche Nutzung der Schemata allerdings nicht. Sie sind für eine solche Aufgabe zu abstrakt, zu formal und zu wenig auf die sinnlich-ganzheitliche Situation der Methodenreflexion im Schulalltag bezogen.

7. Ordnungsmuster der »Praktiker«

Ich habe in den letzten Jahren wiederholt im Rahmen von Lehr- und Fortbildungsveranstaltungen mit SchülerInnen, StudentInnen und LehrerInnen eine scheinbar einfache, beim genauen Hinsehen hochkomplexe »Karteikarten-Sortier-Aufgabe« erprobt. Sie nimmt die im obigen Klassifikationsschema nicht aufgeführten, aber bei Meyer (1987, Bd. I, S. 109–147) ausführlich beschriebenen, »Füllungen« einzelner Dimensionen (also die gängigen Begriffe verschiedener Sozialformen, die Palette der Handlungsmuster, die Begriffe zum Phasierung des Unterrichts und die methodischen Großformen) zum Anlaß für den Aufbau einer subjektiven Ordnungsstruktur. Der Arbeitsauftrag lautete: »Bringe die Dir vorgelegten unterrichtsmethodischen Fachbegriffe in eine Dir sinnvoll erscheinende Ordnung! Bilde Oberbegriffe zu den vorgenommenen Gruppierungen. Überlege Dir, nach welchen Kriterien Du geordnet hast!«

Eine Gruppe von Oberstufen-Schülern, der insgesamt 30 unterrichtsmethodischen Fachbegriffe vorgelegt wurden, legte das in Abbildung 3 wiedergegebene Ordnungsmuster.

Das Auswertungsgespräch mit der SchülerInnengruppe machte sehr schnell deutlich, welches Ordnungsmuster der Struktur zugrunde gelegt worden war: Die Begriffe »Pause« und «Frontalunterricht« waren zu Oberbegriffen ernannt worden. »Frontalunterricht« wurde mit »lehrerzentriertem Unterricht« gleichgesetzt; die »Pause« bezeichnete keine Leerstelle, sondern eine aktive Phase des »Verdauens« erlebten Unterrichts und der sozialen Interaktion mit den MitschülerInnen.

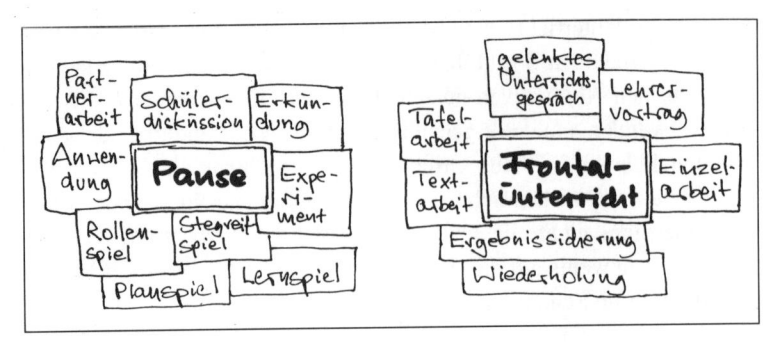

Abbildung 3

Lehrergruppen, die die gleichen Fachbegriffe zur Herstellung einer subjektiven Ordnung erhalten hatten, sortierten die Karten z. B. anhand des Ordnungskriteriums »effektive/ineffektive Methoden« oder nach dem Kriterium »häufig eingesetzt/selten eingesetzt«. Eine studentische Arbeitsgruppe mühte sich lange, aber vergeblich, die 30 Karten nach dem Kriterium »schülerorientierte/lehrerzentrierte Methoden« zu legen.

Die leider noch nicht empirisch abgesicherte Erhebung soll eines deutlich machen: Die Ordnungskriterien der »Theoretiker« (Vollständigkeit/Widerspruchsfreiheit/Reichweite usw.) sind für die »Praktiker« von geringer Bedeutung. Stattdessen bringen sie Kriterien in die Diskussion, die sich aus ihrer Arbeits- bzw. Studienplatzsituation ergeben und die grundsätzlich auch von den »Theoretikern« bedacht werden müßten.

Die Praktiker denken ganzheitlich, problem- und aufgabenbezogen, wenn sie um eine Klassifikation von Unterrichtsmethoden gebeten werden. Für sie gilt als unhinterfragte Selbstverständlichkeit, was die Theoretiker mühsam wiederherzustellen versuchen: die Einheit von Kognition und Emotion in der Bewertung von Methodenarrangements.

Es sollte zum Gegenstand der empirischen Forschung gemacht werden, die subjektiven Theorien der Praktiker differenziert zu erheben und dann zu Klassifikationsschemata der »zweiten Generation« vorzudringen, die die wirkliche Komplexität alltäglichen unterrichtsmethodischen Handelns ansatzweise widerspiegeln. Dazu ist es erforderlich, die im unterrichtsmethodischen Vorverständnis der LehrerInnen und SchülerInnen enthaltenen Prämissen explizit und transparent zu machen. Dies ist z. B. mit Hilfe der im Forschungsprogramm Subjektive Theorien (Groeben u. a. 1988) entwickelten Heidelberger Struktur-Lege-Technik (SLT) möglich. Sie erlaubt es, einerseits Theorien zur Beschreibung von Handlungen, andererseits Theorien zur Erklärung und Prognose von Handlungen zu entwickeln.

Praktiker haben bei der Beurteilung von Methodenarrangements den gesamten Problemkomplex des Unterrichts vor Augen. Sie entwickeln »ungeniert« ihre Präferenzen und ihre Abneigungen, weil sie wissen, daß Unterrichtsmethoden nie »an sich«, sondern vermittelt über alle übrigen Faktoren des Lehr-Lernprozeses wirken.

Literatur

Adl-Amini, Bijan: Systematik der Unterrichtsmethode (in diesem Band).
Aschersleben, Karl: Einführung in die Unterrichtsmethodik, Stuttgart 1974.
Benner, Dietrich: Allgemeine Pädagogik. Weinheim-München 1987.
Berg, Christa: »Rat geben« – Ein Dilemma pädagogischer Praxis und Wirkungsgeschichte. In: Zeitschrift für Pädagogik, 37 (1991), S. 709–734.
Blankertz, Herwig: Die Geschichte der Pädagogik. Wetzlar 1982.
Bromme, Rainer: Zur Psychologie des Professionellen Wissens – Der Lehrer als Experte. Bern 1991.
Drerup, Heiner: Rezeptologien in der Pädagogik. In: Bildung und Erziehung, 41 (1988) S. 103–122.
Drews, Ursula/Fuhrmann, Elisabeth: Fragen und Anworten zur Gestaltung einer guten Unterrichtsstunde. Berlin 1980.
Einsiedler, Wolfgang: Lehrmethoden. München-Wien-Baltimore 1981.
Fichten, Wolfgang: Unterricht aus Schülersicht. Diss. Oldenburg 1993.
Flitner, Wilhelm: Theorie des pädagogischen Wegs und der Methode (1928); mit dem Titel: Theorie des pädagogischen Weges. Weinheim 1950.
Fromm, Martin: Die Sicht der Schüler in der Pädagogik. Weinheim 1987.
Fuhrmann, Elisabeth/Weck, Helmut: Forschungsproblem Unterrichtsmethoden. Berlin 1976.
Gehm, Theo: Emotionale Verhaltensregulierung. Weinheim 1991.
Grell, Jochen: Techniken des Lehrerverhaltens. 3. erw. Aufl. Weinheim/Basel 1975.
Grell, Jochen/Grell, Monika: Unterrichtsrezepte. München-Wien-Baltimore 1979.
Groeben, Norbert/Wahl, Diethelm/Schlee, Jörg/Scheele, Brigitte: Das Forschungsprojekt Subjektive Theorien. Tübingen 1988.
Habermas, Jürgen: Erkenntnis und Interesse. Frankfurt 1968.
Heinze, Thomas: Schülertaktiken: München-Wien-Baltimore 1980.
Hofer, Manfred (Hrsg.): Informationsverarbeitung und Entscheidungsverhalten von Lehrern. München-Wien-Baltimore 1981.

Hoferichter, Hans-Ulrich: Schülerrezepte. In: Westermanns Pädagogische Beiträge 32 (1980), S. 416–421.
Jank, Werner/Meyer, Hilbert: Didaktische Modelle. Frankfurt/M. 1991.
Joyce, Bruce/Weil, Marsha/Showers, Beverly: Models of Teaching. Fourth rev. ed. Boston-London-Toronto-Sydney-Tokyo-Singapore 1992.
Kleinespel, Karin: Schule als biographische Erfahrung. Weinheim-Basel 1990.
Klingberg, Lothar: Zur didaktischen Inhalt-Methode-Relation. In: Wissenschaftliche Zeitschrift der Pädagogischen Hochschule »Karl Liebknecht« Potsdam 27 (1983), S. 759–769.
Klingberg, Lothar: Einführung in die Allgemeine Didaktik. 1. Aufl. Berlin 1972; 9. wiederholt überarb. Aufl. Berlin 1989.
Krampen, Günter: Handlungsleitende Kognitionen von Lehrern. Göttingen-Toronto-Zürich 1986.
Luhmann, Niklas: Zweckbegriff und Systemrationalität. Tübingen 1968.
Luhmann, Niklas/Schorr, Karl-Eberhard: Reflexionsprobleme im Erziehungssystem. Stuttgart 1979.
Menck, Peter/Thoma, Gösta (Hrsg.): Unterrichtsmethode – Intuition, Reflexion, Organisation. München 1972.
Meyer, Hilbert: Leitfaden zur Unterrichtsvorbereitung. Königstein/Ts. 1980.
Meyer, Hilbert: UnterrichtsMethoden. 2 Bde. Frankfurt/M. 1987.
Mühlhausen, Ulf: Lehrpläne, Schülerpläne und die Struktur des Unterrichts. Diss. Hannover 1986.
Ostermann, W./Wegener, L.: Lehrbuch der Pädagogik, Teil IV: Besondere Unterrichtslehre. Oldenburg 1914.
Petersen, Jörg/Priesemann, Gerhard: Unterricht als regelgeleiteter Handlungszusammenhang. Frankfurt/M.-Bern-New York-Paris 1988.
Prange, Klaus: Bauformen des Unterrichts. Bad Heilbrunn 1983.
Ruhloff, Jörg: Die geschichtliche Dimension pädagogischer Aufgabenkonzepte. In: Enzyklopädie Erziehungswissenschaft, Bd. 3, Stuttgart 1986, s. 94–111.
Rumpf, Horst: Didaktische Interpretationen. Weinheim-Basel 1991.
Schleiermacher, Friedrich D. E.: Die Vorlesungen aus dem Jahre 1826. Pädagogische Schriften, hg. von E. Weniger, Bd. 1 Düsseldorf/München 2. Aufl. 1966.
Schulz, Wolfgang: Unterricht – Analyse und Planung. In: Heimann, Paul/Otto, Gunter/Schulz, Wolfgang (Hrsg.): Unterricht – Analyse und Planung. Hannover 1965, S. 13–47.
Schulz, Wolfgang: Unterrichtsplanung. München-Wien-Baltimore 1980.
Schulze, Theodor: Methoden und Medien der Erziehung. München 1978.
Stöcker, Karl: Neuzeitliche Unterrichtsgestaltung. 13. neubearb. und erw. Aufl. München 1970.
Terhart, Ewald: Unterrichtsmethode als Problem. Weinheim-Basel 1983.
Terhart, Ewald: Lehr-Lern-Methoden. Weinheim-München 1989.
Weniger, Erich: Theorie und Praxis in der Erziehung. In: Weniger, Erich: Ausgewählte Schriften zur geisteswissenschaftlichen Pädagogik. Ausgewählt von Bruno Schonig. 2. Aufl. Weinheim-Basel 1990, S. 29–44.
Wenzel, Hartmut: Unterricht und Schüleraktivität. Weinheim 1987.
Winkel, Rainer: Die siebzehn Unterrichtsmethoden. In: Gudjons, Herbert u. a. (Hrsg.): Unterrichtsmethoden: Grundlegung und Beispiele. Braunschweig 1982, S. 11–23.

Theodor Schulze

Aussichten für eine Theorie der Unterrichtsmethode

In der Arbeitsgruppe zur »Theorie und Erforschung der Unterrichtsmethoden – Bilanz und zukünftige Entwicklung« auf dem 12. Kongreß der Deutschen Gesellschaft für Erziehungswissenschaft 1990 in Bielefeld wurde unter anderem die Frage diskutiert: Was leistet die Theorie der Methode für die Weiterentwicklung der Didaktik?

In dieser Frage schien es in erster Linie um Belange der Didaktik zu gehen. Eine Verlagerung von den Ziel- und Inhaltsfragen, von den Problemen der Qualifikationsanalyse und der Unterrichtsvorbereitung, der Lehrplankonstruktion und der Curriculumevaluation zu Problemen des sozialen Lernens, der »Individualisierung«, der »Flexibilisierung«, der »Sinnlichkeit« wird festgestellt. Neue Aufgaben und Funktionen der Schule werden wahrgenommen, die »Entbürokratisierung« der Didaktik und die »Entschulung« der Schule bedacht (Dichanz/Semmerling 1990, S. 12f.). Das sind Probleme und Fragestellungen, die den Bereich des gewohnten didaktischen Denkens überschreiten und zu einer Weiterentwicklung der Didaktik herausfordern. Und es sind auch Probleme und Fragestellungen, die – wenigstens zu einem Teil – einem Nachdenken über Methoden und Medien des Unterrichts näher liegen als dem über Inhalte und Ziele. So weit, so gut.

Dennoch bleibt die eingangs gestellte Frage merkwürdig. Der theoretische Status der Didaktik ist zweifellos sehr viel weiter entwickelt als der einer »Theorie der Methode«. Eher hätte man eine umgekehrte Fragerichtung erwarten dürfen – etwa so: Was leistet die Theorie der Didaktik zur Entfaltung einer Methodik des Unterrichts? Oder: Was leisten die didaktischen Modelle zur Kultivierung des methodischen Handelns von Lehrerinnen und Lehrern? Die eingangs formulierte Frage unterstellt zweierlei: Zum einen, daß es so etwas wie eine leistungsfähige »Theorie der Methode« gäbe und zum anderen, daß sie von der

»Didaktik« hinreichend deutlich unterschieden sei und sich zu ihr in einer bestimmten Weise verhalten könne. Beide Voraussetzungen aber sind, so weit ich sehe, in der deutschsprachigen Literatur zur Zeit ungeklärt.

Die Begriffe »Didaktik« und »Methodik« werden in sehr unterschiedlicher Weise definiert und gebraucht, ihre Aufgabenfelder in sehr unterschiedlicher Weise umrissen. Während in Hinsicht auf den Gebrauch des »Didaktik«-Begriffes zumindest die Unterschiede einigermaßen deutlich zu erkennen und einander zuzuordnen sind (siehe Klafki 1974, S. 312f. und 1984, S. 118f.; auch Adl-Amini 1986, S. 29), bleiben im unterschiedlichen Gebrauch des »Methodik«-Begriffs auch die Differenzen unübersichtlich und die Versuche, sie zu ordnen, ohne konsensbildende Wirkung (siehe Schulze 1978, S. 19ff.; Meyer, H. 1987, Bd. 1, S. 45 Anm. 1 und S. 111ff. in diesem Band; Schulz 1986; Terhart 1989, S. 23ff. und Adl-Amini in diesem Band S. 82ff.). Die Unübersichtlichkeit beginnt bereits damit, daß meistens gar nicht von »Methodik«, sondern von »Methode« oder »Methoden« die Rede ist. Das bedeutet: der Bereich des Nachdenkens wird nicht an sich, sondern über seinen Gegenstand bestimmt. Der theoretische Status des Nachdenkens scheint noch ungewiß, aber auch der Gegenstand, über den nachzudenken wäre.

Nur soviel scheint sicher: mit »Methode« ist »Unterrichtsmethode« gemeint. Angesichts der Vielfalt von Definitionen ist es natürlich auch schwierig, die Beziehung der Begriffe und der ihnen zugeordneten Aufgabenfelder zueinander zu klären. So wäre es sowohl denkbar, die Methodik innerhalb der Didaktik, aber auch die Didaktik innerhalb der Methodik anzusiedeln oder beide einander ausschließend gegenüberzustellen oder auch beide als identisch anzusehen – je nachdem welche Definition und welche Ebene der Theoriebildung man wählt und wie man sie aufeinander bezieht.

Die folgenden Überlegungen bemühen sich erneut um eine Klärung. Dabei geht es weniger, wie es vielleicht scheinen mag, um terminologische Klärung, um Definitionen und Kombinationen von Begriffen, um Unterscheidungen und Einteilungen, sondern um inhaltliche Programme. Es geht letztlich um die Frage: Ist Methodik, ist eine Theorie der Unterrichtsmethode als ein selbständiger und entwicklungsfähiger Forschungszusammenhang sinnvoll und aussichtsreich? Die Beantwortung dieser Frage schließt natürlich die Beantwortung einer Reihe weiterer Fragen ein: Wenn ja, unter welchen Bedingungen? Welcher Art wäre diese Theorie? Was wäre ihr Gegenstandsbereich und ihr Aufgabenfeld? Für wen könnte sie interessant oder nützlich sein? Wie verhält sie sich zu anderen Theorien in ihrem Umkreis – insbesondere zu übergeordneten Rahmentheorien – und wie zur Didaktik? Und: Welches wäre ihr Horizont und welche produktive Perspektiven für ihre Ausarbeitung zeichnen sich ab?

Die Klärung solcher Fragen, das ist uns bewußt, kann nicht im Alleingang und unabhängig von der Praxis in der Theorie, von den vorliegenden Untersuchungen und Ausarbeitungen, den in der Sache und Aufgabe liegenden Anlässen und Bedürfnissen entschieden werden. Insofern darf man auch nicht erwarten, daß eine in der Sache und ihrer Handhabung begründete Unsicherheit und Vielfalt durch eine theoretische Behauptung gleichsam per decret aufgehoben werden könnte. Klärungsversuche können auf übersehene Sachverhalte, widersprüchliche Zuordnungen, neue Gesichtspunkte und weiterreichende Zusammenhänge aufmerksam machen in der Hoffnung, daß sich einsichtige Vorschläge und Anregungen durchsetzen werden.

In diesem Sinne werde ich verfahren: Ich werde vier Optionen vorstellen, die, wenn ich es richtig sehe, zur Zeit die theoretische Beschäftigung mit Unterrichtsmethoden bestimmen und damit Ansatzpunkte für eine Methodik bilden könnten. Ich werde diese Optionen unter den Gesichtspunkten, die in den eingangs formulierten Fragen enthalten sind, untersuchen im Hinblick auf die Chancen für die Konstituierung und Entwicklung eines eigenständigen Forschungsbereichs.

Erste Option: Methodik als Theorie methodischer Entscheidungen

Die zur Zeit gängigste Auffassung von Methodik in der deutschsprachigen Literatur begreift die Beschäftigung mit methodischen Fragen als einen speziellen Bereich innerhalb einer allgemeinen Didaktik als »Theorie des Unterrichts«. Bei »Unterricht« ist in erster Linie an den Unterricht in allgemeinbildenden Schulen gedacht, auch wenn sich in den Definitionen zunehmend häufiger Hinweise auf analoge Situationen in nichtschulischen Kontexten finden (z. B. Klafki 1985, S. 39; Jank/ Meyer 1991, S. 142).

Eine solche »Theorie des Unterrichts« wird in erster Linie als eine Strukturtheorie vorgestellt und entwickelt, d. h. als eine Theorie, die die äußerst komplexe und schwer zu durchschauende Wirklichkeit des Unterrichts und der Unterrichtsvorbereitung unter einer Reihe von handlungs- und reflexionsleitenden Gesichtspunkten, den »Strukturmomenten«, zu ordnen sucht. Die Strukturmomente werden unterschieden nach Bedingungs- und Entscheidungsfeldern. Eines der Entscheidungsfelder ist das der »methodischen Elementar-Strukturen« oder der »Methodik«. Das bedeutet: Methoden werden hier vornehmlich unter dem Gesichtspunkt der Entscheidungen, die Lehrerinnen oder Lehrer bei der Vorbereitung ihres Unterrichts zu treffen haben, gesehen. Die klassische Vorlage für eine solche Strukturtheorie bietet das »Berliner Modell« der Didaktik (Heimann 1976, S. 153 ff.; Schulz in Heimann/Otto/Schulz 1966, S. 23 ff.).

Inzwischen werden eine größere Zahl von unterschiedlichen Typen, Fassungen und Varianten solcher Struktur-Modelle auf dem didaktischen Markt gehandelt. Sie unterscheiden sich in der Zahl der Strukturmomente, ihrer Benennung, Gewichtung und Anordnung – besonders da, wo man das Struktur-Modell in ein Prozeß- oder Entscheidungs-Modell umzuformen sucht, sei es in der groben Skizzierung von Planungsschritten (so Schulz in Kledzik 1969, S. 27; auch Klafki 1985, S. 215), sei es in der Form eines Regelkreises (Cube in Winkel u. a. 1981, S. 49), sei es in einem detaillierten Flußdiagramm (König/Riedel 1973). Und vor allem unterscheiden sie sich in den Bezugstheorien, aus denen sie ihre Begründungen herleiten. Aber wie sehr sie sich im einzelnen auch unterscheiden, sie versuchen dieselbe Wirklichkeit abzubilden. So mag es viele Modelle geben; aber sie beziehen sich letztlich auf ein und dieselbe Struktur. Außerdem ist es für unsere Überlegungen wichtig: Die Methodik bildet nur ein Strukturmoment neben anderen.

Eine solche Didaktik als Theorie des Unterrichts ist an Lehrerinnen und Lehrer adressiert, vornehmlich an auszubildende. Dies gilt auch für die didaktischen Konzeptionen, die den Einfluß von Schülerinnen und Schülern auf das Unterrichtsgeschehen aufzuwerten suchen und in denen über Schülerorientierung, Mitbestimmung der Schüler bei der Unterrichtsplanung, Schülerhandlungen und Lernmethoden nachgedacht wird. So lange nicht Schüler selbst ihren Unterricht organisieren und darüber hinaus auch theoretisieren, bleiben Lehrer die Bezugspersonen für didaktische Theorien. Selbst in der Scuola Barbiana schreiben die Schüler ihre Briefe an eine Lehrerin (Scuola di Barbiana 1970). Didaktik als »Theorie des Unterrichts« ist konzipiert im Hinblick auf die unterrichtliche Tätigkeit von Lehrerinnen und Lehrern, auf die Vorbereitung, Planung und nachbesinnende Analyse von Unterricht. Dies gilt auch, wenn immer wieder kritisch angemerkt wird, daß viele der Modellierungen die unterrichtliche Tätigkeit nur unzureichend, idealisiert oder verzerrt darstellen und für das Alltagshandeln von Lehrern wenig hilfreich seien. Der große Vorzug dieser Auffassung von Didaktik bleibt, daß sie sich als eine umfassende Handlungstheorie anbietet, die die unterrichtliche Tätigkeit als einen vielseitigen Zusammenhang von Überlegungen und Entscheidungen zu erfassen sucht.

Ein wichtiger Bestandteil dieser didaktischen Strukturtheorie ist die Interdependenz-These. Sie besagt, daß zwischen den Strukturmomenten eine wechselseitige Abhängigkeit bestehe und daß man keines von ihnen einem anderen einfach vor- bzw. nach- oder über- bzw. unterordnen könne. Dies gilt auch für das methodische Strukturmoment. Das Problem der Interdependenz-These ist, daß ihre Aussage relativ formal und allgemein erscheint. Schon 1964 räumt Wolfgang Schulz ein, daß mit der Formel von der wechselseitigen Abhängigkeit der Unterricht konstituierenden Momente über die Art dieser Abhängigkeit noch nichts ausgesagt sei (Schulz in Faber 1973, S. 151). Doch wie auch immer: Das Prinzip der Interdependenz scheint der Methodik einen relativ selbständigen Status innerhalb einer Didaktik als Theorie des Unterrichts zu sichern.

Was ist von einer Methodik als spezieller Theorie methodischer Entscheidungen zu erwarten und in welchen Richtungen kann sie sich entfalten? Wenn man davon ausgeht, daß die erforderlichen Entscheidungen rational getroffen werden können und daß dies auch wünschenswert ist, dann liegt es nah, die Aufmerksamkeit auf die Frage zu konzentrieren, wie die Rationalität der Entscheidungen erhöht werden kann, etwa indem man die Entscheidungsmöglichkeiten übersichtlich ordnet und Verfahren ausarbeitet, die die Entscheidung für eine bestimmte Möglichkeit begründet und letztlich zwingend erscheinen lassen.

Tatsächlich gibt es zwei Richtungen, eine Theorie der Methodik in diesem Sinne voranzutreiben. Eine technologische: Sie besteht in dem

Versuch, auf der Grundlage empirischer Untersuchungen einzelne Methoden oder Medien bestimmten Unterrichtsaufgaben, Schülermerkmalen, Lernzielen oder Lerneffekten zuzuordnen. Die einzelnen methodischen Entscheidungsmöglichkeiten werden entweder als abhängige Variable mit einer bestimmten Bedingung verknüpft oder als unabhängige Variable auf eine bestimmte Wirkung bezogen und an dem jeweiligen Lernerfolg gemessen. Man hofft auf diese Weise eine größere Sicherheit im Hinblick auf die methodischen Entscheidungen zu gewinnen und damit die Effektivität des Unterrichts insgesamt zu erhöhen. Doch Ergebnisse sind im Hinblick auf den Untersuchungsaufwand einstweilend ernüchternd: Sie sind entweder nicht eindeutig oder in ihrer Geltung höchst begrenzt und für die tatsächlich von Lehrerinnen und Lehrern zu treffenden Entscheidungen kaum nutzbar (siehe Schulze 1978, S. 171 ff.; Terhart 1989, S. 71 ff.).

Die andere Entfaltungsrichtung ließe sich kennzeichnen als klassifikatorisch: Sie versucht, die unterschiedlichen, für methodische Entscheidungen bedeutsamen Faktoren, Aspekte und Erscheinungen möglichst vollständig und widerspruchsfrei in mehrdimensionalen Matrizes oder hierarchisch strukturierten Kategoriensystemen zu ordnen (z. B. Heimann/Otto/Schulz 1966, S. 31 ff.; Klafki 1970, S. 135 ff.; Klingberg 1971, S. 289 ff.; Fuhrmann/Weck 1976, S. 146 ff.; Schulze 1978, S. 37 ff.; Winkel in Gudjons u. a. 1982, S. 20; Meyer, H. 1987, Bd. I, S. 207 ff.). Angesichts einer außerordentlichen Vielfalt von methodischen Erscheinungen und Kennzeichnungen unterschiedlicher Ausrichtung und Reichweite ist das Verlangen nach einer theoretisch durchsichtigen Ordnung einleuchtend. Nur anhand ordnender »Landkarten« lassen sich einzelne Phänomene und Konzepte auffinden und lokalisieren, anderen Phänomenen und Konzepten zuordnen, mit ihnen vergleichen und mit ihnen zusammen in ihrer Gesamtheit überblicken – vorausgesetzt, man vermag sich über die Koordinaten und den Maßstab zu verständigen. Doch die Erwartungen, die sich an die Ausarbeitung methodischer Klassifikationssysteme knüpfen, reichen sehr viel weiter. Sie könnten dazu beitragen, so hofft man, vorhandene ›Leerstellen‹ aufzudecken und noch ›fehlende‹ notwendige Unterrichtsmethoden auszuarbeiten (Fuhrmann/Weck), einen optimal wirksamen Zusammenhang aller Maßnahmen und Vorgänge zu erreichen (Klafki), die praktisch tätigen Lehrer sicher anzuleiten und die Lehrkunst zu beherrschen (Klingberg) – ja, sogar »Lernen in Freiheit« zu ermöglichen (H. Meyer). Gegenüber allen diesen Erwartungen ist große Skepsis geboten: Sie verwechseln die Einteilung der Kunst und der Kunstmittel mit ihrer produktiven Handhabung.

Dieser Einwand ist grundsätzlicher gemeint. Er betrifft die gesamte Option. Ich halte sie nicht für aussichtsreich, auch wenn sie zur Zeit noch die vorherrschende zu sein scheint. Sie ist eigentlich keine Option – keine Option, die man weiter verfolgen sollte. Ich will mein kritisches Urteil begründen:

1. Der Bereich der methodischen Entscheidungen ist in dieser Option zu eng und zu isoliert gefaßt. Die Interdependenz-These, die den methodischen Entscheidungen gegenüber denen der übrigen Entscheidungsfelder, insbesondere gegenüber den Zielen und Inhalten, Eigenständigkeit und Gleichrangigkeit zu gewährleisten scheint, spricht im Grund gegen eine isolierte Betrachtung, gegen eine selbständige »Methodik«. Die Ausklammerung der Methodenorganisation oder der Medienwahl aus dem Didaktikbegriff hatte Paul Heimann gegenüber der bildungstheoretischen Didaktik als einen »Akt folgenschwerer Desintegration« kritisiert (Heimann 1976, S. 157). Doch die Auflösung der unterrichtlichen Planung in Entscheidungsfelder und deren Zergliederung in »Faktoren«, »Aspekte«, »Seiten« und »Dimensionen« hat die Tendenz zur Desintegration noch um ein Vielfaches verstärkt.

2. Die Konzentration der didaktischen Modelle auf die Vorbereitung, Planung und Analyse von Unterricht hat dazu verführt, unterrichtliches Handeln vornehmlich als einen komplizierten Entscheidungsprozeß zu strukturieren. Die als Entscheidungshilfen gedachten Einteilungen gerieten unter der Hand zu Entscheidungsvorschriften. Sie sind zu differenziert und verwirrend, als daß man sich in der Praxis an ihnen orientieren könnte. Sie zerlegen Entscheidungen, die eigentlich zusammengehören, in isolierte Bestandteile, ohne zu zeigen, wie sie wieder zusammenzufügen sind. Im günstigen Fall führen diese theoretischen Bemühungen zu einem Angebotskatalog für die Selbstbedienung auf einer Lehrmittelmesse und zu einer Selbstbeschäftigung von Didaktikern, im ungünstigen zur Blockierung der didaktischen Phantasie und zu einem strangulierenden Beurteilungsmechanismus in Lehramtsprüfungen.

3. Außerdem machen die Verfasser von didaktischen Planungsmodellen nicht hinreichend deutlich, an welche Planungsebene und Größenordnung sie denken. Wohl versichern viele Autoren, daß sie längerfristige Planungseinheiten im Blick haben, aber die Klassifikations-, Artikulations- und Verlaufsschemata, die sie anbieten, und die Beispiele, die sie zur Erläuterung anführen, passen eher zur Vorbereitung einer Unterrichtsstunde oder einer kurzen Unterrichtssequenz als zu einer mittelfristigen Semester- oder Jahresplanung, und so werden sie in der zweiten Ausbildungsphase denn auch genutzt, um die Befähigung zum »Stundengeben« zu überprüfen. Wer diesen Gebrauch verhindern will, muß mehr tun, als vor dem Mißbrauch zu warnen.

Auf der anderen Seite erwecken die didaktischen Modelle den Eindruck, als handele es sich bei der Unterrichtsplanung von Lehrerinnen und Lehrern um Konstruktion in einem sehr offenen Raum und nicht um Re-Konstruktion angesichts weitreichender Vorgaben. Es ist zwar richtig, daß sich aus den Zielen keine Inhalte und aus den Inhalten keine Methoden und Medien deduzieren lassen; aber diese Hinweise verdecken den Umstand, daß die Unterrichtsplanung zunächst auf die Sichtung und Interpretion einer größeren Zahl relativ konkreter Vorgaben angewiesen ist. Die Weise, in der die anthropogenen und soziokulturellen Voraussetzungen umrissen werden (z. B. Heimann/Otto/Schulz 1966, S. 36/37) verschleiern eher, worum es sich wirklich handelt, und das ist wahrscheinlich auch der Grund, warum die Bedingungsanalyse in den verordneten Unterrichtsentwürfen von Lehramtsanwärtern nicht selten so dürftig ausfallen. Was kann man schon im Blick auf eine Unterrichtseinheit Relevantes über das Entwicklungsalter oder die soziale Lage der Schüler aussagen. Die entscheidende Vorgabe ist die Angabe einer Thematik oder Lernaufgabe in einem fachspezifischen, auf eine bestimmte Schul- oder Klassenstufe bezogenen Lehrplan und nicht eine allgemeine Zielbestimmung. Auch die unterrichtsmethodischen Entscheidungen werden weniger über Ziele als über die Fachsozialisation und die Rahmenbedingungen des Unterrichts gesteuert. Es ist charakteristisch, daß in den allgemeinen Strukturmodellen von Fächern kaum die Rede ist, obschon sie in der Unterrichtsvorbereitung eine entscheidende Rolle spielen.

Eine »Methodik« im Rahmen eines strukturtheoretischen Modells der Didaktik, so können wir zusammenfassend sagen, ignoriert wichtige Voraussetzungen und Zusammenhänge. Sie konzentriert die theoretische Energie an den falschen Stellen, und sie verstärkt die Neigung zum »Dogmatismus«: ». . . von allen Dogmatismen«, so hatte Paul Heimann schon 1962 gesagt, »ist der methodische der ärgerlichste und unfruchtbarste, weil zugleich der unsinnigste; denn von allen Unterrichtsstrukturen ist die methodische am leichtesten und zweckmäßigsten variabel zu halten« (Heimann 1976, S. 160).

Zweite Option: Methodik als Theorie des unterrichtlichen Planens und Handelns

Die bisherigen Überlegungen gewinnen eine andere Bedeutung, wenn man sie im Zusammenhang einer zweiten Option betrachtet, die durch die Konzentration auf didaktische Modelle in den Hintergrund gedrängt worden ist.

Der Vorgang der Verdrängung läßt sich rekonstruieren. Er vollzieht sich in der Auseinandersetzung zwischen der »Berliner Schule« und der bildungstheoretischen Didaktik um die These vom »Primat der Didaktik« in den sechziger Jahren (Heimann 1962 in ders. 1976, S. 156f.; Schulz 1964 in Faber 1973, S. 149ff.; Klafki 1970, S. 70ff.). Paul Heimanns Kritik am Primat der Didaktik beruht meines Erachtens auf einem großen Mißverständnis. Dieses Mißverständnis ist durch die späteren Arrangements zwischen Wolfgang Klafki und Wolfgang Schulz keineswegs aufgeklärt worden, auch nicht durch die Umformulierung des »Primats der Didaktik« in ein »Primat der Zielentscheidungen« (Klafki 1977; Schulz 1980, S. 85ff.; Klafki 1985, S. 64ff. und S. 202f.). Im Gegenteil: sie haben die Verwirrung eher noch vergrößert (siehe Adl-Amini 1981, S. 10ff., auch in diesem Band S. 84; Jank/Meyer, H. 1991, S. 168; Meyer, H., auch in diesem Band S. 111ff.).

Die Kritik ist berechtigt, wenn man sie auf die Unterrichtsplanung von Lehrerinnen und Lehrern bezieht. Doch die Formulierung der These vom Primat der Didaktik ging ursprünglich von einer anderen Planungsebene aus. Erich Weniger, auf den diese These zurückgeht, hat, wenn er von »Didaktik« spricht, etwas anderes im Sinn als die Unterrichtsvorbereitungen von Lehrerinnen und Lehrern. Seine Didaktik zielt auf eine »Lehre vom Unterricht« (Weniger 1952, S. 5) und ist zweiteilig angelegt. In ihrem ersten und wesentlichen Teil befaßt sie sich mit der Struktur des Lehrgefüges – das meint etwas anderes als die Struktur des Lehrerhandelns – und mit den Bedingungen, unter denen dieses Gefüge zustande kommt – das meint etwas anderes als die Bedingungsfelder der Unterrichtsanalyse. Dieser Teil der Didaktik – Weniger spricht dann häufig auch von »Didaktik im engeren Sinne« – ist eine »Theorie der Bildungsinhalte und des Lehrplans«. Sie wendet sich nicht an Lehrerinnen und Lehrer. Sie hat andere Adressaten, nämlich Bildungstheoretiker und Bildungspolitiker, Schulbuchverlage und Schulbuchautoren, Referenten in Kultusministerien und Mitglieder von Lehrplankommissionen – Lehrerinnen und Lehrer nur, sofern sie in solchen Kommissionen mitwirken oder ein schulinternes Curriculum auszuarbeiten haben. Den zweiten Teil seiner Didaktik im weiteren Sinne nennt er »Methodik« – »Methodik des Unterrichts und der Schularbeit«(Weniger 1963, S. 5). Er selbst hat diesen Teil nicht ausgearbeitet. Er begnügt sich mit »Didaktischen Voraussetzungen der Methode in der Schule« und verweist auf Wilhelm Flitners »Theorie des Pädagogischen Weges und der Methode«. Dennoch ist erkennbar, daß er hier mehr im Sinn hat als das Entscheidungsfeld »Methodik« der »Berliner Schule«. So bezieht sich die Primat-These bei Weniger denn auch nicht auf den Vorrang von Inhalts- oder Zielentscheidungen gegenüber der Auswahl von Methoden und Medien, sondern auf das Verhältnis von Didaktik im Sinne einer Lehrplantheorie zur Methodik im Sinne einer Theorie des unterrichtlichen Handelns. Und sie besagt im Grunde dies, daß Lehrerinnen und Lehrer immer in einem Rahmen handeln, über den in anderer Weise bereits vorentschieden worden ist und daß diese Vorentscheidungen für sie nicht nur zu berücksichtigende Bedingungen, sondern zu erfüllende Aufträge erhalten.

In der Folgezeit ist der von Weniger vorgezeichnete Horizont einer sowohl die Ebene der Lehrpläne wie auch die der Unterrichtsplanung umfassenden Didaktik und damit auch die Differenzlinie zwischen diesen beiden Ebenen aus dem Blick geraten. Die Theorie des Lehrplans hat in gewisser Weise eine Fortsetzung gefunden in der Curriculum-Theorie, insbesondere in den Vorstellungen von Saul. B. Robinsohn zur »Bildungsreform als Revision des Curriculum« (1971), und die Planung und

Analyse von Unterricht ist in den didaktischen Modellen neu bedacht worden – was als »Theorie des Unterrichts« im Sinne der ersten Option vorgestellt wird, ist eigentlich eine »Theorie des Unterrichtens«. Daneben allerdings finden sich auch immer wieder didaktische Konzeptionen, die die beiden Ebenen im Zusammenhang sehen und entwickeln (so Blankertz 1975; Klingberg 1971; Flechsig/Haller 1975; Adl-Amini 1986). Aber, was für unsere Überlegungen vielleicht noch interessanter ist: auch bei den Autoren, die sich auf Modelle für die Planung und Analyse von Unterricht konzentrieren, finden sich Ansätze zu einem weiteren Verständnis von Methodik. So spricht Hilbert Meyer sowohl von didaktischem wie auch von methodischem oder didaktisch-methodischem Handeln, und die begriffliche Differenzierung meint weniger die Aussonderung eines Entscheidungsfeldes als den Grad einer größeren Konkretheit und Praxisnähe (z. B. in diesem Band S. 111 ff.).

Begreift man Methodik in diesem Sinne als eine Theorie, die den gesamten Bereich des unterrichtlichen Planens und Handelns umfaßt, so handelt man sich zunächst ein Sprachproblem ein. Denn Methodik ist dann weitgehend identisch mit dem, was üblicherweise auch Didaktik genannt wird. Einige Autoren suchen dieses Problem so zu lösen, daß sie nach Abstraktionsgraden unterscheiden und die allgemeineren und abstrakteren Überlegungen in einer Allgemeinen Didaktik zusammenfassen sowie die spezielleren und konkreteren in Fachmethodiken (so Klingberg 1971, S. 37; ähnlich auch H. Meyer, in diesem Band). Aber auch diese Sprachregelung wird keineswegs allgemein geteilt. Das Sprachproblem könnte darauf hinweisen, daß Didaktik und Methodik sich zumindest in Teilbereichen überschneiden und vielleicht weniger unterschiedliche Gegenstandsbereiche als verschiedene Sichtweisen und Abstraktionsniveaus bezeichnen.

Doch wie man sich hier auch sprachlich entscheidet – ich bevorzuge in diesem Zusammenhang den Begriff »Methodik« – die Theorie, die wir hier im Blick haben, muß als eine alternative Theorie unterrichtlichen Planens konzipiert werden: Sie unterscheidet sich von den Konzepten der didaktischen Modelle zum einen dadurch, daß sie die unterrichtliche Planung der Lehrerinnen und Lehrer stärker und explizit an die vorauszusetzende Planung der Lehrpläne anschließt, und zum anderen dadurch, daß sie die Arbeit der Lehrerinnen und Lehrer als ganzheitliche produktive Tätigkeit auf einem konkreteren Niveau auffaßt – also mehr

Vorleistung und Vorgabe einerseits, weniger Bevormundung andererseits. Die zentrale Leistung der unterrichtlichen Planung besteht darin, ein Thema (d. h. eine Überschrift in einem Lehrplan-Text) in einen situativen Handlungszusammenhang (d. h. eine unterrichtliche Lehr-Lern-Situation) zu verwandeln. Das ist eine Art Transformationsprozeß (Schulze 1978, S. 190ff.). Eine solche Transformation findet in jedem Fall statt – sei es, daß man über das vorgegebene Thema eine Vorlesung hält oder daß man zu dem Thema einen Text in einem Schulbuch vorliest oder von den Schülern lesen läßt und dann mit ihnen bespricht, sei es, daß man zu dem Thema ein Rollenspiel inszeniert oder ein umfangreicheres Projekt auf den Weg bringt mit Erkundungen und Untersuchungen außerhalb der Schule. Der Prozeß der Transformation verbindet Re-Konstruktion mit Konstruktion, nachvollziehende Interpretation mit konstruktiven Einfällen.

Man kann sich vorstellen, daß der Transformationsprozeß durch eine Reihe von »Strukturmomenten« gesteuert wird. Ich würde lieber von »Dimensionen« oder »Aspekten« und von »Speichern« sprechen. »Dimensionen« bzw. »Aspekte« soll andeuten, daß es sich um Fragerichtungen (Was? Warum? Wer? Wie?), um Richtungen der Analyse und des Suchens (etwa im Sinne von H. Roth 1957: Sachanalyse, pädagogische Besinnung bzw. didaktische Analyse, psychologische Besinnung, methodische Besinnung) handelt. »Speicher« meint einen Ort, an dem eine Reihe von Gedanken, Bilder, Erinnerungen an Materialien und Situationen wie Gegenstände auf einem Dachspeicher versammelt sind. Man kann diese Gegenstände registrieren und sich für das Register eine Systematik ausdenken. Aber da es sich hier nicht um die Einrichtung einer öffentlichen Bibliothek oder einer Computerdatei, sondern um die Nutzung persönlicher Erfahrungen handelt, ist es nicht so wichtig, wie man die Speicher systematisiert, sondern womit man sie anfüllt.

Entscheidend ist, daß man sich diesen Transformationsprozeß als einen ganzheitlichen und integrierenden Prozeß wie die Inszenierung eines Theaterstücks vorstellt oder – besser noch – wie die Vorbereitung einer Reise in ein unbekanntes Land. Denn es ist wichtig, die theoretische Energie auf die Bewältigung von längerfristigen und komplexen Aufgaben zu richten: statt einer Unterrichtsstunde über »Die direkte Rede« in und anhand einer Geschichte von v. Schmidt (Kochan in Heimann/Otto/Schulz 1966, S. 79ff.) der lange Weg, wie Kinder oder

Jugendliche lernen, selber Geschichten zu erzählen, zu schreiben, vorzulesen (Lambrou 1987; Bambach 1989), statt einer Doppelstunde zur Untersuchung der magnetischen Eigenschaften einer stromdurchflossenen Spule (Siebert/Fuhrmann/Hoffmann in Kledzik 1969ff.) das Eindringen in das Geheimnis der magnetischen Kraft und der nicht handgreiflichen Realität der Physik (Wagenschein 1980, S. 133ff.). Eine Methodik als Theorie des unterrichtlichen Planens muß in wesentlichen Teilen exemplarisch verfahren und ihre Kontroversen auf gehaltvolle Alternativen konzentrieren (siehe Berg 1990).

Die Theorie des Unterrichtens ist bisher vornehmlich als eine Theorie der Unterrichtsplanung ausgearbeitet. Sie muß durch eine Theorie unterrichtlichen Handelns ergänzt werden. Nicht im Sinne der Steuerung auf ein vorgegebenes Ziel, der Erfüllung eines Planes oder der Erzeugung von Effekten. Eher im Sinne des angemessenen Reagierens in Situationen. Die unterrichtliche Planung schafft situative Anlässe, in denen Schüler und Lehrer in unterschiedlicher Weise aktiv werden können. Der zentrale Topos ist die »Episode« oder die »Szene«. Damit ist gemeint eine besondere situative Konstellation innerhalb eines inszenierten Handlungszusammenhanges, beispielsweise ausgelöst durch die Bemerkung, Frage oder Reaktion einer Schülerin. Solche »Episoden« oder »Szenen« lassen sich nicht vorausplanen, allenfalls antizipieren, vielleicht auch provozieren. Auch hier scheint ein rekonstruierend-konstruierendes Vorgehen sinnvoll: Festhalten, Darstellen und Interpretieren von signifikanten Beispielen, Durchspielen von Alternativen: »Was... wenn...?« Ausgangspunkte für die theoretische Reflexion könnten Fallstudien sein (z. B. Ertle/Möckel 1981; Fischer 1982 und 1983) oder Sammlungen von guten Schulgeschichten (z. B. Döpp 1988). Eine Methodik als Theorie des unterrichtlichen Planens und Handelns sollte zuerst einmal exemplarisch und kasuistisch angelegt sein.

Dritte Option: Methodik als Theorie der Lehrformen und Weisen der Weltbegegnung

Doch der Annahme, eine Methodik sei nur innerhalb einer Didaktik als ein untergeordneter Bereich zu denken oder identisch mit ihr, wird durch die wirkliche Handhabung widersprochen. In den meisten Handbüchern,

Lexika und Enzyklopädien behauptet sich hartnäckig neben einem Artikel zur »Allgemeinen Didaktik« oder zu »Curriculum-Didaktik« ein unabhängiger Beitrag, der »Methode« im Sinne von Unterrichtsmethode als eine selbständige Erscheinung behandelt (so in Wulf 1984; Lenzen 1984), und auch die Herausgeber der Bände 3 und 4 der »Enzyklopädie Erziehungswissenschaft« haben offenbar Schwierigkeiten, Ziele und Inhalte mit den Methoden und Medien der Erziehung und des Unterrichts unter einen Hut zu bringen (siehe Vorwort der Herausgeber). Was gibt es für Gründe, eine Methodik als Theorie der Unterrichtsmethoden außerhalb einer Didaktik und unabhängig von ihr zu verfolgen?

Solange man Unterrichtsmethoden lediglich unter dem Gesichtspunkt der Planungsentscheidungen von Lehrerinnen und Lehrern auffaßt – etwa ob es besser sei, die Lebensweise von Wölfen mit Hilfe eines beschreibenden Textes, einer Erlebniserzählung, eines Filmes oder eines Zoobesuchs den Schülern nahezubringen, oder ob man die Ausländerproblematik besser in einem Rollenspiel, anhand einer Statistik, durch eine Befragung in Gruppenarbeit oder ein Streitgespräch in der Klasse vergegenwärtigt – gibt es für eine Theorie der Methoden keinen zureichenden Grund. Die Notwendigkeit, im Zusammenhang über eine Unterrichtsmethode nachzudenken, ergibt sich da, wo ihre Einführung auf Widerstände stößt und ihre Handhabung einen längerfristigen Planungs- und Einübungsprozeß erfordert. Es ist etwas anderes, ob man in einer bestimmten Phase des Unterrichts die Schüler in Gruppen arbeiten läßt oder ob man den gesamten Unterricht wie im Jena-Plan auf Gruppenarbeit einstellt. Es ist etwas anderes, ob Schüler sich gelegentlich über ein bestimmtes Thema frei unterhalten oder ob man im Sinne von Berthold Otto einen freien Gesamtunterricht einführt. Es ist etwas anderes, ob Schüler bei der Vorführung eines Experiments etwas entdecken, oder ob man die Gestaltung des Unterrichts auf entdeckendes Lernen hin anlegt. In dem einen Fall handelt es sich um kurzfristig zu variierende Vermittlungsformen innerhalb einer Unterrichtsstunde, um Instrumente unterrichtlichen Handelns, im anderen Falle um längerfristig zu erlernende Arbeits- und Umgangsweisen – mehr noch: um umfassendere Lernaufgaben, um in der Gesellschaft etablierte Formen der Auseinandersetzung mit der Wirklichkeit, um Weisen der Weltbegegnung.

Wenn man sich darauf einläßt, Unterrichtsmethoden im letzteren Sinne aufzufassen, wird man zu neuen und anderen Überlegungen herausgefordert als sie in der vorherrschenden Didaktik als »Theorie des Unterrichtens« angesonnen werden: Das Gleichgewicht zwischen den Strukturmomenten, das die Interdependenz-These zu behaupten sucht, verschiebt sich. Der theoretische Rahmen der didaktischen Modelle wird überschritten. Unterrichtsmethoden, als Weisen der Weltbegegnung verstanden, sind nicht mehr Wege zu einem Ziel, sondern nehmen selbst die Qualität von übergeordneten Zielen an (siehe Adl-Amini in diesem Band S. 95 ff.). Methoden in diesem Sinne sind auch nicht inhaltsleer – zwar offen für viele einzelne, unterschiedliche Inhalte, aber bezogen auf Inhaltsbereiche; die Aufmerksamkeit verlagert sich von Inhalten zur Inhaltlichkeit. In Texten kann man nur lesen, was geschrieben wurde, in Gesprächen nur erörtern, was sich als Frage oder Problem stellt, in Experimenten nur zeigen, was sich in eine Versuchsanordnung bringen läßt, als Phänomen nur untersuchen, was sinnlich wahrzunehmen ist. Eine Aufteilung in Sozial-, Aktions- und Urteilsformen gibt in dieser Sicht ebensowenig Sinn wie eine Trennung der Methoden von den Medien. Jede Auseinandersetzung mit der Wirklichkeit findet in einem bestimmten Medium statt, erfordert bestimmte Aktivitäten, läßt unterschiedliche Möglichkeiten der Beteiligung und Beurteilung zu.

Eine Unterrichtsmethode, verstanden als eine Weise der Weltbegegnung, ist kein Strukturmoment, das man im Hinblick auf eine bestimmte Zielsetzung oder auf eine größere Wirkung beliebig mit anderen Strukturmomenten kombinieren könnte. Sie bildet selber einen Strukturzusammenhang, in dem die anderen Strukturmomente aufgehoben sind. Der Strukturzusammenhang entspricht dem Situationstypus, den die Unterrichtsmethode abzubilden bzw. herzustellen sucht, und je genauer sie dem Situationstypus entspricht, desto eindeutiger sind auch die Strukturmomente aufeinander bezogen. So ist beispielsweise »Gespräch« als Unterrichtsmethode noch eine sehr abstrakte Umschreibung. Sobald man sich ein Gespräch in einer bestimmten Situation vorstellt, gewinnen die Methode und mit ihr die ihr inhärenten Strukturmomente Kontur. Ein Gespräch ist entweder ein Gespräch am Familientisch oder eine Party-Unterhaltung, ein philosophischer Disput, eine geschäftliche Verhandlung oder eine politische Diskussion, ein Zwiegespräch unter Freunden oder ein Selbstgespräch oder irgend etwas anderes. Die Differenzierung in der Situation führt zugleich zur Integration der Momente. Diese Überlegung weist auch darauf hin: Unterrichtsmethoden als Weisen der Weltbegegnung kann es nur im Plural geben.

So wird eine theoretische Beschäftigung mit Unterrichtsmethoden in diesem Sinne sich zunächst kaum mit vergleichenden Untersuchungen befassen – sei es, um ihre Effektivität zu messen, sei es, um sie in einem Klassifikationssystem zu ordnen. Die Aufmerksamkeit gilt zunächst der einzelnen Methode, ihren Vorzügen und Schwierigkeiten, ihren Möglichkeiten und Grenzen, ihrer Reichweite und Herkunft, ihrer grundlegenden Bedeutung und ihren bereichernden Variationen. Methode in diesem Sinne ist ein historisches Gebilde und bedarf der Pflege. Eine Steigerung ihrer Wirksamkeit ist am ehesten von einer Kultivierung ihrer Handhabung zu erwarten. Da es viele Unterrichtsmethoden gibt und geben wird, beschränkt sich die theoretische Beschäftigung natürlich nicht nur auf eine einzige. Aber die zusammenfassenden Darstellungen haben weniger den Charakter eines Klassifikationssystems, eher den einer Formenlehre (so Aebli 1976), einer Typologie (so Joyce/Weil 1986; Schulze 1978, S. 137ff.) oder eines Katalogs (so Flechsig 1983). Gruppierungen in Familien stellen keine Hierarchien her; sie dienen der Orientierung. Unterschiedliche Bezeichnungen und Grade der Abstraktion oder Differenzierung sind möglich: »Unterrichtsmethoden«, »Methodenkonzeptionen«, »Grundformen des Lehrens«, »Lehrmodelle«, »models of teaching«, »ways to teach« u. a. Wichtig ist, daß es sich um ganzheitliche und wiederholbare Handlungszusammenhänge, um »situierte Aktivitätssysteme« (Goffman 1973) oder auch um »Sprachspiele« (Wittgenstein 1971) handelt, in denen die sonst analytisch unterschiedenen Aspekte und Momente konkret aufeinander bezogen und integriert aufgefaßt werden können. Die Modelle, in denen typische Lehr-Lern-Situationen vorgestellt werden, brauchen nicht auf die Schule beschränkt zu bleiben. Im Gegenteil, sie finden sich auch außerhalb der Schule in Spielen oder Arbeitsformen. O. K. Moore und A. R. Anderson sprechen von »folk models« des Lernens (Moore/Anderson 1969). Hier öffnet sich für die Methodik ein weites Forschungsfeld (siehe auch Schulze 1978, S. 202ff.).

Wer die Adressaten einer solchen Methodik sind, ist schwer zu sagen, und das ist eine ihrer entscheidenden Schwächen: Die meisten Autoren scheinen sich an Lehrerinnen und Lehrer zu wenden. Sie gehen davon aus, daß jenen freistehe, im Rahmen eines bestimmten Gegenstandsbereiches und Aufgabenfeldes sich für eine oder auch mehrere der Unterrichtsmethoden oder Lehrmodelle zu entscheiden. Bruce Joyce und

Marsha Weil wenden sich an Lehrerstudenten in der Erwartung, daß diese herausfinden, welches der vorgestellten Modelle ihnen zusage und am besten geeignet sei, ihre Fähigkeiten zur Geltung zu bringen (1986, S. 1ff.).

Diese Erwartung wird, so scheint es zumindest, durch die didaktische Theorie der Bildungsinhalte und des Lehrplans gestützt. Lehrpläne artikulieren sich in Zielen und Themen, Schulbücher in Texten und Aufgaben, Unterrichtsmethoden in Lernsituationen. In den Lehrplänen werden vornehmlich Inhalte ausgewählt und in Fächern, Themengebieten und Themen angeordnet. Methodische Hinweise erfolgen eher gelegentlich. Begründet wird diese Enthaltung mit dem Verweis auf die Freiheit der Lehrenden, die in erster Linie als eine Freiheit der Methoden- und Medienwahl verstanden wird. Aber der wahre Grund dürfte wohl eher der sein, daß die Auswahl möglicher Situationstypen durch die schulische Lernorganisation weitgehend vorgegeben und begrenzt ist, ohne daß diese Vorgaben und Begrenzungen selber zum Gegenstand didaktischer Überlegungen oder curricularer Planungen gemacht worden sind. Unterrichtsmethodische Entscheidungen folgen diesen unausgesprochenen Voraussetzungen oder aber sie müssen sich gegen sie behaupten und durchsetzen.

An dieser Stelle zeigt sich in der hier vorgestellten Auffassung von Unterrichtsmethoden ein Widerspruch. Als Weisen der Weltbegegnung sind sie an Situationen außerhalb der Schule orientiert, als Unterrichtsmethoden aber an die Bedingungen der schulischen Lernorganisation gebunden, und unter diesen Bedingungen verändern die Situationstypen ihren Charakter. Aus dem Gespräch am Familientisch oder dem philosophischen Disput bei einem Gastmahl wird ein fragend-erarbeitendes Unterrichtsgespräch. So sind die Beschreibungen von Unterrichtsmethoden mit einer Vielzahl von einschränkenden Hinweisen oder Annahmen durchsetzt. Im Prinzip aber hält eine Methodik als Theorie der Unterrichtsmethoden die Bedingungen ihrer Realisierung ebenso offen wie eine Didaktik als Theorie der Bildungsinhalte und des Lehrplans. Zwischen ihnen klafft eine Lücke, die wichtige Voraussetzungen auf beiden Seiten unbestimmt läßt. An dieser Schnittstelle sammeln sich unaufgeklärte Widersprüche und unbewußte oder verdeckte Absichten an. Sie ist der Ort für heimliche Lehrpläne.

Die Versuchung drängt sich auf, alle Weisen der Weltbegegnung bzw. alle grundlegenden Formen menschlicher Tätigkeit systematisch zu erfassen (siehe Girmes in diesem Band, S. 167ff.), um auf dieser Basis ein umfassendes Konzept für die Strukturierung von Lern- und Unterrichtsprozessen zu entwickeln. Ich vermute, ein solches Unternehmen ist, ähnlich wie seinerzeit der Versuch von Saul Robinson, aus einer Bestandsaufnahme aller relevanter Erwachsenen-Situationen die Inhalte des schulischen Curriculum vollständig abzuleiten, zum Scheitern verurteilt. Wenn man aber davon ausgeht, daß die Weisen der Weltbegegnung nicht eine anthropologisch erschließbare Grundausstattung des Menschen spiegeln, sondern eher die soziokulturelle Entwicklung der menschlichen Gattung, und daß ihre Umsetzung in Arrangements schulischen Lernens nicht eine zwangsläufige Übertragung, sondern eher ein Vorgang der Erfindung ist, dann bietet sich vorrangig eine historische Darstellungs- und Betrachtungsweise an, die naturgemäß unabgeschlossen bleiben muß (z. B. Reble 1970). Doch um diese Entwicklungs- und Umsetzungsprozesse angemessen zu interpretieren, bedürfte es noch einmal einer Erweiterung des theoretischen Rahmens in Richtung auf eine Theorie der Schule.

Vierte Option: Methodik als Theorie der pädagogische Wege und der Methodisierung des Lernens

Noch eine andere theoretische Orientierung erfordert die Reflexion der umfassenderen »Methodensysteme« und Pläne, die sich an bekannte Namen oder Schulversuche knüpfen (z. B. Montessoripädagogik, Jena-Plan, Waldorfschule). Sie erscheinen zwar auch in den Sammelwerken zur Reformpädagogik häufig in einer Mehrzahl nebeneinander (z. B. Schwerdt; Geißler; Kudritzki, Zudeik u. a.). Aber im Unterschied zu den Unterrichtsmethoden sind sie in Wirklichkeit Unikate. Im Jena-Plan gibt es den Wechsel zwischen Arbeit, Spiel, Gespräch und Feier, aber in einer anderen Weise als in der Waldorfschule oder als in einem Landerziehungsheim. Man muß sich für den einen oder anderen Weg entscheiden.

Die Methodensysteme nehmen in der Regel von methodischen Überlegungen ihren Ausgang, aber sie führen weit darüber hinaus. Sie ziehen, zumindest in der Konsequenz, Folgerungen für die Gestaltung des Lehrplans nach sich und zwar nicht nur in der Auswahl der Inhalte, sondern auch in ihrer Anordnung (z. B. Epochenunterricht, Projektunterricht, Vorhaben, Erfahrungsbereiche, fächerübergreifender Unterricht). Und, was vielleicht noch wichtiger ist, sie ziehen eine Veränderung der schulischen Lernorganisation in Betracht (z. B. jahrgangsübergreifende Stammgruppen, Schulversammlungen, Freiarbeit, Individualisierung, Gruppenunterricht, außerschulische Lernorte, Produktionsstätten und Schulmuseen). Dies ist ein Aspekt des schulischen Lernzusammenhanges, der weder in der Konstruktion oder Revision von Lehrplänen noch in der Planung und Analyse von Unterricht zum Mittelpunkt von Überlegungen gemacht wird. Die Rahmenbedingungen schulischen Lernens gelten dort eher als etwas, was man als gegeben in Rechnung stellen muß. Hier aber rücken sie in den Brennpunkt der Aufmerksamkeit.

So werden solche Methoden denn auch eher außerhalb der öffentlichen Schulsysteme in alternativen Projekten und privaten Unternehmungen oder in Schulversuchen entwickelt und realisiert. Schulkritik, die Gegenüberstellung von alter und neuer Schule und der Anspruch der Veränderung, der Reform, sind wesentliche Momente in ihrem theoretischen Selbstverständnis. Allerdings greift diese Kritik oft zu kurz. Sie trifft nur einzelne Einrichtungen und Maßnahmen und analysiert sie nicht in ihren Voraussetzungen. Auch die Lernorganisation der Regelschule läßt sich als ein in sich stimmiges und begründetes Methodensystem begreifen (Jahrgangsklassen, Fächer, Stundeneinteilung, kognitive Orientierung, Frontalunterricht, textbook teaching usw.). Eine Theorie der Methodensysteme wird die Differenz zwischen Normalschule und Reformprogramm doppelseitig reflektieren müssen.

Die meisten Reformprogramme sind zu verstehen als Teile eines pädagogischen Weges. Und sie sind lern- oder entwicklungstheoretisch orientiert. Das unterscheidet sie von den meisten didaktischen Theorien, die eher wissenschaftsbezogen oder soziologisch orientiert sind. Bisweilen schließen sich die Reformprogramme an explizite wissenschaftlich fundierte Lern- und Entwicklungstheorien an (z. B. Herbart, Dewey, Piaget, Kohlberg). Häufig aber enthalten sie eine eigene intuitive Lern- oder Entwicklungstheorie, die mit den Ergebnissen der psychologischen Forschung nicht ohne weiteres übereinstimmt, die sich aber in der pädagogischen Praxis als sehr fruchtbar erweist. Eine wichtige Aufgabe einer Methodik, die sich übergreifenden Methodensystemen zuwendet, könnte darin bestehen, diese impliziten Vorstellungen von menschlichem Lernen und menschlicher Entwicklung zu erschließen und ihre gesellschaftlichen und historischen Bedingungen sichtbar zu machen. Sie hätte so etwas wie »Pädagogische Wege« des Lernens auszumachen (siehe Flitner 1968) und sie hätte insbesondere das Dilemma zu erklären, warum die reformpädagogischen Ansprüche, auch wenn sie sich in normalen Schulen kaum durchzusetzen vermögen, immer wieder neu entstehen und von den normalen Schulen nicht abgewiesen werden können.

Ein derartiger Erklärungsversuch müßte sich vermutlich dem Phänomen der Methode noch einmal in einer grundsätzlichen Weise zuwenden – nämlich unter dem Gesichtspunkt der Methodisierung menschlichen Handelns, Denkens und Lernens (vgl. auch Girmes in diesem Band, S. 168ff.). Sowohl die Arbeitstechniken in den Berufen, die Handlungsstrategien in den Professionen, die wissenschaftlichen Methoden wie auch die Unterrichtsmethoden lassen sich auf die Fähigkeit des Menschen zurückführen, sein eigenes Verhalten zu reflektieren und auszurichten und die Inhalte, auf die sich sein Verhalten richtet, zu symbolisieren und zu internalisieren. Diese Fähigkeit, kommt selbstverständlich nicht auf einen Schlag zum Zuge. Sie entfaltet sich Schritt um Schritt in der Geschichte. Aber für das schulische Lernen ist von entscheidender Bedeutung, daß es sich infolge der Methodisierungen aus den unmittelbaren Lebenszusammenhängen gelöst hat und diese erst künstlich wieder einholen muß – eben in Gestalt unterrichtsmethodischer Arrangements. So gesehen wäre Methode nicht mehr eine Erscheinung unterrichtlichen Handelns, auch nicht eine Weise der Weltbegegnung und auch nicht ein gesellschaftlich ausgestalteter Lernweg, sondern die Bedingung der Möglichkeit für die Vielzahl methodischer Erscheinungen und eine konstituierende Bestimmung von Schule (siehe Reichwein 1952). Eine Konzentration der theoretischen Anstrengung auf »Methode« in diesem Sinne würde nicht zu einer »Universalmethode«, zu einem »Königsweg« des Lernens führen (siehe Adl-Amini in diesem Band, S. 87ff.), vielleicht aber zu einer »Allgemeinen Methodik«. Das aber wäre im Grunde eine das »schulische Lernen« in den Mittelpunkt rückende Lerntheorie.

Ausblicke auf eine pädagogische Theorie menschlichen Lernens

Welche der drei als aussichtsreich eingeschätzten Optionen für einen auf Unterrichtsmethoden bezogenen Theorie- und Forschungszusammenhang den Vorrang verdient und ob man gar versuchen sollte, die Optionen in einem umfassenden theoretischen System zu vereinigen, ist zur Zeit schwer zu entscheiden. Das hängt vor allem davon ab, in welcher Weise die vorgestellten Optionen tatsächlich wahrgenommen und ausgearbeitet werden und welchen Gebrauch man von ihnen macht. Das hängt aber auch ab von den konzeptuellen Angeboten auf der Seite umfassender oder grundlegender Bezugstheorien, an die sich eine Methodik als angewandte Theorie anschließen kann, und in dieser Hinsicht möchte ich noch einige Behauptungen wagen und Überlegungen hinzufügen.

Die Bezugstheorie, auf die eine Methodik am meisten angewiesen ist, wäre eine grundlegende Theorie des Lernens. Wie immer man eine Methodik konzipiert und was immer man unter methodischem Handeln, Unterrichtsmethoden, Lehrmodellen, didaktischen Modellen oder Methodensystemen und Schulplänen versteht, es geht immer darum, daß Lernen ermöglicht, angeregt, hervorgerufen, unterstützt, angeleitet, gesteuert, bewirkt, optimiert, gesichert, möglicherweise sogar erzwungen wird. Methodisches Handeln ist auf Lernen gerichtet.

Doch in der Praxis der Theorie, im Reflektieren und Nachdenken stellen sich eine Reihe von Schwierigkeiten und Widersprüche ein: Auf der Handlungsebene scheint sich der Vorgang des Lernens sowohl der direkten Beobachtung wie auch der direkten Beeinflussung zu entziehen. Über das, was in den Lernenden vorgeht, wie sie lernen, was sie tatsächlich lernen und ob sie überhaupt lernen, lassen sich nur hypothetische Aussagen machen auf Grund von Reaktionen, Rückmeldungen und Ergebnissen. Die Erfolge des methodischen Handelns beruhen auf ungesicherten Annahmen, Wahrscheinlichkeitserwartungen und Gewohnheiten, nicht auf einer genauen Kenntnis der ablaufenden Prozesse.

Aber auch auf der Theorieebene bleibt das Zusammenwirken von methodischem Handeln und Lernprozeß unaufgeklärt. Man hält es allgemein für selbstverständlich, daß jede Didaktik oder Methodik auch eine Vorstellung von Lernen enthalte, »die im weitesten Sinne des Wortes als ›Theorie‹ bezeichnet wird, zumindest von denen, die diese Vorstellung teilen« (Blankertz 1975, S. 90). Doch solche Vorstellungen bleiben entweder unausgesprochen, müssen aus den vorgeschlagenen methodischen Maßnahmen erst erschlossen werden, oder aber sie sind so vage und unzureichend formuliert, daß sie einer genaueren Betrachtung nicht standhalten; zumindest erscheint eine kritische Überprüfung und Ausarbeitung angezeigt. In diesem Sinne hatte Paul Heimann schon 1958 im Anschluß an Heinrich Roth »Zur lernpsychologischen Begründung der modernen Unterrichtsarbeit« aufgefordert (Heimann 1976, S. 84–92) und das Didaktik-Konzept der »Berliner Schule« als ein lerntheoretisches ausgezeichnet.

Heimanns Erwartungen an die wissenschaftliche Fundierung des unterrichtlichen Handelns durch Anschlüsse an psychologische Lerntheorien wurde von vielen geteilt und in zahlreichen Umsetzungen, Übersetzungen und Untersuchungen ins Werk gesetzt. Davon zeugen Handbücher, Handbuchartikel und Sammelreferate zur Unterrichts- und Lehr-Lernforschung aus den 70er und 80er Jahren (Roth 1957 – als Vorläufer; Ingenkamp/Parey 1970/71; Travers 1973; Gage 1976; Heidenreich/Heimann 1976; Loser 1979; Roeder u. a. 1982; Treiber/Weinert 1982; Terhart 1986; Riedel 1989 u. a.). Doch im Rückblick stellt sich auch hier eine große Enttäuschung ein. Bei allem Erkenntniszuwachs im Detail, der Gewinn für die Begründung und produktive Entwicklung der Unterrichtsarbeit scheint nicht sehr groß zu sein. R. W. Travers konstatiert ein Mißverhältnis zwischen dem erheblichen Aufwand an öffentlichen Mitteln und tatsächlichem Erkenntnisfortschritt (Travers 1973, S. VIIf.). Klaus Riedel stellt resümierend fest: »Die Kluft zwischen theoretischer Grundlegung und alltäglichem Lehren und Lernen insbesondere in der Schule konnte so trotz einiger weiterführender Ansätze . . . bisher kaum überbrückt werden« (Riedel 1989, S. 963). Und Franz Weinert bedauert, daß die Theoriebildung gerade in den pädagogisch wichtigen Bereichen komplexer Lernprozesse noch wenig befriedigend sei: »Die Lernpsychologie hat sich in den vergangenen 90 Jahren sehr viel mehr mit den allgemeinen Gesetzen des Lernens als mit den differentiellen Bedingungen des Lernenden beschäftigt« (Weinert 1989, S. 393). Also auch von dieser Seite ist vorerst wenig Hilfe zu erwarten.

Auf den ersten Blick erscheint dieser Befund wenig ermutigend für die Suche nach geeigneten Anschlußstellen in einer umfassenderen

Bezugstheorie der Lernens. Doch er läßt sich durchaus ins Positive wenden, wenn man die bereits vorhandenen Ansätze einerseits und die zutagegetretenen Mängel andererseits dazu nutzt, nach geeigneten Konzepten für eine pädagogische Theorie menschlichen Lernens zu suchen.

Hier ist zwar nicht der Ort und der Raum, eine solche pädagogische Theorie menschlichen Lernens zu entwickeln (siehe Schulze 1993). Doch wenigstens einige Konturen, wie ich sie sehe, lassen sich andeuten, einige Schlüsselbegriffe, die mir wichtig erscheinen, benennen. Vor allem in drei Hinsichten halte ich eine konzeptionelle theoretische Anstrengung für notwendig:

Eine erste Anstrengung sollte darauf gerichtet sein, ein elementares, lebensnahes Verständnis von Lernen zu reformulieren, das überall da, wo Lernen stattfindet, unmittelbar ansetzen kann. Ein Begriff, der einem solchen Verständnis entspräche, hätte unter anderem den folgenden Ansprüchen zu genügen: Im Unterschied zum Lernbegriff der Didaktik müßte er so konzipiert sein, daß er nicht zwangsläufig an irgendwelche Veranstaltungen der Lehre gebunden ist und auch Lernprozesse außerhalb von Schule und Unterricht erfaßt – beispielsweise wie ein Kind laufen lernt oder wie Columbus Amerika entdeckt. Im Unterschied zum psychologischen Lernbegriff müßte er so gefaßt werden, daß er sowohl die äußere, phänomenale Seite des Lernprozesses als auch das subjektive Bewußtsein des Lernenden als auch die inhaltliche Orientierung und Füllung der Lernintention in die Betrachtung mit einbezieht, statt sie auszublenden.

Es gehört zum Phänomen des Lernens, daß es sich zu einem wesentlichen Teil der Wahrnehmung, Beobachtung und auch dem Bewußtsein entzieht. Trotzdem entwickeln wir im alltäglichen Lebenszusammenhang durchaus eine hinreichend deutliche und brauchbare Vorstellung von dem, was Lernen ist. Wir nutzen dabei Konzepte und Indizien, die sich von denen der Lernpsychologie unterscheiden. Wir verstehen Lernen nicht so sehr als eine Verhaltensänderung oder als die Anreicherung eines Verhaltensrepertoires, sondern intentional im Hinblick auf eine Lernaufgabe, die sich im Lebenszusammenhang einstellt. Wir stellen einen Lernzuwachs nicht so sehr im Vergleich mit einem früheren Verhalten fest, sondern im Hinblick auf ein Verhalten, das wir normalerweise von einem Erwachsenen oder auch von einem kompetenten Experten in einer bestimmten Situation erwarten, beispielsweise von einem Autofahrer im Straßenverkehr oder von einer Sprachkundigen in einem Gespräch, von einem Drucker an einer Setzmaschine oder von einer Opernsängerin auf der Bühne. Wir verstehen Lernen als das neue oder zum-ersten-Mal Bewältigen von Situationen. Und mit dieser Vorstellung im Sinn sind wir durchaus in der Lage, Lernen direkt wahrzunehmen – sei es in der Art und Weise, wie jemand seine Handlungen ausführt, zum Beispiel zögernd, stockend, langsam, unsicher, fehlerhaft, unkontrolliert usw., sei es, daß er neue Handlungszüge in die Situation einfügt wie zum Beispiel Untergliederungen, Wiederholungen, Verwendung von Hilfsmitteln usw. Zugleich sind wir auch in der Lage, über Lernen zu reflektieren. Wir können sagen, was uns Schwierigkeiten macht, welche Hilfen oder Umwege wir für nützlich halten, welche Bedingungen einen Einfluß hatten, welche Momente wichtig waren und was wir eigentlich zu erreichen hoffen.

Eine zweite theoretische Anstrengung sollte darauf gerichtet sein, komplexere Anforderungen und Zusammenhänge im Hinblick aud Lernen zu konzipieren. Die psychologische Bestimmung von Lernen als Verhaltensänderung und ihre Orientierung an experimentellen Untersuchungssituationen verführt dazu, Lernen lediglich in minutiösen Schritten und parzellierten Ausschnitten wahrzunehmen und zu strukturieren. Betrachten wir beispielsweise von R. M. Gagné »Die Bedingungen des menschlichen Lernens«. Das ist ein Buch, von dem Heinrich Roth in seinem Vorwort sagt, es enthalte »in nuce die gesamte amerikanische Lernpsychologie« und es gäbe »einen großartigen Einblick in das Gesamtbild Lernforschung und Lerntheorie« (Gagné 1980, S. 7/8). Und es ist ein Buch, wie wir bei Franz Weinert nachlesen können, das einen der umfassendsten Versuche unternimmt, die Vielzahl der konkurrierenden Lerntheorien und Lernprinzipien – vom Signal- und Reiz-Reaktions-Lernen bis hin zum Regellernen und Problemlösen – in einer hierarchischen Ordnung aufeinander zu beziehen und zugleich für unterrichtliches Handeln zu erschließen (Weinert 1989, S. 391ff.). Dieses Buch enthält viele praktische Beispiele, aber alle beschränken sich auf so untergeordnete Teilaufgaben wie den Begriff »Haudah« erklären und einprägen (Gagné 1980, S. 194), das Längsparken durchführen (a. a. O., S. 205), zeigen, daß die ›Hälfte‹ einer Menge von Dingen zwei gleiche Teilmengen sind (a. a. O., S. 257), die Regel lernen, daß ein unbestimmtes Fürwort im Singular ein Verb nach sich zieht (a. a. O., S. 266) oder wie man die

Anwesenheit von Wasserdampf in der Luft erschließt (a. a. O., S. 278). Es mag gelegentlich nützlich sein, zumal wenn sich auf der Seite der Lernenden Schwierigkeiten einstellen, die Bedingungen des Lernens detailliert zu analysieren. Insgesamt ist eine solche Blickweise viel zu beschränkt, um unterrichtliches Planen und Handeln zu leiten. Eine sehr viel weitreichendere Strukturierung von Lernprozessen ist dazu erforderlich.

Ich denke hier an zwei Konzepte: an das der Lernumwelt und das des Lernweges. Beide lassen sich direkt an die grundlegende Vorstellung von Lernen als dem Neu-Bewältigen von Situationen anschließen. Eine Lernumwelt, beispielsweise ein Betrieb in einem Betriebspraktikum, ist ein Ensemble von möglichen Situationen, die auf vielfältige Weise zum Lernen herausfordern. Man kann mit Hilfe dieses Begriffs die Lernvoraussetzungen einer – sagen wir – türkischen Schülerin, die sie von zu Hause mitbringt, aufklären, und man kann sich von ihm anregen lassen, das Klassenzimmer, die Schule und ihre Umgebung bewußt als ein Lernumwelt auszugestalten: »Schule als Erfahrungsraum« (Hentig 1973 und 1987). Ein Lernweg meint eine zeitliche und in ihrem Schwierigkeitsgrad gestaffelte Folge von Situationen, die wir nacheinander zu beherrschen suchen. So mag der Lernweg »Englisch lernen« beim Spiel im Sandkasten beginnen; er wird sicher Situationen enthalten wie »to buy a ticket from London to Liverpool«, und er mag in einem frei gesprochenen Vortrag vor den Professoren und Studenten des Kings-College in Oxford einmünden. Alle Formeln, in denen wir umgangssprachlich umfassendere Lernaufgaben umreißen – wie beispielsweise Laufenlernen, Autofahren-Lernen, Computer-Lernen, Schlagzeug-Lernen oder Schlosser-Lernen – lassen sich in eine bestimmte, inhaltlich unterscheidbare Folge von Lernsituationen auflösen, die aber immer noch, auch für sich genommen, einen sinnvollen Handlungszusammenhang bilden. Man kann mit Hilfe dieses Begriffs tatsächliche Lernwege, wie sie in einem biographischen Interview erkennbar werden, rekonstruieren – etwa im Sinne einer Folge von »Entwicklungsaufgaben« (Havighurst 1972) oder curricularer Situationen (Loch 1979), und man könnte mit ihrer Hilfe schulische Lehrpläne entwerfen, die nicht nur eine Reihe von Themengebieten vorzeichnen, sondern auch eine Folge von Lernsituationen und damit eine konkrete Vorgabe für das, was unterrichtliches Planen zu leisten hat: Themen in Handlungen verwandeln.

Eine dritte konzeptionelle Anstrengung müßte sich mit der Differenz von schulischem und außerschulischem Lernen befassen. Zwischen den Bedingungen, unter denen Lernen in lebensweltlichen Zusammenhängen stattfindet – etwa wenn ein Kind sprechen lernt oder wenn es seine nähere Umwelt erkundet, und den Bedingungen, unter denen es in der Schule lernt – im fremdsprachlichen Unterricht oder im Fach Geographie –, bestehen erhebliche, strukturell bedeutsame Unterschiede: Lernen unter Anleitung einer Lehrerin, in einer größeren Gruppe, nach Plan, in einer Institution usw. Die Unterschiede gehen so weit, daß das Konzept »Lernen als Neubewältigung von Situationen« im Hinblick auf die Schule in wesentlichen Punkten modifiziert werden muß. Denn eine wesentliche Bedingung für schulisches Lernen besteht darin, daß Lernen außerhalb lebensweltlicher Zusammenhänge organisiert werden muß.

Die Differenz zwischen schulischem und außerschulischem Lernen ließe sich lerntheoretisch unter dem Begriff der Lernformation in einem umfassenderen Zusammenhang bearbeiten, wie ich an anderer Stelle ausgeführt habe (Schulze 1980, S. 116ff.). Dieser Begriff rückt die Erscheinungen des Lernens in eine evolutionäre Perspektive. Er unterscheidet gesellschaftliche Entwicklungsstufen im Hinblick auf Lernen, die sich mit den Fortschritten in den Verkehrsmöglichkeiten von der Bewegung zu Fuß, auf einem Tier, mit dem Wagen, der Eisenbahn, dem Auto, dem Flugzeug und im Raumschiff vergleichen lassen. Eine Schwierigkeit besteht allerdings darin, daß wir zur Zeit die Formation des schulischen Lernens und ihren Leistungszuwachs recht gut beschreiben können, nicht aber die Formationen des Lernens, die ihr vorgelagert sind. Dennoch reichen unsere Kenntnisse aus, um die Probleme der Formation des schulischen Lernens und ihrer Entwicklung genauer zu erfassen. Unter anderem gerät Lernen in der Schule unter einen starken gesellschaftlichen und ökonomischen Druck. Angesichts des explosionsartig anwachsenden Wissens steht die Institution Schule zum einen vor der schwierigen Aufgabe, schulisches Lernen ständig zu komprimieren, zu optimieren, zu beschleunigen. Auf der anderen Seite gerät sie in Gefahr, die lernenden Individuen zu überfordern, die lebensweltlichen Grundlagen zu verlieren und damit schulisches Lernen zu entwurzeln, zu entfremden. Dies ist vermutlich einer der Gründe dafür, warum reformpädagogische Methodensysteme die »methodische Monostruktur des schulischen Lernens« mit alternativen Angeboten immer wieder bedrängen und in Frage stellen und doch nur mühsam und gegen große Widerstände im öffentlichen Schulwesen Fuß zu fassen vermögen. Hier jedenfalls wäre der Ort, um den Widerstreit von alter und neue Schule theoretisch aufzuarbeiten.

Zusammenfassung

1. Die vorliegende Untersuchung versuchte die Frage zu beantworten, in welcher Weise eine Theorie der Unterrichtsmethode als ein selbständiger und entwicklungsfähiger Forschungszusammenhang konzipiert werden kann. Ausgangsbasis waren Annahmen über generelle und tatsächlich in der neueren Literatur in Anspruch genommene Möglichkeiten, sich theoretisch auf Unterrichtsmethode einzulassen. Vier solcher Möglichkeiten werden als Optionen hinsichtlich ihrer Vorzüge, Probleme und Entfaltungsperspektive vorgestellt.
2. Die gängigste Option betrachtet Methodik als ein Feld methodischer Entscheidungen innerhalb einer als Struktur-Modell konzipierten didaktischen Theorie des Unterrichts. Dieser Ausschnitt ist zu eng, zu isoliert und zu abhängig für die produktive Entfaltung eines selbständigen Forschungszusammenhanges. Darüber hinaus behindert eine technologische oder klassifikatorische Zerlegung der Entscheidungsprozesse die methodische Phantasie der Lehrenden mehr als daß sie sie anregt.
3. Die zweite Option betrachtet Methodik als eine Theorie für den Gesamtbereich des unterrichtlichen Planens. Sie ist insoweit identisch mit dem, was üblicherweise »Didaktik« genannt wird. Sie unterscheidet sich von den strukturtheoretischen Modellen der Didaktik dadurch, daß sie bewußt an eine Didaktik als Theorie des Lehrplans anschließt und die Transformation von Themen in Handlungszusammenhänge und die Inszenierung von Lehr-Lern-Situationen in den Mittelpunkt ihrer Überlegungen stellt. Sie erscheint entwicklungsfähig, wenn es ihr gelingt, in Verbindung mit den Fachdidaktiken für die verschiedensten Gebiete anspruchsvolle Beispiele oder Modell-Inszenierungen vorzustellen. Sie würde re-konstruierend und interpretativ verfahren und am ehesten einer Kunsttheorie oder Kunstkritik entsprechen. Sie müßte ergänzt werden

durch eine Theorie des unterrichtlichen Handelns. Die entscheidenden Differenzen, auf die sie sich bezieht, sind die von Lehrplanung und Unterrichtsplanung und von Unterrichtsplanung und Unterrichtshandlung.
4. Die dritte Option betrachtet Methodik als eine Theorie der Unterrichtsmethoden und Lehrmodelle. Sie befaßt sich nicht mit handelnden Tätigkeiten, sondern mit Handlungsformen. Ihr zentrales Anliegen ist es, typische und gesellschaftlich bedeutsame Arbeits- und Lebenssituationen unter dem Gesichtspunkt des Lernens zu sondieren und in Unterrichtssituationen umzuformen. Sie läßt sich denken als eine historisch-kritische Typologie. Eine wichtige Bezugsgröße ist die Differenz von schulischem und außerschulischem Lernen.
5. Die vierte Option betrachtet Methodik als eine Theorie der pädagogischen Wege. Sie beschäftigt sich mit der Lernorganisation von Schulen im Kontext ihrer sozialen Umwelt. Sie untersucht schulische Lernwege als wichtige Abschnitte schulübergreifender pädagogischer Wege. Sie knüpft an an die reformpädagogischen Pläne und ihre impliziten Annahmen zum Lernen und zur gesellschaftlichen Situation. Sie wäre vermutlich sehr komplex, eine Art System-Prozeß-Theorie. Eine wichtige Differenz, die sie im Blick behalten muß, ist die von »alter« und »neuer« Schule und ein zentrales Problem ist das der Methodisierung des Lernens.
6. Eine Integration der Optionen scheint nicht in Sicht. Sie würde die konzeptuellen Möglichkeiten zur Zeit eher überfordern und zu unfruchtbaren Systematisierungsversuchen Anlaß geben. Doch es zeichnet sich so etwas wie ein integrierender theoretischer Horizont ab. Er liegt in der Richtung einer Theorie menschlichen Lernens.
7. Eine für die Bearbeitung von unterrichtsmethodischen Problemen geeignete Lerntheorie steht noch aus. Aber drei wichtige Anforderungen lassen sich hinreichend deutlich umreißen: 1. ein Begriff von menschlichem Lernen, der von dem des Lehrens unterschieden, komplex, phänomenal zugänglich und beschreibbar und inhaltlich gefüllt ist; 2. ein Begriff von Lernwegen, der es erlaubt, Entwicklungen über eine Folge von sich steigernden Lernaufgaben und Lernbedingungen zu organisieren; 3. ein Begriff von Lernformation, der es erlaubt, schulisches Lernen von anderen für das Leben in einer Gesellschaft konstitutiven Lernorganisationen zu unterschei-

den, verbunden mit einer Vorstellung von der Entwicklung der schulischen Lernformation, der es erlaubt, die Probleme und Aufgaben, auf die sich unterrichtliches Handeln heute einstellen muß, zu identifizieren.
8. Didaktik und Methodik lassen sich vermutlich nicht so voneinander unterscheiden, daß man sie verschiedenen Gegenstandsbereichen zuordnet. Zumindest gibt es einen größeren Bereich, in dem sie sich überschneiden. Sie sind eher als zwei unterschiedliche Aspekte oder Sichtweisen desselben Gegenstandsfeldes zu verstehen, die sich in ihren Perspektiven, Schwerpunkten, ihren Bezugstheorien und den maßgebenden Differenzen, auf die sie Bezug nehmen, unterscheiden.
9. Die Bedeutung einer Theorie der Methode für eine Weiterentwicklung der Didaktik liegt zur Zeit darin, daß sie die in den Didaktik-Konzepten implizit enthaltenen Voraussetzungen über schulisches Lernen offenlegt, indem sie die Lernorganisation der Regelschule mit alternativen und außerschulischen Lernorganisationen vergleicht, und daß sie damit ein Interesse an einer Neugestaltung der Organisation schulischen Lernens freisetzt.
10. Ein entscheidendes Kriterium zur Beurteilung einer Theorie der Unterrichtsmethode wird sein, wieweit es ihr gelingt, die Differenz, die sich zwischen Allgemeiner Didaktik und Fachdidaktik aufgetan hat, zu überwinden und die konstruktive didaktische Vernunft und Phantasie innerhalb der Schule wie auch außerhalb, bei den Lehrerinnen und Lehrern wie auch bei den Lehrerbildner und Erziehungswissenschaftlerinnen anzuregen und zu entfalten.

Literatur

Adl-Amini, B. (Hrsg.): Didaktik und Methodik, Weinheim/Basel (Beltz) 1981.
Adl-Amini, B.: Ebenen didaktischer Theoriebildung. In: Enzyklopädie Erziehungswissenschaft, Bd. 3, Stuttgart (Klett-Cotta) 1986.
Aebli, H.: Grundformen des Lehrens. Eine Allgemeine Didaktik auf kognitionspsychologischer Grundlage, Stuttgart (Klett) 1976 (9. erw. Auflage).
Bambach, H.: Erfundene Geschichten erzählen es richtig. Lesen und Leben in der Schule, Konstanz (Faude) 1989.
Berg, H. Chr. u. a.: Lehrkunst, Neue Sammlung, 30 (1990) H. 1.

Blankertz, H.: Theorie und Modelle der Didaktik, München 1975 (9. neubearbeitete und erweiterte Aufl.).

Dichanz, H./Semmerling, R.: Was leistet die Theorie der Methode für die Weiterentwicklung der Didaktik? Thesenpapier zur Arbeitsgruppe: »Theorie und Erforschung der Unterrichtsmethoden«, Skript 5. DGfE-Kongreß Bielefeld 1990.

Döpp, W.: Die Ameise im Feuer. Schulgeschichten, Essen (Neue Dt. Schûle) 1988.

Ertle, Chr./Möckel, A. (Hrsg.): Fälle und Unfälle in der Erziehung, Stuttgart (Klett-Cotta) 1981.

Faber, W.: Das Problem der Didaktik. Pädagogische Kontroversen, Bd. 2, München (Ehrenwirth) 1973.

Fischer, D. (Hrsg.): Fallstudien in der Pädagogik, Konstanz-(Faude) 1982

Fischer, D. (Hrsg): Lernen am Fall. Konstanz (Faude) 1983.

Flechsig, K.-H.: Der Göttinger Katalog Didaktischer Modelle. Theoretische und methodologische Grundlagen, Göttinger Monographien zur Unterrichtsforschung, Heft 7, Göttingen 1983.

Flechsig, K.-H./Haller, H.-D.: Einführung in didaktisches Handeln, Stuttgart (Klett) 1975.

Flitner, W.: Theorie des pädagogischen Weges und der Methode, Weinheim (Beltz) 1968.

Fuhrmann, E./Weck, H.: Forschungsproblem Unterrichtsmethoden, Berlin (Volk und Wissen) 1976.

Gage, N. L. (Hrsg.): The Psychology of Teaching Methods, NSSE Yearbook 1975, Chicago (Univ. of Chicago Press) 1976.

Geißler, H.: Methode. In: Pädagogische Grundbegriffe, Bd. 2, Reinbek (Rowohlt) 1984.

Goffman, E.: Interaktion: Spaß am Spiel/Rollendistanz, München (Piper) 1973.

Gudjons, H. u. a. (Hrsg.): Unterrichtsmethoden: Grundlegung und Beispiele. Braunschweig (Agentur Pedersen) 1982.

Havighurst, R. J.: Developmental Tasks and Education, New York (McKay Company) 1972.

Heidenreich, W. D./Heymann, H. W.: Lehr-Lern-Forschung. In: Z. f. Päd. 22 (1976) S. 225ff.

Heimann, P.: Didaktik als Unterrichtswissenschaft, Stuttgart (Klett) 1976.

Heimann, P./Otto, G./Schulz, W.: Unterricht – Analyse und Planung, Hannover (Schroedel) 1965 (2. Aufl. 1966).

Hentig, H. v.: Schule als Erfahrungsraum? Stuttgart (Klett) 1973.

Hentig, H. V.: »Humanisierung«. Eine verschämte Rückkehr zur Pädagogik? Andere Wege zur Veränderung der Schule, Stuttgart (Klett-Cotta) 1987.

Ingenkamp, K./Parey, E. (Hrsg.): Handbuch der Unterrichtsforschung, 3 Bde., Weinheim (Beltz) 1970/71.

Jank, W./Meyer, H.: Didaktische Modelle, Frankfurt a. M. (Cornelsen-Scriptor) 1991.

Joyce, B./Weil, M.: Models of Teaching, Englewood Cliffs Prentice Hall 1986 (3. erw. Aufl.).

Klafki, W.: Die Inhalte des Lernens und Lehrens – das Problem der Didaktik im engeren Sinne. In: Klafki, W. u. a.: Funk-Kolleg Erziehungswissenschaft Bd. 2, Frankfurt/M. (Fischer) 1970.

Klafki, W.: Unterricht – Didaktik, Curriculum, Methodik. In: Groothoff, H.-H. (Hrsg.) Fischer-Lexikon Pädagogik, Neuausgabe, Frankfurt/M. (Fischer) 1974.

Klafki, W.: Zum Verhältnis von Didaktik und Methodik. In: Klafki/Otto/Schulz: Didaktik und Praxis, Weinheim/Basel (Beltz) 1977.

Klafki, W.: Curriculum – Didaktik. In: Wulf, Chr. (Hrsg.): Wörterbuch der Erziehung, München (Piper) 1984 (7. Aufl. 1989).

Klafki, W.: Neue Studien zur Bildungstheorie und Didaktik, Weinheim/Basel (Beltz) 1985.

Kledzik, U.-J. (Hrsg.): Unterrichtsplanung. Beispiel Hauptschule, Hannover (Schroedel) 1969.

Klingberg, L.: Einführung in die Allgemeine Didaktik, Frankfurt/M. (Athenäum Fischer) 1971.

König, E./Riedel, H.: Systemtheoretische Didaktik, Weinheim (Beltz) 1973 (3. Aufl. 1976).

Lambrou, U.: Gegen den Strich gelesen, gesprochen, geschrieben, Weinheim/Basel (Beltz) 1987.

Lenzen, D. (Hrsg.): Pädagogische Grundbegriffe, 2 Bde. Reinbek (Rowohlt) 1989.

Loch, W.: Curriculare Kompetenzen und pädagogische Paradigmen. In: Bildung und Erziehung, 32 (1979), S. 241–266.

Loser, F.: Konzepte und Verfahren der Unterrichtsforschung, München (Juventa) 1979.

Meyer, H.: UnterrichtsMethoden, 2 Bde. (I. Theorieband; II. Praxisband), Frankfurt /M. (Scripta) 1987.

Moore, O. K./Anderson, A. R.: Some Principles for the Design of Clarifying Educational Environments. In: Goslin, D.A. (Ed.): Handbook of Socialisation Theory and Research, Chicago (Rand McNally) 1969.

Reble, K.: Das Problem der Unterrichtsmethode. In: Ingenkamp/Parey 1970/71.

Reichwein, G.: Die Schule als Methode und die Methode in der Schule. Pädagogische Quellentexte, Heft 5, hrsg. von H. Wetterling, Oldenburg (Stalling) 1952.

Riedel, K.: Lehr-/Lernforschung. In: Lenzen, D. (Hrsg.): Pädagogische Grundbegriffe, Bd. 2, Reinbek (Rowohlt) 1989, S. 963ff.

Robinsohn, S. B.: Bildungsreform als Revision des Curriculums, Neuwied (Suchterhand) 1971 (3. Aufl.).

Roeder, P. M. u. a.: Themenschwerpunkt »Lehr-Lern-Forschung«. In: Z. f. Päd. 28 (1982), Heft 3 und Heft 4.

Roth, H.: Pädagogische Psychologie des Lehrens und Lernens, Hannover (Schroedel) 1957.

Schulz, W.: Unterrichtsplanung, München (Urban & Schwarzenberg) 1980.

Schulz, W.: Methoden der Erziehung und des Unterrichts unter der Perspektive der Mündigkeit. In: Enzyklopädie Erziehungswissenschaft, Bd. 4, Stuttgart (Klett-Cotta) 1986.

Schulze, Th.: Methoden und Medien der Erziehung, München (Juventa) 1978.

Schulze, Th.: Schule im Widerspruch, München (Kösel) 1980.

Schulze, Th.: Zum ersten Mal und immer wieder neu. Skizzen zu einem phänomenologischen Lernbegriff. In: Bauersfeld H./Bromme, R. (Hrsg.): Bildung und Aufklärung, Münster 1993.

Scuola di Barbiana: Die Schülerschule. Briefe an eine Lehrerin, Berlin (Wagenbach) 1970.

Terhart, E.: Der Stand der Lehr-Lern-Forschung. In: Enzyklopädie Erziehungswissenschaft, Bd. 3, Stuttgart (Klett-Cotta) 1986, S. 63ff.

Terhart, E.: Lehr-Lern-Methoden. Eine Einführung in Probleme der methodischen Organisation von Lehren und Lernen, Weinheim/München (Juventa) 1989.

Travers, R. W. (Hrsg.): Second Handbook of Research on Teaching, Chicago (Rand McNally) 1973.

Treiber, B./Weinert, F. E. (Hrsg.): Lehr-Lern-Forschung, München (Urban & Schwarzenberg) 1982.

Wagenschein, M.: Naturphänomene sehen und verstehen. Genetischer Lehrgang, hrsg. von H. C. Berg, Stuttgart (Klett) 1980.

Weinert, F.: Lernen. In: Wulf, Chr. (Hrsg.): Wörterbuch der Erziehung, München (Piper) 1989 (7. Aufl.) S. 389ff.

Weniger, E.: Didaktik als Bildungslehre. Teil 1: Theorie der Bildungsinhalte und des Lehrplans, Weinheim (Beltz) 1952.

Weniger, E.: Didaktik als Bildungslehre. Teil 2: Didaktische Voraussetzungen der Methode in der Schule, Weinheim (Beltz) 1959 (2. Aufl. 1963).

Winkel R. u. a. (Hrsg.): Didaktische Theorien, Braunschweig (Westermann) 1981.

Wittgenstein, L.: Philosophische Untersuchungen, Frankfurt (Suhrkamp) 1971.

Wulf, Chr. (Hrsg.): Wörterbuch der Erziehung, München (Piper) 1984 (7. Aufl. 1989).

Renate Girmes

Von den Aufgaben der Methoden zur Gestalt ihrer Theorie

Vorbemerkung

Als Mitarbeiterin des Kollegschul-Projektes in NW beschäftige ich mich seit einigen Jahren damit, schulischen Bildungsgängen eine didaktische und methodische Struktur zu geben. Dabei geht es darum, über zehn und mehr Fächer hinweg einen Lernweg und ihm entsprechend einen Bildungsprozeß zu denken, von dem gesagt werden kann, daß er die Handlungsfähigkeit der Schüler und Schülerinnen soweit zu entwickeln geholfen hat, daß sie damit »im Leben« lern- und erfahrungsfähig sind und bleiben. In solcher Weise bildungsgangdidaktisch zu arbeiten, verändert den Blickwinkel und läßt über Einzelfächer hinweg fragen, welche prinzipiellen Handlungsmöglichkeiten einem jungen Menschen bei aller notwendigen und gewünschten Spezialisierung am Ende seiner Schulzeit zur Verfügung stehen sollten. Bei den Antwortversuchen hat die curriculare Absicherung der Entwicklung von Möglichkeiten des durchdachten methodischen Zugehens auf die verschiedenen Lebensbereiche eine zentrale Funktion gewonnen. Diese Erfahrung hat mich gelehrt, das Problem der Lehrmethoden in seinem Zusammenhang zum Problem der Entwicklung von Methode überhaupt zu verstehen und es auch so zu bearbeiten.

Die Bemühungen, die Fülle und Vielfalt der Methoden und methodischen Konzepte, die es gibt, zu ordnen und dabei zu einer theoretisch befriedigenden Lösung zu kommen, haben bisher – das hat nicht zuletzt die Bilanz auf dem DGfE-Kongreß 1990 gezeigt – nicht den erhofften Erfolg erbracht. Ich möchte im folgenden einen Theoretisierungsvorschlag machen, der Methoden nicht anhand ihrer konkreten *Erscheinungsformen* zu klassifizieren, zu dimensionieren, zu strukturieren oder in Reichweiten einzuordnen trachtet. Vielmehr möchte ich bei meinen

Überlegungen von der *Funktion* der Methoden für menschliche Tätigkeit allgemein und für die pädagogische Tätigkeit im besonderen ausgehen und dazu zunächst die Frage zu klären versuchen, welche Aufgabe/ Funktion der Methode bei der tätigen Auseinandersetzung der Menschen mit der sozialen und gegenständlichen Welt eigentlich zukommt (1). Sodann soll diskutiert werden, welche Aufgaben/Funktionen dementsprechend von einer Theoretisierung der Methoden zu bewältigen sind (2). Auf dieser Grundlage ist dann zu klären, welche besonderen Aufgaben/Funktionen den Lehr- oder Unterrichtsmethoden zukommen (3) und wie eine darauf bezogene Theorie demzufolge zu konzipieren wäre (4).

1. Die Funktion der Methoden für menschliche Tätigkeit

Um die mit der Überschrift aufgeworfene Frage beantworten zu können, ist es erforderlich, einen Begriff davon zu haben, was soeben tätige Auseinandersetzung mit Welt genannt wurde. Unter tätiger Auseinandersetzung wird im folgenden eine intentionale, auf Sachverhalte der sozialen und gegenständlichen Welt bezogene, situative Bedingungen mehr oder weniger berücksichtigende Tätigkeit verstanden, die sich in dem realisiert, was dem tätigen Subjekt als Tätigkeitsmöglichkeiten zur Verfügung steht. Die nachfolgende Visualisierung des Gesagten kann vielleicht helfen, die Folgen dieses Begriffs von Tätigkeit besser mitzuvollziehen.

Tätig sein besteht damit aus der tätigen Verknüpfung der vier benannten Tätigkeitselemente. In der Art der Verknüpfung dieser vier Elemente gibt es offensichtlich – betrachtet man die Aktivitäten der Menschen – unterschiedliche Modalitäten: Diese Verknüpfung kann intuitiv erfolgen, was auf eine Versuchs- und Irrtumserfahrung hinausläuft; sie kann durch Mitvollzug und Übernahme von im Umfeld beobachtbaren Tätigkeitsmustern erfolgen und sie kann – z. B. dann wenn die beiden vorgenannten Möglichkeiten nicht zu dem gewünschten Tätigkeitsergebnis führen – mit Bedacht, unter planvoller Nutzung von Verknüpfungsregeln erfolgen. Verknüpfungsregeln zu besitzen bedeutet demnach: Methode zu besitzen. Methode ist folglich eine, wie ich finde *die* wesentliche Form der Koordinierung und der gezielten Optimierung von Tätigkeit; darin liegt ihre generelle Aufgabe bzw. Funktion.

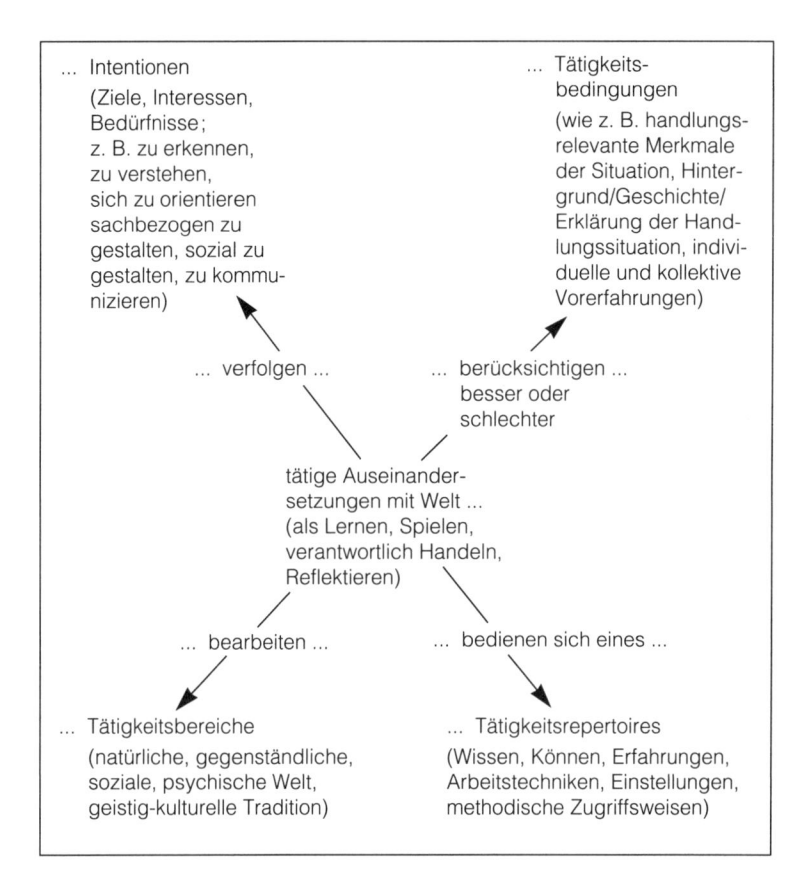

```
... Intentionen                          ... Tätigkeits-
    (Ziele, Interessen,                      bedingungen
    Bedürfnisse;                             (wie z. B. handlungs-
    z. B. zu erkennen,                       relevante Merkmale
    zu verstehen,                            der Situation, Hinter-
    sich zu orientieren                      grund/Geschichte/
    sachbezogen zu                           Erklärung der Hand-
    gestalten, sozial zu                     lungssituation, indivi-
    gestalten, zu kommu-                     duelle und kollektive
    nizieren)          ↖                     Vorerfahrungen)
                        \                   ↗
          ... verfolgen ...           ... berücksichtigen ...
                         \           /      besser oder
                          \         /       schlechter
                           \       /
                    tätige Auseinander-
                    setzungen mit Welt ...
                    (als Lernen, Spielen,
                    verantwortlich Handeln,
                    Reflektieren)    \
                        /             \
           ... bearbeiten ...      ... bedienen sich eines ...
               ↙                              ↘
... Tätigkeitsbereiche                  ... Tätigkeitsrepertoires
    (natürliche, gegenständliche,          (Wissen, Können, Erfahrungen,
    soziale, psychische Welt,              Arbeitstechniken, Einstellungen,
    geistig-kulturelle Tradition)          methodische Zugriffsweisen)
```

Ob jemand im Tätigsein Methode hat oder haben kann, d. h. ob er/sie planvoll und durchdacht handelt, liegt einerseits an den im Tätigkeitsrepertoire jeweils zur Verfügung stehenden Möglichkeiten und andererseits an der jeweils konkret ins Auge gefaßten Tätigkeit mit ihren jeweiligen Intentionen, dem gemeinten Tätigkeitsbereich und den dafür geltenden Tätigkeitsbedingungen. Denn auch wenn im Repertoire einige planvolle und durchdachte Verarbeitungsmöglichkeiten zur Verfügung stehen, können sie für bestimmte Tätigkeiten unzulänglich oder sogar falsch sein. Denn es gibt offenbar und sinnvollerweise prinzipiell unterschiedlich akzentuierte Repertoires für eine methodische, d. h. durchdachte und bewußte Verwirklichung von unterschiedlichen Intentionen in unterschiedlichen Tätigkeitsbereichen unter je eigenen Tätigkeitsbedingungen. Diese gilt es je spezifisch, d. h. bezogen auf die beabsichtigte Tätigkeit, miteinander zu dem hier und jetzt geeigneten Handeln mit Methode zu verbinden. Der Grad der Stimmigkeit dieser Verbindung gibt Auskunft über die Qualität der tätig realisierten Methode.

Exkurs zum sogenannten Implikationszusammenhang

Der gerade formulierte Gedanke von der tätigen Verknüpfung von Tätigkeitselementen bringt zur Sprache, was im bereich Methodik/Didaktik üblicherweise als Implikationszusammenhang thematisiert wird (vgl. statt anderer den Beitrag von Schulze in diesem Band): Auch bei pädagogischen Tätigkeiten verknüpfen sich natürlich (mehr oder weniger bewußt) Zielvorstellungen (Intentionen) mit Inhalten oder Gegenständen (die notwendig aus Tätigkeitsbereichen stammen oder diesen zuzuordnen sind) und mit Tätigkeitsbedingungen (so z. B. der Zusammensetzung und dem Wissenstand der Lernenden/zu Erziehenden, der Organisationsform der Erziehung etc). Möglich sind als Ergebnis dieser Verknüpfung dann die pädagogischen Tätigkeiten, für die es Voraussetzungen im Tätigkeitsrepertoire gibt, also Methode bzw. Methodenelemente.

Das Gesagte verdeutlicht, in welchem Zusammenhang die Methoden und ggf. ihre Theoretisierung zu den anderen Elementen pädagogischen Tätigseins stehen. Übertragen in das allgemeine Schaubild ginge es beim pädagogischen Tun darum, bewußte oder auch unbewußte Zielvorstellungen in pädagogisch/didaktisch für relevant erachteten Tätigkeitsbereichen unter mehr oder weniger angemessener Berücksichtigung von z. B. gesellschaftlichen, schulisch institutionellen und subjektbezogenen, also motivationalen, lernpsychologischen und entwicklungstheoretischen Tätigkeitsbedingungen mit einem jeweils zur Verfügung stehenden pädagogischen Repertoire zu verwirklichen.

Das Verhältnis der Theorien zu den einzelnen Elementen pädagogischer Tätigkeit sieht folglich so aus (vgl. Abb. S. 172):

Betrachtet man dieses Theoriengefüge, so wird einem deutlich, was mit dem Verdikt »Feiertagsdidaktik« vielleicht gemeint, aber schief getroffen ist: Bildungs- und Erziehungstheorien, Schultheorien und Didaktiken sind ohne auf sie sich konsistent beziehende Theorien der pädagogischen Mittel und Wege praktisch weitgehend folgenlos, weil

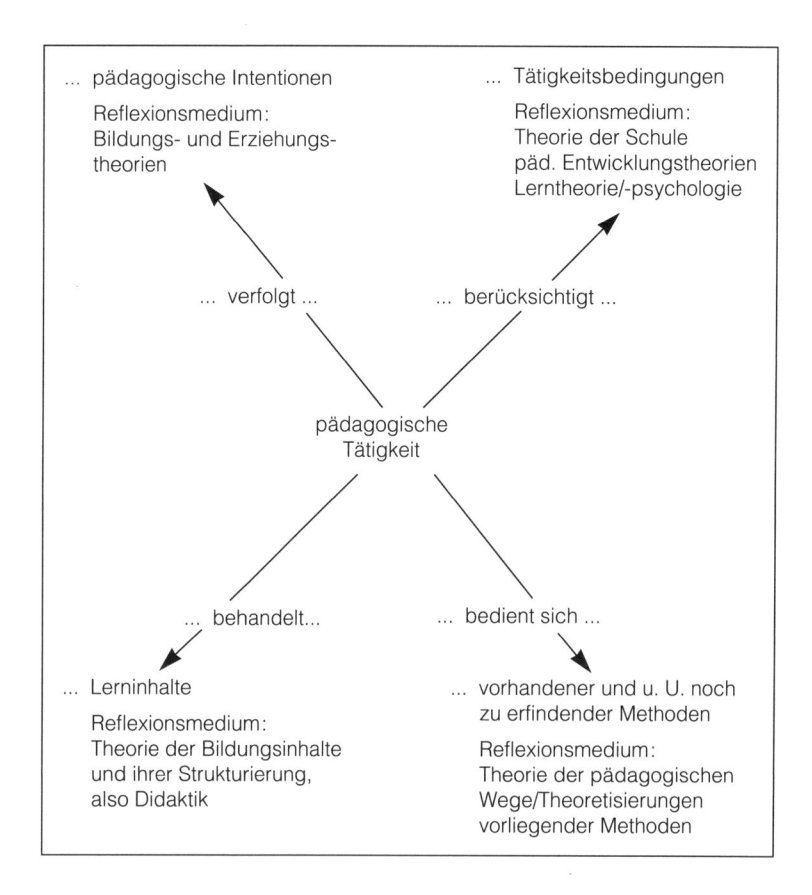

```
... pädagogische Intentionen              ... Tätigkeitsbedingungen
   Reflexionsmedium:                         Reflexionsmedium:
   Bildungs- und Erziehungs-                 Theorie der Schule
   theorien                                  päd. Entwicklungstheorien
            ↖                                Lerntheorie/-psychologie
                                                    ↗
              ... verfolgt ...      ... berücksichtigt ...

                            pädagogische
                             Tätigkeit

              ... behandelt...        ... bedient sich ...
            ↙                                       ↘
... Lerninhalte                          ... vorhandener und u. U. noch
   Reflexionsmedium:                        zu erfindender Methoden
   Theorie der Bildungsinhalte              Reflexionsmedium:
   und ihrer Strukturierung,                Theorie der pädagogischen
   also Didaktik                            Wege/Theoretisierungen
                                            vorliegender Methoden
```

pädagogische Tätigkeit sich zwingend aus allen vier genannten Elementen speist und damit als Ganzes nicht elaborierter sein kann als ihr schwächstes Element. Ein Grund für die vielfach beklagte Folgenlosigkeit pädagogischer Theoriebildung ist demnach die häufige Beschränktheit des methodischen Elements pädagogischer Tätigkeit auf Intuitionen und Musterübernahme. Dem hat die Kritik zu gelten und nicht dem Theoretisierungsniveau bei den anderen Tätigkeitselementen.

Die richtige Rede von Implikationszusammenhang ernstzunehmen heißt, das bisher weitgehend unaufgeklärte Element dieses Zusammenhangs, nämlich das Repertoire möglicher pädagogischer Tätigkeiten, auf seinen theoretischen Begriff zu bringen. Als Beitrag dazu versteht sich der hier vorgestellte Gedankengang.

2. Aufgaben der Theoretisierung allgemeiner Methoden

Eine Theoretisierung der Methoden, die in der Tätigkeit der Menschen und deren konstitutiven Elementen ihren Bezugspunkt sieht, kann und muß mehr leisten als darzustellen, was es methodisch alles schon gibt. Anders ausgedrückt: sie kann ausgehend von den Tätigkeiten der Menschen Methodenbedürfnisse bestimmen und sehen, ob und wieweit solche Bedürfnisse nach Strukturierung und Optimierung von Tätigkeit durch ausgearbeitete Methoden bereits befriedigt werden und ob und wo es unter Umständen einen Methodenbedarf gibt. Die Möglichkeit hierzu besteht dadurch, daß die menschlichen Tätigkeiten und ihre Elemente *und nicht die* gemeinsamen Merkmale der zufällig besonders elaboriert vorliegenden Methoden zu Ordnungskriterien werden.

Konkret bedeutet das, ein methodisches Repertoire unter dem Gesichtspunkt zu gliedern, welche Intentionen sich damit verfolgen lassen, welche Tätigkeitsbereiche und Sachverhalte es erschließt, welche Bedingungen des Handelns mit seiner Hilfe aufgeklärt und berücksichtigt werden können und welche eben jeweils nicht.

Damit wird auch die leidige Diskussion von guten und schlechten Methoden auf ihren sinnvollen Punkt gebracht, der eben beinhaltet, daß man Methoden falsch einsetzen kann: nämlich intentionswidrig, sachunangemessen und situationsinadäquat. In solchen Fällen der nicht ›passenden‹ Verknüpfungen von Handlungselementen durch Methode kommt man zu unbefriedigenden Handlungsergebnissen. Deshalb ist es eine zentrale Aufgabe bei der theoretischen Erfassung von Methoden, darüber zu forschen und aufzuklären, welche bereits beschriebenen methodischen Ideen und Konzepte für welche Intentionen, Tätigkeitsbereiche, Tätigkeitsbedingungen bzw. für welche typischen und relevanten Kombinationen der Tätigkeitselemente geeignet sind und für welche nicht. Dabei entsteht zwangsläufig eine Liste von Desideraten, nämlich da, wo für bestimmte Intentionen, bestimmte Situationen, bestimmte Sachverhalte und deren Verknüpfung zu Handlungen im Repertoire keine angemessenen und zufriedenstellenden Verarbeitungsmöglichkeiten, d. h. Methode verfügbar ist. Eine so entstandene Desideratliste kann helfen, die Entwicklung neuer Methoden anzuregen, und sie kann verhindern, daß die Handlungsprobleme, für die keine ausgearbeiteten Bearbeitungsmuster vorliegen, aus der Wahrnehmung ausgeblendet werden.

Die hier vorgeschlagene Ordnung für die Möglichkeiten methodischen Zugriffs auf die Wirklichkeit ist keine nur wissenschaftstheoretisch vielleicht interessante, ansonsten aber von pädagogischem Handeln weit abgehobene Fragestellung – wie es beim ersten Lesen vielleicht erscheinen könnte. Sie ist es deswegen nicht, weil pädagogische Tätigkeit, soweit sie lehrende Tätigkeit ist, immer in doppeltem Sinn methodisch ist: Lehrmethode bedient sich nämlich einerseits der Verfahren und methodischen Zugriffsweisen auf Welt, die die Wissenschaften und die Technologien herausgebildet haben und mit deren Hilfe sie wissenschaftliche und technologische Verständnisse von Welt konstituieren. Indem sich Lehrmethode ihrer aber bedient, vermittelt sie sie zugleich methodisch, indem sie die Funktionsweise, die Geltung und Reichweite eben dieser methodisch konstituierten Weltverständnisse zu erschließen und bewußt zu machen hilft.

Damit solch methodische Lehre die wissenschaftlichen und technologischen Zugriffe auf Welt nicht bloß abbilddidaktisch als Stoffe tradiert, muß sie also unter Lerngesichtspunkten auswählen und dabei ordnen, welche Zugriffe auf Wirklichkeit sie mit Lehrmethode wie repräsentieren will und bezogen auf die Lernvoraussetzungen und -perspektiven der Lernenden auch sinnvoll repräsentieren kann.

Dies ist der sogenannte didaktische Teil der Methodendiskussion, in dem geklärt werden muß

– welche Intentionen im Sinne von eigenen Zielen, Interessen, Bedürfnissen die Lernenden Gelegenheit haben sollen zu entwickeln,
– auf welche Sachverhalte und Tätigkeitsbereiche sich die unterrichtliche Wirklichkeitserschließung beziehen soll,
– welche Tätigkeitsbedingungen für Lernende sach- und intentionsbezogen durchschaubar werden sollen.

Die Frage der Lehrmethoden, ihrer Eignung, Leistung und Grenzen läßt sich nur unter Bezug auf Antworten zu den vorstehenden Fragen klären. Deren stimmige Beantwortung ist die Voraussetzung einer ebenfalls stimmigen Beantwortung der Frage nach einem konsistenten Gefüge denkmöglicher Lehrmethoden. Nur ein derart konsistentes Gefüge verdiente den Namen Theorie. Von einem stimmigen Gefüge der erziehungswissenschaftlichen Teilgebiete Bildungs- und Erziehungstheorie, Didaktik, Lerntheorie, Schultheorie kann für die Erziehungswissenschaft derzeit aber keine Rede sein. Damit liegt der Grund für das Theoriedefizit im Bereich der Lehrmethoden auf der Hand und es stellt sich die Frage, ob und wie eine Theoretisierung der Lehrmethoden überhaupt möglich ist. Um einer Antwort näher zu kommen, werde ich im folgenden auch in Bezug auf Lehrmethoden zunächst deren Aufgaben/Funktionen darzustellen versuchen, um dann zu sehen, welche Systematisierungsmöglichkeiten sich daraus ergeben.

3. Die Aufgaben der Lehr- und Unterrichtsmethoden

Methoden in dem in Abschnitt 1 und 2 überwiegend verwandten Sinn sind dem Subjekt verfügbare Tätigkeitsmöglichkeiten zur Verknüpfung der jeder Tätigkeit impliziten Elemente, Intentionen, Tätigkeitsbereich, Tätigkeitsbedingungen und -repertoire. Diese Methoden als potentielle Bestandteile des Repertoires aller tätigen Menschen sind zu unterscheiden von den Methoden, die Bestandteil des Repertoires des lehrend tätigen Menschen sind oder sein sollten. Nur diese möchte ich im folgenden als Lehr- oder Unterrichtsmethoden bezeichnen. Deren Funktion darzustellen und zu ordnen bedeutet, sich mit den Elementen lehrender Tätigkeit und deren Ausprägungen auseinanderzusetzen.

Auch lehrende Tätigkeiten sind intentional, bearbeiten Sachverhalte aus Tätigkeitsbereichen, berücksichtigen Bedingungen und aktivieren das Tätigkeitsrepertoire, welches dem aktuell Lehrenden jeweils zur Verfügung steht. Dabei können die Ausprägungen der genannten Tätigkeitselemente sehr verschieden sein, was seinen Niederschlag in der Verschiedenartigkeit der jeweils realisierten Lehrfunktionen bzw. in der Art der Ausübung pädagogischer Praxis findet. Das nachstehende Schaubild nimmt die zentralen Aspekte einer Theoretisierung der Lehrmethoden vorweg, auf die im folgenden jeweils im einzelnen eingegangen werden soll.

a) Beginnen wir mit der Verschiedenartigkeit der Intentionen. Man kann Lehren als Führen von Menschen zu (fremd)gesetzten Zielen verstehen. Dann verfolgt man eine andere Intention als diejenigen, die Lehren als das Veranlassen und Inganghalten von Problemlösungsprozessen verstehen, und man wird methodisch anders vorgehen. Man kann aber auch ein Lehrverständnis haben, das darauf abzielt, in den Lernenden

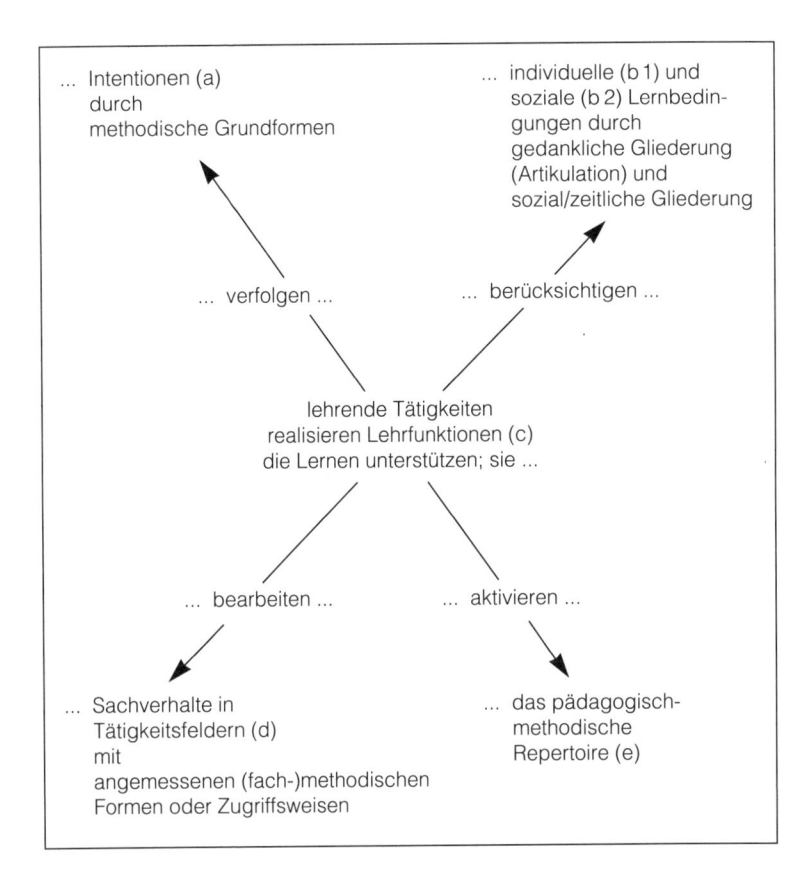

```
... Intentionen (a)              ... individuelle (b 1) und
    durch                            soziale (b 2) Lernbedin-
    methodische Grundformen          gungen durch
              ↑                      gedankliche Gliederung
               \                     (Artikulation) und
                \                    sozial/zeitliche Gliederung
                 \                        ↑
                  \                      /
            ... verfolgen ...    ... berücksichtigen ...
                     \             /
                      \           /
                   lehrende Tätigkeiten
              realisieren Lehrfunktionen (c)
              die Lernen unterstützen; sie ...
                    /              \
                   /                \
            ... bearbeiten ...   ... aktivieren ...
                 /                      \
                ↓                        ↓
    ... Sachverhalte in           ... das pädagogisch-
        Tätigkeitsfeldern (d)         methodische
        mit                           Repertoire (e)
        angemessenen (fach-)methodischen
        Formen oder Zugriffsweisen
```

Interessen zu wecken, die ihre Wirklichkeitserfahrung erweitern und es ihnen zu ermöglichen, selbstgesetzten oder in ihr selbst übernommenen Zielen/Intentionen so nachzugehen, daß sie sie kompetent, d. h. die jeweilige Sache und ihre Bedingungen durchdringend, durchschauend und über sie geistig verfügend, umzusetzen wissen. Diese Unterscheidung von Intentionen entspricht in etwa dem von Adl-Amini in diesem Band vorgestellten Drei-Ebenen-Modell zur Systematisierung von Unterrichtsmethoden.

Man kann in ähnlicher Weise drei etwas anders gefaßte Intentionskomplexe des Lehrens unterscheiden: Erstens ein Lehren mit der Intention, Welt *darzubieten.* Zweitens ein Lehren mit der Intention, Verständnisse von Wirklichkeit zu *erarbeiten*, und drittens ein Lehren mit der Intention, Probleme/Fragen in der Wirklichkeit den Schülern und Schülerinnen zur *selbständigen Lösung* aufzugeben. Diese Unterscheidung von Intentionen geht zurück auf Klingbergs Theoretisierungsvorschlag der Unterscheidung von drei methodischen Grundformen.

Was beide Theoretisierungsansätze zeigen, ist, daß sich unterscheidende Lehrintentionen in deutlich unterscheidbaren methodischen Handlungsmustern niederschlagen. Gegenstand einer theoretischen Darstellung der Lehrmethoden wäre in Bezug auf diesen Themenkomplex ein Offenlegen der intentionalen Implikationen von methodischen Handlungsmustern und eine Diskussion ihrer jeweiligen bildungs- und erziehungstheoretischen Haltbarkeit.

b) Ein zweites Element lehrender Tätigkeit ist die Berücksichtigung von Tätigkeitsbedingungen, wobei eine der wichtigsten Tätigkeitsbedingungen die Vorstellungen von dem ausmacht, was Lernen ist: Wer Lernen für das Ergebnis erfolgreicher Konditionierung hält oder für einen Anpassungsprozeß, wird seiner Lehrtätigkeit eine andere methodische Struktur geben als diejenigen, die unter Lernen ein vom Subjekt zu leistendes Durchdringen, Verknüpfen und Strukturieren von Sachverhalten und Erfahrungen verstehen. Niedergeschlagen haben sich die unterschiedlichen Verständnisse davon, wie Lernprozesse funktionieren oder funktionieren sollen, in den sehr verschiedenen gedanklichen Gliederungen von Lernprozessen von Sokrates über den Katechismus, Pestalozzis Elementarmethode bis zu Herbart und zu modernen »Artikulationsschemata« (vgl. auch Henningsen 1974).

c) Ein dritter theorierelevanter Aspekt der Lehrmethoden hängt eng mit dem zugrundegelegten Lernbegriff als Bedingung des Lehrens zusammen und ergibt sich in bezug auf die lehrende Tätigkeit selbst, die auszuführen ja bedeutet, lernen zu machen. Um dies erfolgreich tun zu können, muß geklärt sein, welche Funktionen im Lernprozeß ggf. lehrend gesichert werden müssen (vgl. Aebli 1983). Wichtige, unter Umständen mit Methode zu sichernde Funktionen im Lernprozeß sind z. B. im Anschluß an Herbart und Aebli die folgenden:

Es ist sicherzustellen,
– daß eine Frage/ein Problem/ein Interesse entsteht

- daß die Merkmale/Dimensionen des thematischen Sachverhalts bewußt werden (Klarheit)
- daß Lösungen entwickelt und durchgearbeitet werden (Assoziation und System)
- daß Ergebnisse gesichert werden
- daß Ergebnisse in neuen Zusammenhängen angewandt werden (Methode).

Ein solcher Überblick über relevante Lehrfunktionen wird im Rahmen einer theoretischen Darstellung der Methoden zu prüfen, ggf. zu vervollständigen und durch die Zuordnung von – diese Schritte einlösenden – methodischen Möglichkeiten zu ergänzen sein.

Diesbezüglich wird man an den grundlegenden Überlegungen von Herbart, Piaget und in der Folge von Aebli darüber, wie sich Lernprozesse eigentlich vollziehen, und wie man sie dementsprechend durch Lehrtätigkeit unterstützen kann, nicht vorbeikommen. Hier ist Henningsen zuzustimmen, wenn er schreibt, daß Herbarts Theoretisierung der Tätigkeit lernender Wesen eine Methode beschreibt, »die nie ›überwunden‹ wurde: So arbeitet Shakespeare, so arbeitet die Lach- und Schießgesellschaft, die Bildzeitung, die Bundesbahnverwaltung und Studienrat X bei seiner Geschichtsstunde über Bismarck« (Henningsen 1974, S. 102). Piaget und Aebli können – so gesehen – mit ihrer von Herbarts Prämissen unabhängigen Rekonstruktion von Lernprozessen, welche ja zu einem erstaunlich gleichartigen Ergebnis führt (vgl. zu dieser Parallelität auch Adl-Amini in diesem Band), als eindrucksvolle Bestätigung der Henningsenthese verstanden werden. Damit ist der Theoriebestand für diesen Teil einer Theoretisierung der Methoden bereits weit fortgeschritten und es bliebe die Aufgabe, den hier erreichten Wissensstand für eine abwägende Diskussion der Vorschläge zur gedanklichen Gliederung von Lehrtätigkeit (vgl. b 1) fruchtbar zu machen.

In Rücksicht auf das Tätigkeitselement Lehr- und Lernbedingungen sind auch Entscheidungen über die soziale Organisation und Verteilung von Tätigkeiten im Lernprozeß zu bestimmen. Lerngruppengröße und -zusammensetzung, Zeit, schulorganisatorischer Rahmen etc. finden ihren Niederschlag in der Sozialstruktur des Unterrichts. In bezug auf diesen theorierelevanten Aspekt der Methoden sind also die Konzepte zur sozialen Organisation von Lehr- und Lernprozessen einerseits auf die dafür jeweils erforderlichen Bedingungslagen zu prüfen. Andererseits ist zu diskutieren, welche soziale Organisationsform der Lehr- und Lerntätigkeit zur Sicherung welcher Lehr- und Lernfunktionen mehr oder weniger gut geeignet ist.

d) Ein viertes Element, das die lehrende Tätigkeit maßgeblich bestimmt, ist die Struktur der jeweils thematischen Sachverhalte in bezug auf die durch sie aufgegriffenen Tätigkeitsbereiche. Hierzu gilt es die methodischen Ideen zu sammeln und zu ordnen, die nicht in erster Linie Erziehungszielen oder Erziehungsbedingungen einschließlich der Bedingungen des Lernens verpflichtet sind, sondern eben der/den Struktur/en der Sache und des Tätigkeitsbereichs, um die/den es jeweils geht. Aufgabe dieses Teils einer Theorie der Methoden ist die Beschreibung der methodischen Formen, d. h. der Art der Bearbeitung der Lerninhalte. Denn die Leistungsfähigkeit und die Grenzen der verschiedenen methodischen Formen bemessen sich in erster Linie in bezug auf die Sachen/Erfahrungen/Wissensbestände/Einstellungen, um die es lehrend und lernend gehen soll. In bezug auf die methodischen Formen ist zu klären, was es heißt und wozu – d. h. in Hinsicht auf was – es taugt, darstellend, analytisch oder synthetisch vorzugehen (Herbart), deduktiv oder induktiv zu arbeiten, Elementares zu suchen und als solches zu vermitteln, Exemplarisches zu zeigen und zu bearbeiten, Handlungen, Operationen und Begriffe (Aebli) aufzubauen etc.

Die Diskussion methodischer Formen wird sich mit den Ergebnissen einer allgemeinen Theorie der Methoden menschlicher Tätigkeiten auseinandersetzen (vgl. Abschnitt 2) und die Frage zu klären versuchen, welche Methoden zur Verwirklichung verschiedener Intentionen sowie zur Erschließung und Berücksichtigung von Tätigkeitsbedingungen, wie schließlich zur Erschließung von Tätigkeitsbereichen zugänglich gemacht werden sollen und mit welcher Form methodischer Vermittlung das gelingen kann.

Diese Diskussion erscheint mir derzeit noch kaum vorbereitet zu sein. Eigentlich hätte sie im Zusammenhang mit den Forderungen nach Wissenschaftsorientierung und Wissenschaftspropädeutik als maßgeblichen Merkmalen schulischen Lernens geführt werden müssen. Aber statt systematisch darüber nachzudenken, wie methodische Formen des Lehrens den Lernenden methodische Formen des (wissenschaftlichen) Wissenserwerbs mit- und nachvollziehbar machen können, hat man die Methoden der Wissenschaften zu zusätzlichen Inhalten (Stoffen) des Unterrichts gemacht, die – überspitzt formuliert – mit der Lehrmethode »Vorsagen – Nachsagen« »kennengelernt« werden. So können Schüler und Schülerinnen vielfach nicht verstehen, mit welchem Interesse welche wissenschaftliche Zugriffsweise auf welche Bereiche der Wirklichkeit zugeht und was sie an Erkenntnissen/Verständnissen erzielen kann und was eben nicht. Darum aber würde es gehen, wenn Lehrmethoden zu methodenbewußtem Arbeiten (Wissenschaft) beitragen sollen.

Dem bisher Gesagten zufolge unterscheidet und diskutiert eine theoretische Darstellung der Lehrmethoden
– grundlegende Modalitäten oder Grundformen methodischen Handelns,
– variante gedankliche Gliederungen der Lehr- und Lerntätigkeiten,
– die relevanten Lehrfunktionen und die verschiedenen Möglichkeiten, diese wahrzunehmen,
– Möglichkeiten der sozialen, organisatorischen und zeitlichen Gestaltung von Lernprozessen,
– methodische Formen als verschiedene und unterschiedlich angemessene Bearbeitungsmöglichkeiten von Inhalten in Tätigkeitsbereichen.

e) Die genannten Komplexe machen mit ihren jeweiligen theoretischen Hintergründen das pädagogische und methodische Repertoire der Lehrenden aus. (Erziehungs- und Bildungstheorie für methodische Grundformen; Lerntheorie, Lernpsychologie und pädagogische Entwicklungstheorie für die gedankliche Gliederung der Lehr- und Lerntätigkeiten; dto für die Bestimmung der relevanten Lehrfunktionen und ihrer Realisierungsmöglichkeiten; Schultheorie, Soziologie der Gesellschaft, Wissen über Gruppenprozesse für die soziale Gestaltung von Lernprozessen; Theorie der Bildungsinhalte Wissenschaftstheorie im Sinne von Theorien der Methoden des tätigen Menschen für methodische Formen der sachangemessenen Bearbeitung von Inhalten). Die Qualität eines solchen Repertoires bestimmt sich durch seine Vollständigkeit, seine Differenziertheit und wesentlich durch seine Stimmigkeit. Die Stimmigkeit ist in zweierlei Hinsicht erforderlich: zum einen sollten die jeweils herangezogenen »Teiltheorien« nicht von einander widersprechenden

Prämissen ausgehen (vgl. Abschnitt 2); zum anderen sollte zu den jeweils verfügbaren Theoriekonzepten eine konsistente methodische Umsetzungsmöglichkeit bestehen.

Wer über einen konsistenten Zusammenhang der Elemente pädagogischer Theoriebildung verfügt und Formen der methodischen Umsetzung beherrscht, besitzt die Theorie seiner/ihrer Methoden. Das ist allerdings vermutlich selten der Fall. Da, wo es an theoretischer Basis und methodischer Differenziertheit mangelt, werden die Lücken in der Regel untheoretisch geschlossen, nämlich durch Intuition, Versuch und Irrtum und Übernahme von bekannten methodischen Handlungsmustern. Den pädagogischen Künstlern, die die »Grammatik« pädagogischen Handelns intuitiv beherrschen, gelingt dabei einiges, aber was ist mit der Heerschar der Lehrenden mit mäßiger pädagogischer Intuition?

Ihre methodische Kompetenz ist das Produkt der Theorieanteile, über die sie verfügen, und der methodischen Ideen, die ihnen bekannt sind, ohne daß eine Konsistenzprüfung der Theorieteile untereinander und zu den bevorzugten Methoden unter-stellt werden kann. Hier hat wissenschaftliche Theorie ihre Aufgabe: Aufzuklären über das Zufallsprodukt »pädagogisches« bzw. »methodisches Repertoire«, um damit Prüfungen der Vollständigkeit und der inneren Stimmigkeit dieses Repertoires überhaupt erst zu ermöglichen. Mit einer solchen aufschließenden und aufklärenden Theorie gewinnen Lehrende einen nicht-affirmativen Zugriff auf gängige Lehrmethoden, weil sie lernen, methodische Muster auf ihre Funktion(en) hin zu untersuchen und die in solchen Mustern auch vorfindlichen Kombinationen von Funktionen explizit zu machen und ggf. als wenig sinnvoll zurückzuweisen.

4. *Theorie der Lehrmethoden als Theorie der Entwicklung methodischer Kompetenz*

Die Theorie der Lehrmethoden als einer inhaltlich bestimmten gibt es nicht, solange es nicht *die* Bildungstheorie, *die* Schultheorie, *die* Entwicklungstheorie, *die* Lerntheorie etc. gibt. Es gibt aber konsistente Verknüpfungen der genannten Theorien, die ihren jeweiligen Ausdruck in einem – dieser Verknüpfung gerecht werdenden – pädagogischen und methodischen Repertoire finden. Die Bedingungen der Möglichkeit der

Entwicklung eines solchen Repertoires als Bedingungen der Möglichkeit der Entwicklung methodischer Kompetenz können theoretisch bestimmt werden. Und so ist eine Theorie der Lehrmethoden zu schreiben als eine Theorie der Entwicklung methodischer Kompetenz. Ihre Aufgabe ist es, die verschiedenen Funktionen methodischen Handelns für die Elemente menschlicher Tätigkeit generell und im Speziellen für die Elemente lehrender Tätigkeit zu bestimmen (Klarheit). Ist das geschehen, können Beziehungen zu den bestehenden, pädagogischen und im engeren Sinne methodischen Vorstellungen und Handlungsmustern hergestellt werden (Assoziation), damit Lehrende diesen dann eine in sich stimmige und differenzierte Ordnung zu geben und bestehende Defizite zu beheben (System) verstehen. Die so zu entwickelnde Struktur der Theorie der – dem eigenen pädagogischen Verständnis korrespondierenden – Methoden bedarf sodann der praktischen Erprobung, die zu ihrer Ausdifferenzierung und Routinisierung, ggf. auch zu Modifikationen der theoretischen Prämissen führt (Methode).

Folgt man diesem Gedanken, so hat eine Theorie der Methoden als Theorie der Entwicklung methodischer Kompetenz einen eher rekonstruktiven und einen eher konstruktiven Teil. Der überwiegend *rekonstruktive* Teil klärt das verfügbare methodische Repertoire in bezug auf die darin feststellbaren Kombinatoriken der Handlungselemente und theoretischen Hintergründe auf und beschreibt damit zugleich die Qualität der in diesem Repertoire sich manifestierenden pädagogischen Urteilskraft als der Fähigkeit, theoretische und methodische Stimmigkeit zu erzielen. Der *konstruktive* Teil wird – unterstellt, wir sind noch nicht am Ende aller sinnvollen methodischen Möglichkeiten und Versuche – den bisherigen Wissens- und Könnensstand weiterentwickeln und ist das Ergebnis neuer Verknüpfungen und Systematisierungen bekannter Methodenelemente oder auch der Ort neuer Entwicklungen zur Befriedigung aufgedeckter Methodendesiderate.

In ihren beiden Teilen ist die Theorie der Entwicklung methodischer Kompetenz ein in praktischer Absicht unternommener Gang durch die »Abteilungen« der erziehungswissenschaftlichen Theorie und insofern Ausdruck pädagogischer Urteilskraft im Raum der Theorie.

Literatur

Aebli, H.: Denken: Das Ordnen des Tuns Bd. I: Kognitive Aspekte der Handlungstheorie. Stuttgart 1980.
ders.: Denken: Das Ordnen des Tuns Bd. II: Denkprozesse. Stuttgart 1981.
ders.: Zwölf Grundformen des Lehrens. Stuttgart 1983.
Henningsen, J.: Erfolgreich manipulieren. Methoden des Beybringens. Ratingen 1974.
Herbart, J. F.: Allgemeine Pädagogik aus dem Zweck der Erziehung abgeleitet. In: ders. Pädagogische Grundschriften Bd. II hrsg. v. W. Asmus. Düsseldorf und München 1965.
Klingberg, L.: Einführung in die Allgemeine Didaktik. Vorlesungen. Berlin ^{6}1984.
Kommission für Schulpädagogik und Didaktik: Materialien zur Vorbereitung der Arbeitsgruppe: Theorie und Erforschung der Unterrichtsmethoden – Bilanz und zukünftige Entwicklung. Oldenburg 1990.
Meyer, H.: UnterrichtsMethoden Bd. I und II. Frankfurt a. M. 1987.

C. Untersuchungen zur Unterrichtsmethode. Zugänge und Perspektiven

Rainer Lersch

»Neue« Herausforderungen an die Unterrichtsmethodik: Zur Theorie des Verhältnisses von Bildung und Methode in der Moderne

1. Back to the roots? – Antworten einer herausgeforderten Praxis

Im Grunde sind sich alle einig: Analysen aktueller Probleme in Schule und Unterricht, bildungspolitische und schulreformerische Initiativen, Explikationen über die Notwendigkeit eines veränderten Selbstverständnisses pädagogischen Handelns, Entwicklungen konkreter Konzepte oder Entwürfe für die Erneuerungen von Erziehung, Schulleben und Unterricht – als Ursachenerklärung, Legitimationsgrundlage oder Begründungszusammenhang spielt überall eine dominante Argumentationsfigur die herausragende Rolle:

Die rasanten Entwicklungen und zum Teil einschneidenden Veränderungen in zentralen Bereichen unserer Gesellschaft werden nicht nur als veränderte Lebensbedingungen analysiert, unter denen heutige Kinder und Jugendliche aufwachsen, sondern sie werden zugleich auch als veränderte Sozialisations- und Lernbedingungen interpretiert, die eine Herausforderung für die Institutionen der Erziehung und Bildung von der Familie über die Schule bis zur Erwachsenenbildung darstellen.

Die Rede von der »gewandelten Kindheit« ist in aller Munde; und wenn in letzter Zeit von Eltern, Erziehern, Lehrkräften und Politikern immer öfter die Frage gestellt wird: »Was ist mit unseren Kindern los?«, so deutet das darauf hin, daß es aufgrund dieser veränderten Verhältnisse nicht nur »wahrhaft nicht leicht ist, heute Kind zu sein« (Bärsch 1989, S. 7f.), sondern daß auch der Umgang der Erwachsenen mit diesen »anders gewordenen Kindern« zunehmend auf Schwierigkeiten stößt.

Doch nicht nur diese für alle möglichen gesellschaftlichen Bereiche (und besonders für pädagogische Handlungsfelder) beschriebenen

Schwierigkeiten stellen eine Herausforderung dar. Vor allem die Einrichtungen des Erziehungs- und Bildungswesens sind insofern speziell gefordert, als mit den gesellschaftlichen Veränderungen »Folgekosten der Modernisierung« (Neumann 1989, S. 73) einhergehen, deren Bewältigung die Familie alleine überfordert und die im Interesse der Kinder und Jugendlichen professioneller pädagogischer Unterstützung bedarf.

Die konstatierten »Folgekosten« lesen sich wie ein Katalog von »Verlustmeldungen«, wobei die Schwierigkeiten, Probleme oder Herausforderungen für das pädagogische Handeln zumeist als Konsequenzen jener »Verluste« erscheinen:

Moderne Kindheit und Jugend sind demnach u. a. gekennzeichnet durch

- den Verlust an Eigentätigkeit (Rolff/Zimmermann 1985)
- den Verlust an Möglichkeiten zu primären Erfahrungen (v. Hentig 1984, Becker 1986)
- den Verlust überlieferter Normen und Werte (Habermas 1973, Flitner 1982)
- den Verlust tradierter Autoritätsverhältnisse (Neumann 1989)
- den Verlust des ›ganzen Hauses‹ als Gemeinschaft mehrerer Generationen (Rolff 1982)
- den Verlust der ›Geheimnisse‹ der Erwachsenen gegenüber den Kindern (Postman 1983)
- den Verlust an ›Streifräumen‹ (Bahrdt 1974, Mundt 1980)
- den Verlust an Freiheit von Kontrolle durch die Eltern (Lenzen 1978, Rolff/Zimmermann 1985)
- den Verlust stabiler Familienkonstellationen und anderer sozialer Kontakte (Gutschmidt 1989, Fölling-Albers 1990)
- den Verlust sicherer Zukunftserwartungen (Beck 1986, Beck 1990)
- den Verlust an Ruhe, Stetigkeit, Konzentrationsfähigkeit (Fölling-Albers 1989)
- den Verlust kontinuierlicher sozialer Orientierungen, subjektiver Sinnperspektiven und Motivationen (Jugend '81, Fuchs 1985)...

Nun können einigen gesellschaftlichen Veränderungen, die als Ursache für diese und weitere »Verluste« gelten, auch positive Seiten abgewonnen werden:

So entsprechen dem Verlust der Unmittelbarkeit in der Medien- und Informationsgesellschaft auf der anderen Seite Erweiterungen des Horizonts, Zunahme an Wissen und technischer Versiertheit; so resultiert aus der Erosion von Traditionen, der wachsenden Vereinzelung und Beziehungslosigkeit zugleich auch eine Erhöhung der Autonomie; so korrespondiert dort, wo die familialen Beziehungsstrukturen noch intakt sind, der verstärkten elterlichen Kontrolle auch eine Intensivierung des Eltern-Kind-Verhältnisses; schließlich läßt sich angesichts der Zukunftsängste auch eine wachsende Sensibilisierung für die anstehenden Fragen und Probleme feststellen. (vgl. Schmitt 1990, S. 39).

Trotzdem werden – vor allem dort, wo lern-, entwicklungs- oder sozialisationstheoretische Argumente herangezogen werden (z. B. Krüger/Lersch 1982, Rolff/Zimmermann 1985, Gudjons 1986, Aebli 1987, Meyer 1987, Lersch 1988 u. a.) – die meisten jener Tendenzen kultureller Entwicklung und ihre Folgen aus pädagogischer Sicht als so bedenklich angesehen, daß dringender Handlungsbedarf konstatiert wird.

Es entspricht der Logik der Argumentation, daß dabei in der Regel solche pädagogischen Maßnahmen angeregt werden, die jene »Verluste« in der Lebenswelt der Kinder und Jugendlichen ganz oder teilweise zu kompensieren versprechen. Darüberhinausgehende konstruktive Überlegungen richten sich zumeist auf die korrespondierenden Voraussetzungen oder Bedingungen zu deren Realisierung.

Daß in diesem Zusammenhang der *Schule* besonderes Augenmerk gilt, ist auch nur folgerichtig angesichts ihrer traditionellen gesellschaftlichen Funktion: Schule hatte schon immer »zu ergänzen, was das alltägliche Leben nicht ohnehin liefert« (Spies u. a. 1990, S. 16).

An probaten Konzepten hierzu ist kein Mangel: *Freie Arbeit und Wochenplanunterricht* (vgl. Huschke/Mangelsdorf 1988, Landesinstitut 1989), *schüleraktiver* (vgl. Bohnsack u. a. 1984, Wenzel 1987) und *handlungsorientierter Unterricht* (vgl. Gudjons 1986, Meyer 1987) sollen der Reduktion von Eigentätigkeit, dem sich ausbreitenden Hang zur Passivität und zur bloß konsumistischen Aneignung von Kultur entgegenwirken, ebenso wie sie – ähnlich den Konzepten *erfahrungsorientierten Unterrichts* (vgl. Garlichs/Groddeck 1978, Scheller 1981), des *Projektunterrichts* (vgl. Struck 1980, Frey 1982) oder des *Praktischen Lernens* (vgl. Fauser u. a. 1983, Zs. f. Pädagogik Heft 6/1988) – den medial vermittelten Erfahrungen aus zweiter Hand mit ihrer Dominanz der ikonischen und symbolischen Aneignungsweise von Wirklichkeit den Schülern vermehrt die Möglichkeit zu primären Erfahrungen »mit Kopf, Herz und Hand« entgegensetzen wollen. In Verbindung dieser Formen der Unterrichtsgestaltung mit Konzepten zur *Öffnung von Schule* (vgl. Kultusminister NRW 1988) sollen dem traditionell dialektischen Verhältnis von Schule und Leben zeitgemäß-kritische Dimensionen erschlossen werden und dem schulischen Lernen »Sinnstiftung durch Gegenwartserfüllung« (Nipkow 1983) und neues Motivationspotential zuwachsen (vgl. Lersch 1988). *Partizipative* und *kommunikative* Formen der Unterrichtsplanung und – durchführung (vgl. Boettcher u. a. 1976, Popp 1978) tragen dem gewandelten Verhältnis der Generationen Rechnung und sollen zugleich Hilfe zur Identitätsfindung, sozialen Orientierung und Beziehungsstiftung geben – ebenso wie *soziales Lernen* (vgl. Oelkers/Prior 1982, Fromm/Keim 1982) und ein gemeinschaftsbezogenes *Schulleben* (vgl. Keck/Sandfuchs 1979, Kultusminister NRW 1988). Der Hektik und Unrast des Alltags wird schließlich gar eine »*Didaktik der Stille*« entgegengesetzt (vgl. Burk 1984, Faust-Siehl u. a. 1990).

Ganz gleich nun, ob hier quasi reaktiv auf bereits vorhandene Schwierigkeiten im Rahmen der vielbeschworenen schulischen *Sinn- und Motivationskrise* (vgl. Krüger/Lersch 1982) oder ob eher prospektiv im Hinblick auf befürchtete Entwicklungs- oder Sozialisationsdefizite angesichts der sich beschleunigenden gesellschaftlichen Wandlungsprozesse argumentiert wird:

Die Vorschläge, wie die Schule den Auswirkungen des gesellschaftlichen Wandels auf ihre Arbeitsbedingungen begegnen soll, sind fast ausnahmslos *methodischer Natur,* zielen auf eine Veränderung der *Prozesse* schulischen Handelns. Eine inhaltliche Diskussion findet nur am Rande statt; allenfalls wird überlegt, wie bestimmte Fachinhalte auch anders unterrichtet werden könnten (siehe z. B. Gudjons 1986). Selbst innovative Inhalte – wie z. B. die neuen Technologien – werden primär unter dem Gesichtspunkt behandelt, mit Hilfe welcher *Unterrichtsmethoden* sie eingeführt werden sollen. (vgl. für die Grundschule: Mitzlaff/Wiederhold 1990; für die Sekundarstufe I: Altermann-Köster u. a. 1990).

Frappierend an der momentanen Diskussion ist die seltene Einmütigkeit, mit der die jeweilige Antwort auf ganz bestimmte *aktuelle* Herausforderungen an die Schule explizit mit *Erfahrungen aus der Zeit der Reformpädagogik* untermauert wird:

Darin unterscheidet sie sich beispielsweise von einer Publikationswelle in der zweiten Hälfte der siebziger Jahre, in der sich schon einmal eine kritische »Gegenbewegung« (so Klafki in Vohland 1980, S. 3) gegen die im Gefolge der Bildungsreform und Curriulumforschung entwickelte und als negativ eingeschätzte Praxis von Schule und Unterricht artikuliert hatte. Zwar konvergierten die seinerzeit entwickelten Ansätze bei den Überlegungen zur praktischen Umsetzung ihrer Veränderungsintentionen auch schon weitgehend in einigen wenigen – ebenfalls der Reformpädagogik entlehnten – Praxisformen. Als Grund für die Formulierung von Alternativen genügte indes damals zumeist schon das bloße »Unbehagen« an der bestehenden *schulischen* Praxis, die zudem noch von einer »starren und beschränkten didaktischen Diskussion begleitet werde, die man ohne großartige theoretische Begründung lediglich mit einem »Gegenmodell« konfrontieren wolle (vgl. Ramseger 1977, S. 21 f.; zusammenfassend: Krüger/Lersch 1982, S. 296–316).

Die neuere, unterrichtsmethodisch akzentuierte und nicht nur aus der *Schulkritik*, sondern auch aus der *kritischen Einschätzung kultureller Entwicklungen* erwachsene Diskussion kann dagegen geradezu als Renaissance traditionellen reformpädagogischen Gedankenguts interpretiert werden:

Nicht nur, daß sie durchweg die Probatheit der offerierten Antworten auf die neuen Herausforderungen mit den damals gemachten (positiven) praktischen Erfahrungen belegt und deren Neuauflage empfiehlt – hier gibt es offenbar nicht viel »Neues« zu erfinden. Sogar das seinerzeitige Argumentationsmuster wird in weiten Teilen repliziert – viele reformpädagogische Ansätze beinhalteten neben der Kritik an der alten Schule bekanntlich ebenfalls kulturkritische Strömungen. Es dient inzwischen auch der offiziellen Legitimation z. B. von neuen Richtlinien oder bildungspolitischen Programmen (vgl. z. B. Kultusminister NRW 1985, 1988; siehe auch Wittenbruch 1989), was – wie jüngste Erfahrungen vor allem in der Grundschule belegen – die Chance zur praktischen Durchsetzung jener unterrichtsmethodischen Konzeptionen erheblich erhöht.

Das liegt u. a. daran, daß diese neueren, reformpädagogisch inspirierten Richtlinien dazu *ermutigen* – und eben *nicht anordnen*! –, neue Wege der Erziehungs- und Bildungsarbeit in eigener Ent-scheidung der Lehrer und Lehrerinnen zu beschreiben und die einzelne Schule – ähnlich wie in Hamburg in den 20er Jahren (vgl. Flitner 1963, S. 76) – *freigeben,* ein individuelles Profil zu ent-wickeln.

Dem bislang vorherrschenden, allerdings weitgehend gescheiterten Versuch der administrativ »von oben« verordneten Schulreform wird damit offenbar auch von der Administration mit mehr Hoffnung auf Erfolg das reformpädagogische Handlungsmuster der Reform »von unten« durch die Beteiligten und Betroffenen selber entgegengesetzt. Veränderte Strukturen der Institution erscheinen danach eher als Konsequenz veränderten schulischen Handelns (und nicht umgekehrt, wie zuvor; vgl. Krüger/Lersch 1982, S. 28–83).

Dies entspricht ebenfalls weitgehend der Genese reform-pädagogischer Schulkonzeptionen, die zumeist um die intendierten pädagogischen Prozesse herum konzipiert wurden, die innerhalb der neuen Strukturen ablaufen sollten. (siehe z. B. Petersen 1927).

2. *Reflex ohne Reflexion? – Fragen an eine herausgeforderte Theorie*

Es tut sich also einiges in unseren Schulen, vor allem auf unterrichtsmethodischem Gebiet. Eine Replikation der Studie über das »Methodenrepertoire von Lehrern« (Hage u. a. 1985) würde heute vor allem in der Grundschule vermutlich zu einem völlig anderen Ergebnis gelangen als noch vor wenigen Jahren.

Die neue »Vielfältigkeit« entwickelt sich allerdings – und dafür spricht schon die Logik ihres Implementationsprozesses – in der Hauptsache aus pragmatischen Gründen und nach subjektiven Gesichtspunkten einzelner Lehrer und Lehrerinnen oder Kollegien:

Es sind die Schwierigkeiten und wachsenden Herausforderungen des Schulalltags sowie die Überzeugungskraft anderenorts gelungener Praxis, die Anlaß dafür bieten, das eigene (oft als unbefriedigend empfundene) unterrichtliche Handeln zu ändern. (vgl. z. B. Sennlaub 1987) Die Erfahrung der Praktikabilität oder die erhoffte Hilfe für die als besonders belastend empfundenen Probleme des tagtäglichen Schulehaltens bestimmen unterrichtsmethodische Präferenzen – weniger intersubjektive (weil *theorie*geleitete) Erkenntnisse oder Überlegungen. Dies führt mitunter zu regelrechten Modetrends und beinhaltet die Gefahr eines unterrichtsmethodischen Praktizismus, der aufgrund eines mangelnden reflektierten Methoden*bewußtseins* neue Einseitigkeiten oder Fehler in der Anwendung einzelner Verfahren hervorbringt (vgl. Schwarz 1991). Die geradezu ›epidemische‹ Verbreitung von Freiarbeit und Wochenplanunterricht in der Grundschule auf der einen Seite und die gleichzeitige »Flucht in die Stille« auf dem letzten Bundesgrundschulkongreß (vgl. Schmitt 1990, S. 38) auf der anderen Seite sind dafür ein deutliches Indiz.

Was fehlt, ist das »integrierende Band« einer unterrichtsmethodischen Theorie, die die unterschiedlichen und zum Teil divergenten methodischen Konzepte in einen übergreifenden Sinnzusammenhang stellt und kritisch auf ihre jeweiligen historischen Wurzeln und aktuellen Begründungszusammenhänge reflektiert – schon von Erich Weniger als Bedingung der Möglichkeit des »rechten Gebrauchs« der Methoden in Freiheit und pädagogischer Verantwortlichkeit gefordert angesichts des Methodenpluralismus der Reformpädagogik: »Die Freiheit unseres methodischen Handelns gewinnen wir, indem wir die Bedingungen für das jeweilige methodische Handeln erkennen, die Voraussetzungen, unter denen die zur Wahl gestellten Methoden gelten, die Möglichkeiten, die mit dieser oder jener Methode mitgegeben sind, die ihr notwendig zugeordneten Grenzen, also um die ihr innewohnende Reichweite, schließlich auch um die Schwächen, die ihr anhaften, die Einseitigkeiten, die mit der Wahl jeweils einer Methode unvermeidlich sind. So erkennen wir auch die notwendigen Ergänzungen.« (Weniger 1963, S. 56) Der heute weit verbreitete, bloße Rekurs auf reformpädagogische Gewährsleute hilft hier wenig; im Gegenteil: So manche heute wieder favorisierte Methode wäre aufgrund ihrer seinerzeitigen Begründung oder gar ideologischen Fundierung heutzutage von vorneherein desavouiert! (vgl. Oelkers 1989)

Im Grunde stehen wir heute vor einer ähnlichen Situation wie in den 20er Jahren (und dann wieder nach 1945), als sich die Geisteswissenschaftliche Pädagogik der Aufgabe annahm, der »vorgängigen« und »schöpferischen« (Weniger) reformpädagogischen Praxis ihre Theorie zu schreiben. Sogar die Gründe, die beispielsweise Nohl (1949), Weniger (1963, 1965) oder Flitner (1963) dafür anführten, treffen heute wieder zu:

Das Verhältnis von Theorie und Praxis auf dem Feld der Unterrichtsmethodik konnte damals und kann auch heute nicht befriedigen im Hinblick auf die Ansprüche *wissenschaftlicher Lehrerbildung* und die Erwartungen an das *professionelle Handeln* einer ganzen akademischen Berufsgruppe im Interesse einer *reflektierten* neuen Unterrichtspraxis. Auch in *forschungsstrategischer* Hinsicht ist eine Theorie der Unterrichtsmethode Desiderat, da auch das inzwischen obsolete »experimentell-effektivitätsorientierte Forschungsprogramm der empirischen Unterrichtswissenschaft« bekanntlich weder auf einer expliziten Theorie beruhte noch einen Theoriebildungsprozeß initiieren konnte . (vgl. Terhart 1983, 1989) Der »neue« Typus struktureller Fortentwicklungen im Schulwesen schließlich verlangt geradezu nach einer übergreifenden Theorie pädagogischen Handelns in der Schule, wenn moderne *Schulentwicklung* bei aller wünschenswerten Vielfalt nicht konzeptionslosem Wildwuchs gleichgesetzt werden soll.

»Methoden sind historische Gebilde« (Flitner 1963, S. 10), die unter ganz bestimmten historischen Voraussetzungen zur Lösung situativer Problemlagen oder mit zeitbedingten Intentionen »erfunden« und unter zeitgenössischen Bedingungen praktiziert wurden. Insofern

»kann weder von einer unreflektierten Übernahme der Praktiken jener Zeit noch von dem seinerzeit entwickelten theoretischen Begründungszusammenhang eine Lösung unserer heutigen Probleme erhofft werden. Dies gehört spätestens seit der Geisteswissenschftlichen Pädagogik zu den Grundeinsichten der Erziehungswissenschaft. So hat auch Erich Weniger (1965, S. 6) aus der Erkenntnis der Geschichtlichkeit der Didaktik in Theorie und Praxis gefolgert, daß die Didaktik ›immer wieder neu sich um das Verständnis der sich wandelnden Lage bemühen und von da aus die Theorie des Handelns umformen‹ müsse«. (Lersch 1985, S. 260)

Wenigers Verständnis der damaligen Lage ist bekannt, und es gibt nicht wenige, die in seiner spezifischen Auffassung von »Didaktik als Bildungslehre« eine der Ursachen für das schon traditionelle Defizit auf dem Gebiet unterrichtsmethodischer Theoriebildung sehen (vgl. z. B. Adl-Amini in diesem Band). In Kenntnis der Tradition didaktischer Theorie und unterrichtlicher Praxis kann in der Tat zumindest nicht ausgeschlossen werden, daß wir u. a. aufgrund einer jahrzehntelangen – allerdings vordergründigen – Interpretation der Auffassung, daß »die

Methode immer etwas Zweites« sei, deren *didaktische Voraussetzungen* erst zu klären sind (vgl. Weniger 1963, S. 63), bislang so wenig erfolgreich gewesen sind in der praktischen Durchsetzung jener seit dem Beginn dieses Jahrhunderts zur Verwirklichung anstehenden reformpädagogischen Ansätze (vgl. dagegen Lersch 1985, S. 262 ff.).

Vielleicht blieb aber die Reformpädagogik auch deshalb weitgehend Episode, weil ihre geisteswissenschaftliche Theorie gerade *nicht* von von der Art war, die sie selber postulierte: Die in der Erziehungswissenschaft entwickelte Theorie sei nämlich »nur eine bewußtere, geklärtere, systematische Form der in der Praxis, im Handeln selber schon wirksamen Theorie« (Weniger 1963, S. 53). Es spricht jedenfalls viel dafür, daß der (hinter der Praxis ›verborgene‹) theoretische Impetus der Reformpädagogen selber vielmehr systematisch der eher antithetischen Frage nach den »methodischen Voraussetzungen der Didaktik« entsprochen hätte! Möglicherweise war auch einfach die Zeit noch nicht reif – weder im Hinblick auf eine allgemeine Verbreitung der doch zumeist nur singulär realisierten reformpädagogischen Ansätze noch hinsichtlich des Standes didaktischer Theorieentwicklung.

Zu Beginn des letzten Jahrzehnts im »Jahrhundert des Kindes« stehen wir somit vor dem Problem, die in der praktischen Wiederbelebung des in den ersten Jahrzehnten dieses Jahrhunderts entwickelten Methodenrepertoires *heute* »wirksame Theorie« systematisch klären zu müssen. Die Herausforderungen an die Unterrichtsmethodik sind also primär *theoretischer* Natur: Der reformpädagogische Reflex bedarf neuer Reflexion!

Diese – im Prinzip *ständige* – Herausforderung der Formulierung einer unterrichtsmethodischen Theorie ist im übrigen nur insofern neu, als es seit der bildungstheoretischen Didaktik eigentlich kaum mehr nennenswerte Ansätze auf dem Gebiet der Unterrichtsmethodik gegeben hat, die über die eher »rudimentäre Form von Wissenschaft« (Terhart 1983, S. 12) in Gestalt der bloß klassifikatorischen Behandlung des Problems der Unterrichtmethode hinausgegangen wären (vgl. auch Lersch 1985; siehe dagegen Klingberg 1989 und neuerdings Meyer 1987).

Die Didaktik als Theorie des Gesamtzusammenhangs der didaktischen Dinge hat im Zuge des seither stattgefundenen Prozesses der Theorieentwicklung zwar heftig um die Bestimmung des Verhältnisses von Didaktik und Methodik gerungen (vgl. Blankertz 1969, Klafki 1977,

Adl-Amini 1981, Gudjons u. a. 1986); bis zu einer für ein fruchtbares Verhältnis von Theorie und Praxis zentralen, systematischen Reformulierung der »Theorie des pädagogischen Weges« (Flitner 1963) ist sie indes nicht vorgedrungen.

Dies ist möglicherweise ein Grund dafür, daß etwa 80% der Lehrer die Tauglichkeit der allgemein-didaktischen Theorien für ihre Praxis verneinen (vgl. Oehlschläger 1978). Auch der Begriff der »Feiertagsdidaktik« (Meyer 1980) signalisiert grundsätzlich Zweifel an ihrer Relevanz für den unterrichtspraktischen Alltag.

Wenn die neue reformpädagogische Bewegung im Alltag unserer Schulen also kaum als ein durch die Wissenschaft vom Unterricht induzierter Vorgang angesehen werden kann, so ist sie aus den schon genannten Gründen um so dringender an eine wissenschaftliche Theorie unterrichtlichen Handelns rückzukoppeln, die die hinter der sich ändernden pädagogischen Praxis verborgenen impliziten Annahmen über ihre aktuelle Angemessenheit oder Notwendigkeit explizit macht, sie systematisiert und kritisiert und so das konkrete Handeln der Akteure im Unterricht zu begründen, anzuleiten und im Hinblick auf Einseitigkeiten, Verkürzungen oder Defizite aufzuklären vermag.

3. Bildung durch Methode? – Methodische Implikationen der Didaktik

Eine solche theoretische Antwort auf die von der Praxis längst angenommenen Herausforderungen der Zeit wird allerdings auf einem zeitgemäßen Theorieniveau erfolgen müssen.

Das bedeutet in erster Linie, daß unterrichtsmethodische Theoreme wegen des vor allem von der Strukturtheorie herausgearbeiteten unverbrüchlichen Zusammenhangs aller Faktoren oder Elemente des unterrichtlichen Handlungsfeldes nur *innerhalb* der allgemein-didaktischen Fragestellung – also unter *Einschluß* von Ziel-, Inhalts- und Organisationsfragen – formuliert werden können.

Damit ist eine eklektizistische Position (Nebeneinander oder Reihung z. B. von Pädagogischer Zieltheorie, ›Theorie der Bildungsinhalte‹ und Theorie der Unterrichtsmethode) ebenso ausgeschlossen wie ein weitgehender Rückzug der Didaktik auf's Methodische (wie z. B. in der ehemaligen DDR). Letzteres – darauf hat schon Erich Weniger (1963, S. 63) hingewiesen – ist wohl nur um den Preis »starrer Dogmatik« der übrigen Elemente innerhalb der »Ziel-Inhalt-Methode-Relation« (Klingberg 1989) möglich.

Allerdings ist auch Wenigers eigene Position mit der systematischen Leitfrage nach den »didaktischen Voraussetzungen der Methode« von der didaktischen Theorieentwicklung inzwischen überholt worden.

Die theoretische Beschäftigung mit dem Problem der Unterrichtsmethode kann nur vor dem Hintergrund der in der Didaktik mittlerweile als gesichert geltenden Erkenntnis vom »Implikationszusammenhang« (Blankertz) der didaktischen Dinge erfolgen. Dies hat erst kürzlich Ewald Terhart (1989, S. 22–60) bei seinem Versuch einer Dimensionierung des unterrichtsmethodischen Problemfeldes noch einmal in einer detaillierten Analyse nachgewiesen:

»Prioritäten oder Primate sind nicht auszusprechen – außer in dem Sinne, daß das gesamte Unterrichts- und Bildungswesen einen bestimmten gesellschaftlich definierten wie bildungstheoretisch artikullierten Auftrag zu erfüllen hat ... Würde man eine solche Vorrangstellung des Zielbezugs negieren, wäre jede Form einer bildungspolitischen wie bildungstheoretischen Auseinandersetzung um den Auftrag des Bildungswesens überflüssig, weil ohne Belang; die normative Kraft des jeweils Faktischen würde sich ungebrochen durchsetzen.« Jede der Dimensionen des Problemfeldes Unterrichtsmethode – »Zielerreichung«, »Sachbegegnung«, »Lernhilfe« und »Rahmung« durch die Institution Schule – sei mit der eben gemachten Einschränkung gleichermaßen von Bedeutung: »Eine Vereinseitigung in Richtung auf nur einen dieser Akzente brächte die Gefahr einer Verkürzung des theoretischen Problemgehalts wie auch einer Engführung der methodischen Praxis mit sich.« (Terhart 1989, S. 26–28)

Mit anderen Worten: Zu theoretisch gehaltvollen unterrichtsmethodischen Aussagen von didaktischer Relevanz könnte man gelangen, wenn sich zeigen ließe, daß jenes eingangs skizzierte, breite konzeptionelle methodische Spektrum in *allgemeiner,* also für alle Dimensionen des Problemhorizonts von Unterrichtsmethode gleichermaßen pädagogisch bedeutsamer Hinsicht konvergiert. Dafür gibt es in der Tat einige Indizien:

Auf der »inneren Seite« der zu durchaus unterschiedlichen »äußeren Erscheinungsbildern« von Unterricht führenden, reformpädagogisch inspirierten Methodenkonzeptionen der aktuellen Diskussion läßt sich nämlich eine »Akzentuierung der Methode« interpretativ erschließen, die sich gewissermaßen als praxisnormierendes Leitmotiv durch nahezu sämtlich dieser Konzepte hindurchzieht und mit der Kategorie »*Tätigkeit*« auf den Begriff gebracht werden kann (zur Unterscheidung von »äußerer und innerer Seite der Unterrichtsmethode« siehe Klingberg 1989):

Ob die Schüler in quasi »verordneter« Selbsttätigkeit (Wochenplan) oder in eigentätigen, von subjektiv bedeutsamen Motiven geleiteten Prozessen (Freie Arbeit) lernen und damit auf der Grundlage selbstgetroffener Entscheidungen eigenverantwortlich für einen Teil ihrer Lernprozesse werden sollen, ob der Unterricht erfahrungs- oder handlungsorientiert angelegt ist, ob diese Aktionen oder Erfahrungen in und an der Wirklichkeit und »mit allen Sinnen« oder ob sie in und an der Schule als einem zentralen Ausschnitt der sozialen Lebenswelt der Kinder und Jugendlichen stattfinden sollen: Dahinter »verbirgt« sich stets der Gedanke, daß Schule heute angesichts der kulturellen Entwicklung mit ihren »Folgekosten« ihrem Erziehungs- und Bildungsauftrag nur gerecht werden könne, indem sie den Schülern vermehrt Gelegenheit zu tätiger, aktiver Auseinandersetzung mit den Lerngegenständen und miteinander unter kommunikativer Beteiligung der Lehrer eröffne.

Eine derartige »Akzentuierung« der methodischen Gestaltung des Unterrichts konvergiert in auffälliger Weise mit dem Kern gegenwärtiger bildungstheoretischer Bemühungen um die Formulierung pädagogischer Zielkategorien, mit deren Hilfe dem pädagogischen Handeln Orientierung gegeben und dessen Auseinanderfallen in ein »unverbundenes Nebeneinander oder gar Gegeneinander von zahllosen Einzelaktivitäten« (Klafki 1985, S. 13) verhindert werden soll. Bildung – »zentral verstanden als Selbstbestimmungs- und Mitbestimmungsfähigkeit des einzelnen und Solidaritätsfähigkeit« (Klafki) – zielt danach in erster Linie auf die *Handlungskompetenzen* der heranwachsenden Mitglieder einer Gesellschaft, die den Anspruch hat, Demokratie zu verwirklichen. Die Entwicklung von handlungsleitenden Bewußtseins- und Persönlichkeitsstrukturen aber ist gebunden an *Tätigkeiten,* die *realisiert* werden (Leontjew 1977), das Herstellen von *Handlungsbezügen* ist konstitutiv für gelingende Prozesse der Kompetenzentwicklung (vgl. Habermas u. a. 1977).

Unterricht ist demnach dann kompetenzfördernd (und insofern »bildend«), wenn er die tätige Bewältigung von Situationen ermöglicht, die diese Kompetenzen – zumindest in Vorstufen – eigentlich schon voraussetzen, wobei sich die »Strukturhöhe« der verlangten Tätigkeiten nach dem »Stand« der bisherigen Entwicklung der jeweiligen Kompetenz zu bemessen hat (vgl. hierzu Krüger/Lersch 1982, S. 188–262). So kann man beispielsweise die Fähigkeit zur Selbstbestimmung letztlich nur durch Erfahrungen mit Situationen erwerben, die auch Selbstbestimmung ermöglichen – daß solche Kompetenzen schon in der Grundschule im Sinne »grundlegender Bildung« angebahnt werden können, zeigen die ermutigenden Erfahrungen im Wochenplanunterricht und in der freien Arbeit.

Vor diesem Hintergrund wird deutlich, inwieweit mit der Kategorie »Tätigkeit« tatsächlich eine unterrichtsmethodische Bedingung der Möglichkeit für das Erreichen bildungstheoretischer Zielvorstellungen im o. g. Sinne begriffen werden kann. Insofern versteht sich auch der Vorschlag zu einer »entwicklungspsychologischen Fundierung der Erziehung« entlang der Genese solcher Kompetenzen zu Recht als ein Beitrag zur *Allgemeinbildungsdiskussion* (Oser 1986).

Der in diesem Zusammenhang von Hans Aebli (1987) eingeführte Begriff der »Zieltätigkeit« verweist noch auf ein weiteres: Die Eröffnung der Möglichkeit zur tätigen Auseinandersetzung mit den Lerngegenständen im Unterricht ist nicht nur von besonderer Relevanz für die unterrichtsmethodische Dimension *»Zielerreichung«* im didaktischen Gesamtzusammenhang, sondern sie stellt auch die entscheidende *»Lernhilfe«* im Rahmen von Unterrichtsprozessen dar, in denen die Schüler als aktive Organisatoren ihrer Lernprozesse im Sinne moderner kognitiver Psychologie ernstgenommen werden.

Lehren und Lernen stehen danach weniger in einem mechanischen Determinationsverhältnis, sondern Lehren wird allenfalls geleitet von der *Absicht,* bestimmten – nämlich selbsttätige – Lernqualitäten zu ermöglichen, ohne jedoch über den *Erfolg* – das Lernen selbst – »verfügen« zu können. (vgl. Terhart 1989, S. 48–56) Inwieweit ein Unterricht, der anspruchsvolle Lernprozesse in diesem Sinne ermöglichen will, überhaupt nicht ohne die »Hilfe« konkreter *Tätigkeiten* der Schüler auskommt, hat Hans Aebli in seiner »Didaktik auf psychologischer Grundlage« (1985, 1987) vor allem für den Aufbau operativer Wissens- und Denkstrukturen hinreichend nachgewiesen.

Hier zeigt sich auch der unmittelbare Zusammenhang mit der Dimension »Sachbegegnung«. Denn »Tätigkeit und Wissen hängen auf das Engste zusammen« (Aebli 1987, S. 338) – und dies sowohl hinsichtlich seiner »Aneignung« als auch im Hinblick auf seine »Anwendung«. Das heißt: Die Art und Weise des unterrichtsmethodischen Arrangements hat nicht nur Bedeutung dafür, wie der Inhalt dem Schüler »erscheint«, welche Lerntätigkeiten ihm abverlangt werden und wie er sich demzufolge den Inhalt angeeignet hat (vgl. Terhart 1989, S. 44) – sie hat auch Konsequenzen für die Qualität potentieller »Entäußerung« des so Angeeigneten: Die Art der »Wirklichkeitserschließung« durch das Subjekt hat Bedeutung für die Weise seines »Erschlossenseins« für diese Wirklichkeit (vgl. auch für das folgende Klafki 1985, S. 44).

Angesichts einer gesellschaftlichen Wirklichkeit, in der die Möglichkeiten zur Eigentätigkeit immer weiter reduziert werden, müssen wenigstens die schulisch vermittelten Prozesse dieser »wechselseitigen Erschließung« zur Aneignung von *inhaltlichen* Kategorien, sollen sie »Bildung« im Sinne des Erwerbs von Handlungskompetenzen ermöglichen, in immer stärkeren Maße an konkrete Handlungsbezüge gekoppelt werden. Die bildungstheoretisch akzentuierte Dimension der »Zielerreichung« wird so über die unterrichtsmethodische Kategorie »Tätigkeit« mit der Dimension der »Sachbegegnung« vermittelt: Denn bei den Fähigkeiten, in denen der Bildungsbegriff kulminiert, handelt es sich »nicht um rein formale Funktionen, sondern um Fähigkeiten, die *inhaltsbezogen* sind«. (Klafki 1985, S. 23)

Wolfgang Klafkis Hinweis darauf, daß es keineswegs gleichgültig oder beliebig ist, an welchen Inhalten der schulische Bildungsprozeß stattfindet, daß also der kompetenzorientierte Bildungsbegriff keineswegs im Sinne »formaler Bildung« mißzuverstehen sei, ist zweifellos ein wichtiges kritisches Korrektiv zur aktuellen schulpädagogischen Diskussion mit ihrer primären Akzentuierung der unterrichtsmethodischen Fragestellung. Wie die Inhaltsfrage vor dem Hintergrund eines neuzeitlich-kritischen Bildungsbegriffs beantwortet werden könnte, hat er in den »Konturen eines neuen Allgemeinbildungskonzepts« (Klafki 1985, S. 12–30) entwickelt und in den »Grundlinien kritisch-konstruktiver Didaktik« (Klafki 1985, S. 31–86) didaktisch gewendet.

Hier und auch in dem auf – zumindest mittelbare – Praxiskonstituierung abzielenden Unterrichtsplanungkonzept (Klafki 1985, S. 194–227) wird zugleich deutlich, daß auch Klafki der Frage nach der »methodischen Strukturierung« des Unterrichts heute einen ungleich höheren Stellenwert beimißt als in der alten, geisteswissenschaftlicher Theorietradition verpflichteten »Didaktischen Analyse«.

Trotzdem hat Klafki seine bildungstheoretischen Vorstellungen mit Rücksicht auf den Tatbestand des gesellschaftlichen »Vermitteltseins« unterrichtlichen Handelns noch nicht zur Gänze unterrichtstheoretisch »eingeholt« – die schulische Praxis selber (oder doch zumindest die auf ihre unmittelbare Handlungsanleitung zielende Literatur) hat offenbar die Annahme der Herausforderungen der Zeit bereits weiterentwickelt. Dies wird besonders deutlich bei einer kritischen Interpretation seines (vorläufigen) »Perspektivenschemas zur Unterrichtsplanung« (Klafki 1985, S. 125), in dem die Fragen nach der »methodischen Strukturierung« des Unterrichts doch wieder quasi als Appendix der zentralen Ziel- und Inhaltsfragen erscheinen.

Die Explikation der in der Praxis »schon wirksamen Theorie«, die Integration der dort vorfindlichen unterrichtsmethodischen Akzentuierung mit ihren hier vor allem für die Dimensionen »Zielerreichung« und »Sachbegegnung« herausgearbeiteten Implikationen von größter didaktischer Relevanz in einer didaktischen Theorie, die dann wiederum der Kritik des Faktischen und einer reflektierten Praxisentwicklung in Schule und Unterricht dienen könnte, hat weiterreichende systematische Konsequenzen, die gewissermaßen eine »arabische Lesart« (nämlich von rechts nach links) jenes Perspektivenschemas nahelegen:

Die offensichtlich erheblichen methodischen Implikationen der gesellschaftlich bedingten Herausforderungen für den didaktischen Gesamtzusammenhang verweisen auf die Notwendigkeit, auch für den Aspekt der »methodischen Strukturierung« einen »Begründungszusammenhang« zu entwickeln, der für den Praktiker eine pädagogische Legitimation und Selbstvergewisserung der prozessualen Struktur des Unterrichts gestattet – ähnlich wie dies für die »thematische Strukturierung« vorgesehen ist (vgl. hierzu: Lersch 1993, S. 303–305).

Denn – wie gezeigt – sind heute für den didaktischen Entscheid Reflexionen etwa über Gegenwarts-, Zukunfts- und exemplarische Bedeutung der mit der Wahl aus dem historisch entwickelten Methodenrepertoire eröffneten (oder auch begrenzten!) Handlungsmöglichkeiten für Schüler und Lehrer mindestens genauso bedeutsam wie die Legitimation einer ins Auge gefaßten Thematik – und dies nicht nur im Sinne »demokratischer Sozialerziehung« und sozialen Lernens (Klafki 1985, S. 201) oder als »emanzipatorischer Ausgleich instrumenteller Themen« (Klafki 1985, S. 206–208), sondern ganz allgemein im Interesse »bildungswirksamer« Sachbegegnung oder sozialer Erfahrung, »denn der Aufbau von Kompetenzstrukturen und die Prozesse, die dazu führen, können auf der Handlungsebene nicht sinnvoll voneinander geschieden werden« (Krüger/Lersch 1982, S. 226).

Über den *Erfolg* können wir zwar nicht »verfügen«, aber wir können ihn zumindest wahrscheinlicher machen über ein *reflektiertes* unterrichtsmethodisches Arrangement mit Hilfe einer entsprechenden *handlungsleitenden Theorie*!

Die weitere theoretische Fundierung eines unterrichtsmethodischen Legitimationsrahmens innerhalb des didaktischen Gesamtzusammenhangs jenseits eines bloß instrumentellen Methodenbegriffs (vgl. Lersch 1985) – darin bestehen die »neuen« Herausforderungen an die Unterrichtsmethodik als Theorie und wissenschaftliche Lehre von den im Unterricht anzuwendenden Methoden.

Eine solche Theorie des pädagogischen Weges ist auch Voraussetzung dafür – und damit ist die letzte Dimension des Terhartschen Problemhorizonts von Unterrichtsmethode angesprochen: die »Rahmung« der Prozesse durch die Institution Schule –, daß strukturelle Veränderungen der Schule als Sozialsystem stringent von den Erfordernissen der pädagogischen Prozesse her *begründet* werden können, die innerhalb dieser Strukturen stattfinden sollen.

Denn die Strukturen einer Institution bedingen zwar auf der einen Seite die Handlungsmöglichkeiten und -grenzen ihrer Mitglieder; sie können aber auch begriffen werden als *Handlungs-Objektivationen*, die ihre Konstitution und Stabilität ebenso wie ihre Veränderung *aktiver menschlicher Tätigkeit in* dieser Institution verdanken (vgl. Krüger/ Lersch 1982, S. 52–65).

Eine *begründbare Generalisierung* der eingangs skizzierten ersten Tendenzen zu einer Schulreform »von unten« könnte insofern einen Prozeß einleiten, den Krüger/Lersch als Verstärkung des *institutionellen Elements von Schule* gegen die Handlungsimperative zweckrationaler Organisation beschrieben haben – mit allen damit verbundenen Chancen zu mehr Selbstregulierung und horizontaler Kooperation, Eigeninitiative und erfahrbarer Sinnhaftigkeit, emotionaler Bindung und Anerkennung durch ihre Mitglieder.

Vielleicht gelingt es aufgrund der inzwischen eingetretenen einschneidenden gesellschaftlichen Veränderungen am Ende des Jahrhunderts des Kindes, daß sich der reformpädagogische Gedanke aus seinem Beginn – die Orientierung der Entwicklung jeder einzelnen Schule am *pädagogischen Prozeß* (und nicht am ›uniformen‹ Produkt) – auf einem zeitgemäßen Niveau nun endlich doch noch durchsetzt. Die Zeit wäre jedenfalls reif dafür, wie die aktuelle Diskussion darüber, was eine »gute Schule« ausmacht, zusätzlich belegt. (vgl. Ermert 1987; Berg/Steffens 1991).

Literatur

Adl-Amini, B. (Hrsg.): Didaktik und Methodik. Weinheim 1981.
Aebli, H.: Zwölf Grundformen des Lehrens. Stuttgart 1985^2.
Aebli, H.: Grundlagen des Lehrens. Stuttgart 1987.
Altermann-Köster, M./Holtappels, H. G./Kanders, M./Pfeiffer, H./De Witt, C.: Bildung über Computer? Informationstechnische Grundbildung in der Schule. Weinheim u. München 1990.
Bärsch, W.: Was ist mit unseren Kindern los? In: Fölling-Albers 1989, S. 7–11.
Bahrdt, H. P.: Sozialisation und gebaute Umwelt. In: Neue Sammlung 14 (1974) Heft 4, S. 211 ff.
Beck, G.: Kindheit heute – Leben angesichts bedrohter Zukunft. Herausforderung für die Grundschule. In: Faust-Siehl u. a. 1990a, S. 192–202.
Beck, U.: Risikogesellschaft. Auf dem Weg in eine andere Moderne. Frankfurt 1986.
Becker, G. U.: Erfahrungen aus erster Hand – Erfahrungen aus zweiter Hand. In: Westermanns Pädagogische Beiträge 38 (1986), H. 2, S. 40–45.
Berg, H. C./Steffens, U. (Hrsg.): Schulqualität und Schulvielfalt. Beiträge aus dem Arbeitskreis »Qualität von Schule«. Heft 5, Wiesbaden 1991.
Blankertz, H.: Theorien und Modelle der Didaktik. München 1969.
Boettcher, W./Otto, G./Sitta, H./Tymister, H.-J.: Lehrer und Schüler machen Unterricht. München 1976.
Bohnsack, F./Bohnsack, L./Müller, E./Schön, H./Schürmann, G./Wenzel, H./ Wesemann, M.: Schüleraktiver Unterricht. Weinheim 1984.
Burk, K. (Hrsg.): Kinder finden zu sich selbst – Disziplin, Stille, Erfahrung. Frankfurt/M. 1984.
Ermert, H. (Hrsg.): »Gute Schule« – Was ist das? Aufgaben und Möglichkeiten der Lehrerfortbildung. Rehburg-Loccum 1987.
Fauser, P./Fintelmann, K./Flitner, A. (Hrsg.): Lernen mit Kopf und Hand. Weinheim 1983.
Faust-Siehl, G./Bauer, E.-M./Baur, W./Wallascheck, U.: Mit Kindern die Stille entdecken. Frankfurt/M. 1990a.
Faust-Siehl, G./Schmitt, R./Valtin, R. (Hrsg.): Kinder heute – Herausforderung für die Schule. Frankfurt/M. 1990b.
Flitner, A.: Konrad, sprach die Frau Mama . . . Über Erziehung und Nicht-Erziehung. Berlin 1982.
Flitner, W.: Theorie des pädagogischen Weges. Weinheim 1963^6.

Fölling-Albers, M. (Hrsg.): Veränderte Kindheit – Veränderte Grundschule. Frankfurt/M. 1989.
Fölling-Albers, M.: Kindheit heute – Leben in zunehmender Vereinzelung. In: Faust-Siehl 1990b, S. 138–149.
Frey, K.: Die Projektmethode. Weinheim 1982.
Fromm, M./Keim, W. (Hrsg.): Diskussion soziales Lernen. Baltmannsweiler 1982.
Fuchs, W.: Soziale Orientierungsmuster. Bilder vom Ich in der sozialen Welt. In: Fischer, A./Fuchs, W./Zinnecker, J.: Jugendliche und Erwachsene '85: Generationen im Vergleich. Bd. 1, Opladen 1985, S. 133–194.
Garlichs, A./Groddeck, N. (Hrsg.): Erfahrungsoffener Unterricht. Freiburg 1978.
Gudjons, H.: Handlungsorientiert Lehren und Lernen. Bad Heilbrunn 1986.
Gudjons, H./Teske, R./Winkel, R. (Hrsg.): Didaktische Theorien. Braunschweig 1986.
Gutschmidt, G.: Kinder in Einelternfamilien und Einzelkinder. In: Fölling-Albers 1989, S. 75–84.
Habermas, J./Döbbert, R./Nunner-Winkler, G. (Hrsg.): Die Entwicklung des Ichs. Köln 1977.
Hage, K./ Bischhoff, H./Dichanz, H./Eubel, K.-D./Oehlschläger, H.-J./Schwittmann, D.: Das Methodenrepertoire von Lehrern. Opladen 1986.
Hentig, H. v.: Das allmähliche Verschwinden der Wirklichkeit. München 1984.
Huschke, P./Mangelsdorf, M.: Wochenplanunterricht. Weinheim und Basel 1988.
Jugend '81: Lebensentwürfe, Alltagskulturen, Zukunftsbilder. (hrsg. v. Jugendwerk der Deutschen Shell) Bd. 1. Hamburg 1981.
Keck, R./Sandfuchs, U. (Hrsg.): Schulleben konkret. Bad Heilbrunn 1979.
Klafki, W.: Zum Verhältnis von Didaktik und Methodik. In: Klafki, W./Otto, G./Schulz, W.: Didaktik und Praxis. Weinheim/Basel 1977, S. 13–39.
Klafki, W.: Neue Studien zur Bildungstheorie und Didaktik. Weinheim/Basel 1985.
Klingberg, L.: Einführung in die allgemeine Didaktik. Berlin 1989[7].
Krüger, H.-H./Lersch, R.: Lernen und Erfahrung. Bad Heilbrunn 1982. Opladen 1993[2]
Kultusminister NRW: Richtlinien und Lehrpläne für die Grundschule in Nordrhein-Westfalen. Köln 1985.
Kultusminister NRW: Rahmenkonzept: Gestaltung des Schullebens und Öffnung der Schule. Entwurf. Düsseldorf 1988.
Landesinstitut für Schule und Weiterbildung NRW (Hrsg.): Kinder lernen selbständig. Soest 1989.
Lenzen, D.: Kinderkultur – die sanfte Anpassung. Frankfurt/M. 1978.
Leontjew, A. N.: Tätigkeit, Bewußtsein, Persönlichkeit. Stuttgart 1977.
Lersch, R.: Unterrichtsmethodik. Perspektiven einer Theorie alltäglichen pädagogischen Handelns in der Schule. In: Baumgart, F./Meyer-Drawe, K./Zymek, B. (Hrsg.): Emendatio rerum humanarum – Erziehung für eine demokratische Gesellschaft. Frankfurt/Bern/New York 1985, S. 252–274.
Lersch, R.: Praktisches Lernen und Bildungsreform. In: Zeitschrift für Pädagogik 34 (1988) Nr. 6, S. 781–797.
Lersch, R.: Die methodischen Voraussetzungen der Didaktik – Zeitgemäße Reformulierungen einer Didaktik als ›Bildungslehre‹. In: Heitzer, M./Pätzold, G./v. d. Burg, U. (Hrsg.): Suchbewegungen – Wertperspektiven – Formenbildung. Festschrift für Werner E. Spies. Bochum 1993, S. 289–308.

Meyer, H.: Leitfaden zur Unterrichtsvorbereitung. Königstein/Ts. 1980.
Meyer, H.: UnterrichtsMethoden. 2 Bd. Frankfurt/M. 1987.
Mitzlaff, H./Wiederhold, K.-A.: Computer im Grundschulunterricht. Möglichkeiten und pädagogische Perspektiven. Hamburg/New York u. a. 1990.
Mundt, J. W.: Vorschulkinder und ihre Umwelt. Weinheim 1980.
Neumann, K.: Von der Disziplin zur Autonomie. In: Fölling-Albers 1989, S. 66–74.
Nipkow, K. E.: Sinnerschließendes, elementares Lernen. In: Schweitzer, F./Thiersch, H. (Hrsg.): Jugendzeit – Schulzeit. Weinheim/Basel 1983, S. 154–176.
Nohl, H.: Die pädagogische Bewegung in Deutschland und ihre Theorie. Frankfurt/M. 1949.
Oehlschläger, H.-J.: Zur Praxisrelevanz pädagogischer Literatur, Stuttgart 1978.
Oelkers, J.: Reformpädagogik: Eine kritische Dogmengeschichte. Weinheim/Basel 1989.
Oelkers, J./Prior, H.: Soziales Lernen in der Schule. Königstein/Ts. 1982.
Oser, F.: Zu allgemein die Allgemeinbildung, zu moralisch die Moralerziehung? In: Zeitschrift für Pädagogik 32 (1986), S. 489–502.
Petersen, P.: Der kleine Jena-Plan. Weinheim 1927.
Popp, W. (Hrsg.): Kommunikative Didaktik. Weinheim 1978.
Postman, N.: Das Verschwinden der Kindheit. Frankfurt/M. 1983.
Ramseger, J.: Offener Unterricht in der Erprobung. München 1977.
Rolff, H. G.: Kindheit im Wandel – Veränderungen der Bedingungen des Aufwachsens seit 1945. In: Rolff, H. G./Klemm, K./Tillmann, K. J. (Hrsg.): Jahrbuch der Schulentwicklung, Bd. 2. Weinheim 1982, S. 207 ff.
Rolff, H. G./Zimmermann, P.: Kindheit im Wandel. Weinheim 1985.
Scheller, I.: Erfahrungsbezogener Unterrciht. Königstein/Ts. 1981.
Schmitt, R.: Grundschule im Jahr 2000 – eine Vision. In: Faust-Siehl u. a. 1990b S. 38–46.
Schwarz, H.: Probleme »offenen Unterrichts«. In: Arbeitskreis aktuell. Mitteilungen des Arbeitskreises Grundschule 12 (1991) Nr. 34, S. 1–4.
Sennlaub, G. (Hrsg.): Mit Feuereifer dabei. Praxisberichte über Freie Arbeit und Wochenplan. Heinsberg 1987[3].
Spiss, W. E./Fintelmann, K:/Lersch, R.: Praktisches Lernen: Warum? Wie? Soest 1990.
Struck, P.: Projektunterricht. Stuttgart 1980.
Terhart, E.: Unterrichtsmethode als Problem. Weinheim und Basel 1983.
Terhart, E.: Lehr-Lern-Methoden. Weinheim und München 1989.
Vohland, U.: Offenes Curriculum – Schülerzentrierter Unterricht. Bochum 1980.
Weniger, E.: Didaktik als Bildungslehre, Teil 1: Theorie der Bildungsinhalte und des Lehrplans. Weinheim 1965.
Weniger, E.: Didaktik als Bildungslehre, Teil 2: Didaktische Voraussetzungen der Methode in der Schule. Weinheim 1963[3].
Wenzel, H.: Unterricht und Schüleraktivität. Weinheim 1987.
Wittenbruch, W. (Hrsg.): Das pädagogische Profil der Grundschule. Heinsberg 1989[2].

Meinert A. Meyer
Methode und Metaphern: Zur Analyse der Rede über Unterricht

Methode ist das, wan man auf seinem Wege, wenn man etwas untersucht, mitnimmt, auf Schule bezogen also das, was Lehrer und Schüler mehr oder weniger bewußt als Handwerkszeug mitnehmen, wenn sie unterrichten und unterrichtet werden. Unsere metaphorische Darstellung des Unterrichts – das möchte ich im nun folgenden Beitrag erläutern – ist ein Teil dessen, was wir für die Unterrichtsplanung, -durchführung, und -bewertung mehr oder weniger reflektiert in den Unterricht »mitnehmen«.

Wir reden metaphorisch über Lehr-Lern-Prozesse, weil wir direkt an das, was beim Lernen passiert, nicht herankommen. Wenn wir von Unterrichtsmethoden, dem Thema dieses Bandes, sprechen, bewegen wir uns schon in metaphorischem Revier. Metaphorik ist insofern Ausdruck von Verlegenheit, ist selbst Methode.[1] Ich werde deshalb näher untersuchen, wie Metaphorik und Methodik zusammenhängen, ohne eine einfache Definition der Metapher geben zu können. Das widerspräche ihrem Wesen. (Dabei kann man – siehe Hilbert Meyer im Anschluß an Erich Weniger in diesem Band –Metaphorik als Element der ersten Reflexionsstufe des Redens über Unterricht betrachten.)

---

1 »Methodos« (*meta,* nach, hinüber, und *hodos*, Weg) bedeutet nach Liddle & Scott: I: wörtlich, following after, pursuit; II: pursuit of knowledge, investigation, mode of prosecuting such inquiry, method, system, etc.; III: trick, ruse. Die Methode ist also die Art und Weise, in der eine Untersuchung durchgeführt wird.
»Metaphora« bedeutet: transference, transport, haulage, change, transference of a word to a new sense (*meta*, in, zwischen, mitten hinein, und *phora*, carrying s.th., that which is borne, tribute, fruit). Die Metapher ist zugleich das Hinübertragen und das Produkt dieser Tätigkeit.
Schon von der Etymologie her hängen also Metaphorik und Metapher eng zusammen.

Es gibt in der Geschichte der Philosophie, der Literatur und der Pädagogik, wie ich zeigen werde, faszinierende Metaphern, Analogien und Bilder für das Unterrichten als Tätigkeit, für das Lehren und Lernen. Ich lege in meinem Beitrag aber zunächst dar, wie Lehramtsstudenten heute Unterricht metaphorisch darstellen (Abschnitt 1), um dies dann mit der Metaphorik zweier gegenwärtiger Erziehungswissenschaftler, Hilbert Meyer und Jürgen Henningsen (Abschnitt 2), und – in einer Reise in die Vergangenheit – mit der Metaphorik des Johann Amos Comenius und des Platon zu kontrastieren (Abschnitt 3). Danach versuche ich, den Status der metaphorischen Darstellung von Unterrichts- und Lernprozessen im Lichte neuerer Metaphernforschung (Max Black, Hans Blumenberg, Jacques Derrida u. a.) zu bestimmen (Abschnitt 4). Abschließend möchte ich darlegen, daß auch in der Didaktik eine Kritik der traditionellen Abwertung metaphorischer Rede notwendig ist (Abschnitt 5).

1. Metaphorik in der Darstellung von Unterricht durch Studenten

Bis jetzt gibt es meines Wissens nur wenige empirische Untersuchungen zur Metaphorik im Unterricht.[2] Man ist also auf eigene Strukturierungen für die Klassifizierung und Bewertung des Materials angewiesen.

Die Verwendung von Metaphern, Analogien und Bildern[3] ließe sich nach den Anschauungsformen von *Raum* und *Zeit* (Immanual Kant) ord-

---

2 Am wichtigsten ist Munby (1986). Er beschreibt im Rahmen seiner Untersuchungen über »teacher thinking« die Metaphorik einer Lehrerin. Sie sieht die Unterrichtsstunde »as a movable object«, was Munby mit vielen interessanten Beispielen belegt. Allerdings wendet er ein aus meiner Sicht unangemessenes computergesteuertes Auswertungsverfahren seiner Unterrichtsprotokolle an, das für die schwierige Thematik unangemessen ist.
3 Mit Scheuerl (1959) kann man vorläufig-induktiv Analogien und Bilder als Metaphern-Varianten verstehen. Bei einer Analogie wird der Zuhörer/Leser aufgefordert, sich vorzustellen, daß etwas, das *hier* so und so strukturiert ist/aussieht, *dort* – im zu erklärenden Bereich – genauso strukturiert ist/genauso aussieht. Es gibt also eine Ähnlichkeit der Konfiguration der Gegenstände oder Ereignisse. Bei einem Bild wird der Zuhörer/Leser aufgefordert, sich vorzustellen, daß ein Ding oder Ereignis im zu erklärenden Bereich ähnlich wie im vertrauten, in der Regel anschaulichen Bereich ist.

nen. Munby (1986, S. 200f.) verfährt so.[4] Wenn man dies tut, wird allerdings deutlich, daß wir viel häufiger die *Verbindung* von Raum und Zeit durch *Handeln* als die analytische Trennung der beiden Anschauungsformen zur Sprache bringen. Bezüglich der Analyse des Redens über Unterricht ist es deshalb sinnvoll, die Metaphern als Ausdrücke für *Tätigkeiten* zu klassifizieren, die aus unterschiedlichen Wirklichkeitsbereichen für die Darstellungen von Unterricht herangezogen werden.

Ich zitiere für die Beschreibung dieser Sprachverwendung jetzt zunächst aus Hospitationsberichten, die Münsteraner Lehramtsstudenten des 1. bis 3. Semesters nach ihrem erziehungswissenschaftlichen Tagespraktikum erstellt haben.[5] Ich bringe Beispiele, in denen die Klasse als lebendiger und dann auch als nicht-lebender Körper gesehen wird, Beispiele zur Betrachtung der Unterrichtsthemen, zum Bild des Lehrers und zur Unterrichtssituation und zur Zeitstruktur. Vorweg sei angemerkt, daß bezüglich des Niveaus dieser Texte ein starker Kontrast zur »hohen« pädagogischen Literatur besteht. Dies wird niemanden verwundern.

Die Schulklasse wird von Studenten in der Regel als eine Einheit betrachtet, die zwar aus individuellen Schülern besteht, aber nur als ganze in den didaktischen Blick kommt. Man findet bei der Lektüre der Praktikumsberichte deshalb oft Metaphern, die man als *organisch* bezeichnen kann. Die Klasse ist wie ein lebender, wachsender Körper. (vgl. Scheuerl 1959, S. 219, und Scheffler 1971, S. 76ff.):
Die Schüler stehen unter *»Leistungsdruck«*, die Konzentration der Klasse *»erschlafft«*. Es ist die Rede von *»Außenseitern«* oder davon, daß sich die Lehrerin von den Schülern distanziert und ihnen keinen *»Raum«* für Gefühle gibt. Immer wieder ist zu lesen, daß die Lehrerin die Schüler *»in ihre Schranken«* verweist.

Häufig wird die Klasse auch wie ein *nicht-lebender Körper* betrachtet, nicht-lebend im technisch-materiellen Sinne. Die Aktivitäten der Schüler werden also in einer Sprache beschrieben, die für die *Bearbeitung* von Gegenständen angemessen wäre:

---

4 Er unterscheidet im Anschluß an Lakoff und Johnson (1980) zwischen »spatial/oriental« und »ontological metaphors«.

5 Insgesamt handelt es sich um 220 Berichte von durchschnittlich 20 Seiten Länge, die ich aber nicht mit kontrollierten empirischen Verfahren ausgewertet, vielmehr nur als »Fundgrube« für Belege verwandt habe. Interessant ist, daß ein großer Teil der Studenten Metaphern nicht verwendet.

Eine Primarstufen-Studentin schreibt zum Beispiel, daß ein Schüler, der sich in Schilderungen des Privatlebens seiner Familie verlor, *»abgebremst«* wurde. Mehrmals ist zu lesen, daß die Lehrer den Unterricht durch geeignete Verfahren *»auflockern«*, so wie der Gärtner mit dem Spaten den Boden umgräbt, um ihn aufzulockern. Eine andere Primarstufen-Studentin schreibt:

»Was das ›*Toleranzfenster*‹ beider Lehrer angeht, fiel mir insbesondere bei Frau H. auf, daß sie so ziemlich jedes Verhalten duldete bzw. ignoriete. Frau C. hingegen hat den Schülern von Anfang an *ihre Grenzen aufgezeigt* und sich somit den nötigen Respekt verschafft.«

Die traditionelle Rede von der Schwelle, die überschritten wird, erfährt in dieser metaphorischen Darstellung einerseits eine räumliche Erweiterung auf zwei Dimensionen, andererseits aber nochmals eine Eingrenzung: Nur was durch das Fenster in den Blick kommt, zählt.

Ein Student schreibt über eine Grundschullehrerin:

»Das gute Verhältnis ist mit ein Erfolg der Klassenlehrerin, die mit dieser Klasse nun ein und ein halbes Jahr arbeitete und sie *formen* konnte.«

Oder:

»Herr B. hatte auch nicht mehr die Möglichkeit, die bestehenden Defizite *auszubügeln*, da er die Klasse erst in diesem Schuljahr übernommen hat.«

Oder, noch härter in der Metaphorikk (Student, 4. Grundschulklasse):

»Zusammenfassend läßt sich also sagen, daß *Wissenslücken* gnadenlos *verfolgt* und *ausgemerzt* werden, aber nicht zu einem Ansehensverlust der Unwissenden führen.«

Auch die Lehrer werden als materielle Gegenstände dargestellt. Sie stellen den *»Lehrkörper«* dar. Sie *»versprühen«* viel Lob«, haben »eine freundliche« oder »unfreundliche *Ausstrahlung*«. Sie sind aber auch bedrohlich für die Schüler. Ein Student schreibt zum Beispiel:

»Herrn T. schätze ich um die 40 Jahre. Direkt zu Beginn fiel mit sofort seine *Schlagfertigkeit* auf. Er bittet nur, wenn er gereizt ist, um Ruhe, ansonsten *geht er auf den Unruheherd ein,* spricht mit den SchülerInnen, macht Witze oder reagiert – wie gesagt – schlagfertig, bis die SchülerInnen wieder ruhig werden ... Seine Benotung *zieht* er meiner Meinung nach hart, aber gercht *durch.*«

Zugleich wird das jeweils behandelte Thema des Unterrichts, wie die Schüler und die Lehrer, als ein körperlicher Gegenstand gesehen. Der Lehrer *greift* in das Unterrichtsgeschehen *ein*, oder er *hält sich im Hin-*

tergrund. Er *vertieft* das behandelte Thema in einem neuen Abschnitt. Er blockt ab, was *nicht zum Thema gehört.* Er *reißt* ein Thema nur kurz *an.*

Eine Primarstufen-Studentin schreibt über eine vierte Klasse:

»Die ersten fünf Minuten würde ich als eine Art *Aufwärmphase* bezeichnen. Sie bewirkt, daß die Kinder nicht sofort *in das kalte Wasser des Unterrichts* geworfen werden, sondern sich zuvor noch einmal an die Lehrerin und die Unterrichtsumgebung gewöhnen und ihre eigene Stimme in letzerer ausprobieren können.«

Die Inszenierung des Unterrichts wird also metaphorisch dargestellt.

Eine andere Studentin schreibt:

»Mir persönlich hat die Stunde gut gefallen, da ich auch erstaunt war, wieviel theologisches Wissen aus Viertklässlern *herauszuholen* ist.«

Bei weitem die häufigste von den Studenten verwandte, auf die Unterrichtssituation bezogene Metapher betrifft die Aussage, die Lehrerin/der Lehrer habe die Klasse »im Griff«:

»Aus dem Gefühl heraus würde ich sagen, daß die Lehrerin die Klasse sehr gut *im Griff* hat.«

Oder:

»Herr F. hat das *Leistungsgefälle* gut *in den Griff bekommen.*«

Oder:

»In aufkommende Streitgespräche unter den Schülern über die Auslegung der Textstelle *griff* Frau M. schnell *ein* und *lenkte* die Schüler durch Fragen wieder auf das Thema *zurück.*«

Oder wir lesen:

»Es ist für ihn (den Lehrer) kein Problem, die Klasse zu *beruhigen* und neu zu motivieren, um so eine *gesunde Basis* für einen effektiven Unterricht zu schaffen.

Auch die Zeitstruktur des Unterrichts, die in den meisten Beispielen für die Behandlung der Schüler und Themen schon mitschwang, wird häufig in Analogie zum Wachsen von Pflanzen oder zur Lenkung von Tieren, also organisch, oder wie das Bearbeiten von Körpern, also materiell, gesehen.

Eine Studentin schreibt über den Unterricht in einer zweiten Klasse:

»Im Unterricht zeichnet sich der Lehrer durch einen recht partnerschaftlichen Führungsstil aus. Er geht auf Probleme der Kinder ein und ist in diesem Sinne auch jederzeit bereit, kurz vom eigentlichen Unterrichtsstoff *abzuweichen*. Trotzdem wird der Unterricht sehr stringent *ausgesteuert*. Schüler wie R. *kommen* mit ihrer Undiszipliniertheit gar nicht erst *zum Zuge*.«

Ein Student beschreibt die Interaktionsstruktur des beobachteten Unterrichts wie folgt:

Der Lehrer »*läutet*« die Stunde locker »*ein*«; er ermöglicht einen »*fließenden Übergang*« zur nächsten Stunde. Zu einer Musikstunde, in der die Schüler einer zweiten Klasse ein Lied singen, lesen wir, daß die Lehrerin die Schüler nicht mehr »*bremsen*« kann.

Häufig gibt es Formulierungen wie: »Der »Lehrer *pickte* sich einen ganz bestimmten Schüler *heraus*«, aber auch positivere Charakterisierungen:

»Wenn etwas nicht ganz richtig war, reichte ein winziger Wink seitens des Lehrers, um alles wieder *in die richtige Bahn* zu leiten.«

Auch die Lernanforderungen an die Schüler werden metaphorisch beschrieben. Eine Studentin berichtet aus der Grundschule:

»Zu mir sagte Herr B. leise: »Die Kinder müssen lernen, mit den großen Zahlen zu *jonglieren*. Sie müssen ein Gefühl dafür bekommen, was eine Zahl bedeutet und wie groß sie eigentlich ist. Es ist sehr schwer für Kinder sich vorzustellen, daß 99 999 plus 1 als Ergebnis 100 000 hat.«

Eine andere schreibt:

»Auf dem Arbeitsblatt befinden sich verschiedenartige Aufgaben zum Multiplizieren und zum Dividieren. Neben diesen gibt es aber auch noch welche, bei denen die Kinder entscheiden müssen, welche Aufgabe das größere bzw. das kleinere Ergebnis hat. Auch hier hat Frau P. den Schülern eine Hilfestellung gegeben. Sie bitten jemanden, mir zu sagen, wie sie sich das mit dem größer und kleiner vereinfacht haben. Ein Junge erklärt mir, daß sie »<« als *Schnabel eines Vogels* bezeichnen. In die *Spitze* des Schnabels paßt nur *wenig Futter*, also zeigt die Spitze auf die kleinere Zahl bzw. auf das kleinere Ergebnis. In die offene Seite, also in den Rachen des Vogels dagegen paßt aber viel Futter. Die offene Seite des Zeichens zeigt deshalb zur größeren Zahl oder zum größeren Ergebnis.« (Studentin, 2. Grundschulklasse)

Die Lehrerin bringt hier also ganz bewußt als Lernhilfe eine metaphorisch zu verstehende Analogie ein.

Besonders deutlich ist die metaphorische Rede im Religionsunterricht:

»Die Schüler sollen erfahren, daß Gott nicht nur der Schöpfer der Welt ist, sondern daß er *die Welt in seinen Händen hält* . . .«

Interessant ist, daß die Studenten meistens auch dann in ihren Unterrichtsdarstellungen die ihnen vertraute Umgangssprache verwenden, wenn sie gerade in einem Seminar die Fachterminologie kennengelernt haben. Nur gelgentlich kann man feststellen, wie sie mit fast kindlicher Unbeholfenheit einen didaktischen Jargon übernehmen, der sich zum Teil aus der Wissenschaftssprache ergibt, der zum Teil aber auch aus der in die Sprache der Öffentlichkeit übergegangenen Modesprache stammt:

»Dadurch, daß der Lehrer Übungen beim Warmlaufen vorturnt, wird er selber zum *Medium*.« Und, wenig später: »Das nachfolgende *Medium* bilden die Schüler selber.« Oder: »Herr B. verließ das *Medium* Sprache und ging auf den Text des Rattenfängers über.«

Oder, aus der Phase der Behaviorismus-Rezeption:

»Die Schüler kennen ihre Schwächen und brauchen *eine positive Verstärkung*.«

Oder – sehr häufig – mit Bezug auf Herbart, aber selbstverständlich ohne Kenntnis der Herkunft des Begriffs:

»Nachdem die Geschichte Abschnitt für Abschnitt von den Schülern vorgelesen, anschließend nacherzählt und analysiert wurde, ließ Herr B., zur *Vertiefung* des Inhalts, den kompletten Text noch einmal vortragen.«

Mehrfach gebraucht wird der schon oben zitierte Modebegriff des »*Toleranzfensters*«. Immer wieder ist vom »*Schulklima*« die Rede. Oder davon, daß die Schule »in einem *sozialen Brennpunkt*« liegt.

Man gewinnt bei der Lektüre der Hospitationsberichte den Eindruck, daß den Studenten in der Regel nicht bewußt ist, daß sie Metaphern verwenden. Selbst Begrifffe wie »*Führung*«, »*Formung*« oder »*Bildung*« sind metaphorisch. Dies kann man schon in Scheuerls Vortrag aus dem Jahre 1959 nachlesen. Aber wir denken nicht mehr an die Etymologie dieser Wörter, wenn wir sie verwenden, und die Studenten schon gar nicht. Die Darstellungen der Lehramtsstudenten machen also deutlich, daß man nicht ohne Vorbehalte von einer naiven Theoriebildung reden darf, deren Naivität in ihrer Vorwissenschaftlichkeit besteht. Zwar ist der Kontext, aus dem bestimmte Begriffe stammen, den Studenten in der Regel nicht bekannt, sie vermögen die Bedeutung der wissenschaftlichen Sprache nicht einzuschätzen. Aber sie verwenden eben doch Ausdrücke, die irgendwann einmal Fachterminologie gewesen sind. Sie beschäftigen sich mit der Theorienbildung ersten und, soweit sie bewußte Metaphern einsetzen, ansatzweise auch mit der Theoriebildung zweiten Grades (Weniger 1990).

Routinierte Lehrer haben offensichtlich weniger Probleme mit der Fachterminologie als Studenten. Das ist plausibel. Sie sind zugleich aber auch weniger darauf angewiesen, diese Terminologie für die Darstellung ihrer Unterrichtsstätigkeit zu verwenden.

Ein Student der Sekundarstufe II berichete zum Beispiel von einer Gymnasiallehrerin, die seit 11 Jahren »im Beruf steht«:

»Auf die Frage nach dem Zeitaufwand der Unterrichtsvorbereitung gab sie lachend und spontan zur Antwort, daß sie die Stunden eher »*kalt aus dem linken Ärmel schüttelt*«. Um jedoch einen bestimmten Wert zu nennen, gab sie 20 Minuten an. Ihren Unterrichtsstil versteht sie aus einer »Mischung aus *gesunder* Autorität und *lockerem* Unterrichtsgespräch«, wobei sich der Erziehungsstil »unbewußt aus dem *gesunden* Menschenverstand« ergibt.

Am imposantesten finde ich die Begrüßung einer Studentin durch ihren Mentor, der zugleich ihr ehemaliger Lehrer gewesen ist. Er sagt zu Beginn des Praktikums:

»So, nun bist Du nicht mehr der *Amboß*, sondern der *Hammer*.«

Der Ausdruck ist imposant, weil er hart und zugleich als Metapher schief ist (womit ich mich jetzt selbst schon metaphorisch ausdrücke). Offensichtlich verzerren Metaphern das, was sie beschreiben sollen, auf eine merkwürdige Art und Weise. Die Schüler müßten in dem Ausspruch ja eigentlich die zu schmiedenden Eisenstücke und nicht der Amboß sein! (Oder sind die Schüler etwa der Amboß und das, was da geschmiedet wird, ist der Unterrichtsgegenstand? Wenn man den Spruch des Lehrers *so* deutet, wäre er nicht schief, aber in der Metaphorik noch härter.)

Die Studenten nehmen ihre metaphorische Sprache aus Wirklichkeitsbereichen und Tätigkeitsfeldern, die mehr oder weniger zufällig, bunt gemischt und teilweise in der Kopplung verschiedener Metaphern und Bilder sogar inhomogen sind, die aber dennoch eine Tendenz ausweisen, die Tendenz, geistige Prozesse und Phänomene organisch und, fast noch häufiger, anorganisch-materiell darzustellen. Dies zeigt eine Klassifizierung der Wirklichkeitsbereiche, denen die Metaphern, Analogien und Bilder entstammen:

Sehen: Anschauung, Perspektive, Überblick, Vorschau, Sichtweise, Betrachten, Ausblick, unter die Lupe nehmen, in den Brennpunkt stellen, spiegeln usw.
Steuern: ablaufen, einlenken, eingreifen, in die richtige Bahn lenken, aber auch erfahren, führen, entdecken, den Weg weisen, usw., mit Bezug auf Fahrzeuge: steuern, lenken, abbremsen, usw.

Inszenieren: in den Mittelpunkt stellen, sich im Hintergrund halten, darbieten, vorstellen, darstellen uws.

Greifen und Halten: begreifen, greifen, eingreifen, im Griff haben, aber auch: behalten, vorhalten, anhalten, Haltung bewahren usw.

Kriegführen: sich verteidigen, angreifen, sich behaupten, besetzen, verfolgen, aufspüren, Fallen stellen, abschießen, einfangen usw.

Arbeiten und bestimmte Berufe ausüben: Töpfern (formen, eingreifen, ausschöpfen, herausholen, vertiefen usw.), Bauen (aufbauen, vertiefen, grundlegen, zurichten und aufrichten), Gärtnern (herausholen, abbauen, auflockern), Drucken und Zeichnen (anreißen, einprägen, Druck machen, typisch, kopieren usw.), Kochen und Essen (einbrocken, auslöffeln) und Bügeln (zurichten und ausbügeln).

Aus meiner Sicht handelt es sich bei der Mehrzahl der Zitate um Dokumente sprachlicher Bewußtlosigkeit, um die »herrschende Rede« also, die zu eigenem Ausdruck des beobachteten Unterrichts noch nicht gelangt und sich deshalb auf ein Reservoir von Phrasen, von Leerformeln, von mitgeschleppter Begrifflichkeit zurückzieht. Eben deshalb kann die metaphorische Darstellung von Unterricht Aufschluß über »unbewußte« Triebkräfte und Orientierungen des didaktischen Denkens und Handelns geben.[6]

---

6 Ein Vergleich der Metaphorik von routinierten Lehrern mit der Metaphorik von Studenten kann durch die Analyse der Hospitationsberichte nicht geleistet werden. Sicherlich wäre es aber interessant, hier im Sinne von Munby (1986) weiterzuarbeiten. Noch interessanter wäre es allerdings, zu untersuchen, wie sich die *Metaphorik der Unterrichtsdarstellung der Lehrer und Lehramtsstudenten* von der *Metaphorik der Schüler* unterscheidet. In den Hospitationsberichten werden verständlicherweise die Lehrer viel stärker im Blick als die Schüler. Man müßte einmal gezielt die Unterrichtsmetaphorik erforschen, die die Schüler mit sich herumtragen.

2. Metaphern bei heutigen Erziehungswissenschaftlern

Nach den Zitaten aus Hospitationsberichten und ihrer ansatzweisen Klassifizierung und Bewertung will ich nun auf die didaktische Gegenwartsliteratur eingehen, selbstverständlich auch nur exemplarisch. Interessanterweise eröffnet sich hier ein anderes Bild der Verwendung der Metaphern, Analogien und Bilder für die Darstellung von Unterricht. Erziehungwissenschaftler nehmen eher eine beobachtende Haltung zum Unterricht ein. Sie sehen das Lehren und Lernen wesentlich als Prozeß, als Interaktion, nicht unter der Perspektive, wie der Prozeß zu steuern ist und wie man die Klasse im Griff hält.

Die Metaphorik, die bei *Hilbert Meyer* in seinem »Leitfaden zur Unterrichtsvorbereitung« (1980) zu lesen ist, ist vergleichsweise ruppig. Sie bezieht sich auf Handwerk und Natur. Die Handlungsmöglichkeiten der Lehrer und Schüler werden dabei oft in der Sprache des Kampfes dargestellt.

Meyer fragt etwa, ob »man den heimlichen Lehrplan *besiegen* kann«. Er spricht von der »Didaktik *unterhalb der Gürtellinie*«. Er versucht, »den Unterricht *vom Kopf auf die Füße zu stellen*«. Noch deutlicher wird der direkte, handgreifliche Bezug auf Natur und Technik in den zahlreichen Abbildungen, die man wie Metaphern lesen kann. Eine Studentin, die *am Boden zerstört* ist, wird tatsächlich zerstört gezeichnet (a. a. O. S. 321). Die geisteswissenschaftliche Didaktik erscheint in Gestalt einer riesigen Krake, die alles, was es an Erziehungswissenschaft bei uns so gibt, in ihren Fängen hält (Einlegblatt zu den »Unterrichtsmethoden« 1987). Es gibt Spinnen, U-Boote, Eisberge und die »Titanic«, eine Kartoffelsortiermaschine, um die Klassifizierung der Lernziele zu veranschaulichen (Leitfaden 1980, S. 150), und McKilroy, der, wie von Hilbert Meyer erläutert, der Mann ist, der den König töten will. Wir lesen von *Steckbriefen, ungebrochener Vorherrschaft* und der *Austreibung der Sinnlichkeit* (mit Bezug auf Horst Rumpf). Die Arbeit der Lehrer wird häufig mit der Arbeit auf Baustellen verglichen.

Ich vermute, wie gesagt, daß die Verwendung einer derartigen Metaphorik in dem Bewußtsein für die Interaktionstruktur begründet ist, die jeglichen Unterricht prägt. Interaktion ist immer auch Machtkampf der Beteiligten. Das kann man schon bei Rousseau nachlesen. Es paßt deshalb ins Bild, wenn Hilbert Meyer die Unterrichtsmethoden als

»Zwangsjacke und Befreiung in einem« bezeichnet. Vielleicht steckt dahinter aber auch die Sehnsucht nach der schönen heilen Welt. Ein Bild, das dies anzudeuten scheint, sei wiedergegeben:

»Die gängigen Stufen- und Phasenschemata (für die Beschreibung von Unterricht, M. Meyer) sind wie gepflasterte und asphaltierte Schnellstraßen – möglichst noch mit Lärm- und Sichtschutzwänden versehen, damit kein Schüler abgelenkt wird und kein Lehrer das Unterrichtsziel aus den Augen verlieren kann. Man kommt auf diesen gepflasterten Straßen sehr schnell voran, falls nicht ein Motorschaden dazwischen kommt. – *Aber unter dem Pflaster liegt der Strand.* Dort kann man barfuß gehen, den Sand zwischen den Zehen fühlen, die salzige Luft atmen, einen Einsiedlerkrebs fangen, an einer leeren Whisky-Flasche riechen oder nichts anderes tun, als sich lernfördernd die Sonne auf den Pelz brennen zu lassen.« (Hilbert Meyer, 1987, Bd. 1, S. 204).

Natürlich ist der schnellste Weg nicht immer der beste. Darüber wird man nicht streiten (vgl. Geissler, 1966). Aber es wäre ebenso naiv zu behaupten, der schnellste Weg sei *immer* der falsche. Oft sind Lehrer *und* Schüler gar nicht darauf aus, herauszubekommen, wie sich der Sand zwischen ihren Zehen anfühlen würde. Oft wollen sie einfach »schnell« (effektiv, bequem) lernen. Die Metaphorik in Hilbert Meyers Sprache drückt also eine Tendenz, ein Interesse aus und hat insofern einen erkenntnisfördernden Wert: Eigentlich, so Hilbert Meyers metaphorische Botschaft, sollte Methodik nicht Zwangsjacke sein, eigentlich sollte man immer mit Muße lernen können. Schön wär's![7]

In seinem »Leitfaden zur Unterrichtsvorbereitung« (1980, S. 179ff.) führt Hilbert Meyer den metaphorischen Begriff der »*Feiertagsdidaktik*« ein, im Gegensatz zur »Anfängerdidaktik« und zur »Alltagsdidaktik« der Routiniers. Der Begriff ist, wenn ich es richtig überblicke, inzwischen weit verbreitet.

Auch dieser metaphorische Begriff bringt Assoziationen ins Spiel, die eine verzerrende Tendenz haben. Feiertagsdidaktiv wird, so die Erläuterung, vom Lehrer bzw. vom Referendar/Studenten herangezogen, wenn

---

7 Angemerkt sei, daß andere Erziehungswissenschaftler, etwa Celestin Freinet, in der Methode *nur* die Zwangsjacke sehen. (Freinet 1980, S. 17–18) Im Bild: Ein Lehrer hat mit großem methodischen Aufwand eine Treppe gebaut, auf der die Schüler emporsteigen sollen, um in die verschiedenen Etappen des Wissens zu gelangen. Leider ziehen es die Kinder, sobald der Lehrer weg ist, vor, auf dieser Treppe herumzutoben und mit ihr alles Mögliche zu machen, nur nicht das, was der Lehrer will. Dennoch lernen sie dabei. Freinet sucht deshalb die Pädagogik für »Adler, die keine Treppen steigen, um nach oben zu kommen«.

der Schulrat oder der Fachleiter oder der Hochschullehrer kommt, wenn der Referendar, der die Didaktik entwickeln muß, also unter dem besonderem Druck steht, gut zu sein. Mit dem Begriff des Feiertags verbinden wir aber doch gerade das Feiern, die Freizeit, das Festliche, und nicht nur das Besondere, nicht den besonderen Druck. Warum wird der Begriff also von den Lesern akzeptiert? Offensichtlich ist die Zuwendung, die der Schulrat/Fachleiter/Hochschuldozent der Praktikantin oder Referendarin zukommen läßt, doch Anlaß zum Feiern?

Kommen wir zu einem anderen Pädagogen unserer Zeit, der in seinen Schriften noch mehr Metaphern als Hilbert Meyer verwendet, zu *Jürgen Henningsen*.

Henningsen bringt in seinem Buch über die »Methoden des Beybringens« den Begriff der *»programmierten Knetmasse«* ein. Die Knetmasse, das sind die Schüler, und im Unterricht werden sie programmiert:

»*Programmierte Knetmasse:* Das *Rohmaterial*, aus dem Generationen gemacht werden, muß *mit Information versetzt* werden; was es ohne den Programmierungsvorgang wäre, weiß niemand. Drei wesentliche Einwände sind auszuhalten: die Verhaltensforscher pochen auf ihre Instinktreste und Schemata, die Psychoanalytiker legen den Finger auf »Es« und Unterbewußtes, die Marxisten auf die gesellschaftlichen Bedingungen der Reproduktion.

Aber alles dies sind *Theorien*, Gesichtspunkt*bündelungen,* jeweils andere Aspekte an der Wirklichkeit sichtbar machend. Der Satz, der Mensch reproduziere sich gesellschaftlich, ist nicht falscher und nicht richtiger als der Satz, Handeln sei bedingt durch Programmiertsein.« (Henningsen 1974, S. 21)

Auch eine schiefe Metapher? Ja, sie liefert ein Bild des Schülers, das ich bei der Darstellung der Studenten-Metaphern als materielle Verzerrung gekennzeichnet habe. Henningsen demonstriert hier mit seiner bewußten Metaphorik aber eine andere Perspektive als die Studenten-Berichte ausweisen. Die Knetmasse vermittelt eine Welt des Machbaren, – wenn man's nur klug genug anstellt, wenn man die Klasse »in den Griff bekommt«, wenn man »die Knete knetet«. Aber die Software ist trotz aller Kneterei doch immer in der Knetmasssse drin. Man muß also herausbekommen, wie die Schüler programmiert werden können, dann kann man sie formen wie die Knete, kann mit ihnen spielen wie mit einem Computer!

Das ist ironisch und dabei auf eine bitter ernste Wirklichkeit bezogen. Henningsen will ja eigentlich, wie wir auch bei Hilbert Meyer annehmen können, die Befreiung der Schüler, will, daß sie nicht programmiert werden, ohne sich selbst dafür entschlossen zu haben. Aber er kennt die Grenzen der Selbstbestimmung und verwendet deshalb das Bild, das er ausdrücklich auf die Geschichte der Erkenntnis und der Pädagogik bezieht (statt Wachs jetzt Knete, vgl. z. B. Comenius, Didactica Magna, Kap. 27, und Platon, Theaitetos, 191 c/d: den Geist der Menschen soll man mit einer Tafel aus Wachs vergleichen, in die sich wie ein Siegelring die Erinnerung einprägt).

Das Bild entspricht Hilbert Meyers Aussage, daß Unterrichtsmethoden immer Zwangsjacke und Befreiung in einem sind, und unterscheidet sich von der Metaphorik der Studenten. Diese sehen sich selbst in der Rolle der zukünftigen Lehrer und fragen deshalb, wie die von ihnen beobachteten Lehrer es schaffen, ihre Klassen »in den Griff zu bekommen«. Meyer und Henningsen, beide ehemalige Lehrer, die aber vom Handlungsdruck der Schule nicht mehr direkt bedroht sind, fragen demgegenüber aus ihrer analytisch-beobachtenden Perspektive, was eigentlich mit den Schülern im Unterricht passiert. Wie werden sie »geknetet«? Wie bestimmt der »Machtkampf« den Lernprozeß?

Metaphorik, das hoffe ich jetzt demonstriert zu haben, eignet sich gut, um die Perspektive zu erschlüsseln, aus der heraus Unterricht dargestellt wird.

3. Comenius und Platon: Eine Reise in die metaphorische Vergangenheit

Johann Amos Comenius habe ich eben schon erwähnt. Er schreibt markant metaphorisch. Gleich der erste Satz des »Orbis sensualium pictus«, des »gemalten Weltkreises der sinnlich wahrnehmbaren Dinge«, macht das deutlich:

»Ruditatis antidotum Eruditio est, qua in Scholis Ingenia imbui debent.« (Comenius 1658/1978, Praefatio)[8]

Wahrlich ein Programmspruch für die Didaktik der Neuzeit, der aber trotz aller Neuzeitlichkeit eine im Vergleich zur Gegenwart fremdartige

Denk-Welt eröffnet: Der Naturzustand, in dem sich die Seele der Kinder zunächst befindet, ist der der Roheit, der Wildheit, der Unförmigkeit. Die Kinder würden sich zwar entwickeln, größer werden, aber sie würden keine Menschen. Comenius kann deshalb Bildung als *Gegengift* gegen diese naturwüchsige Roheit verstehen. Durch den Bildungsprozeß, durch den Prozeß der Herausführung aus der Roheit, wird der Mensch zum Menschen: »Hominem, si homo fieri debet, formari oportere«, wie Comenius das in der »Didactia magna« formuliert (Kap. VI., S. 35 der lat. Ausgabe). »Der Mensch muß zum Menschen erst gebildet werden.«

Die Perspeketive des Comenius ist also trotz der äußerlichen Nähe zu Henningsen eine andere. Henningsen dachte kausal: Was begrenzt die Möglichkeit, den Menschen so zu formen, wie man will? Was steckt in der Knetmasse an Vor-Programmierung? Comenius dachte demgegenüber teleologisch, auf das – aus seiner Theologie für ihn selbstverständlich vorgegebene – Heilsziel des Menschen hin: Wie kann man aus dem rohen Klumpen Mensch mit Gottes Hilfe einen frommen Christenmenschen machen?

Comenius vergleicht in der »Didactia magna« den Lehrer mit dem Gärtner, vergleicht den Verstand des neugeborenen Kindes mit einem Samenkorn, das lernende Kind mit dem heranwachsenden Vogel, den Menschen und seine Seele mit einem Uhrwerk.[9] Imposant, faszinierend und wiederum gegenüber der heutigen Denk-Welt befremdend ist vor allem der Vergleich der Kunst des Lehrens mit der *Buchdruckerkunst* (vgl. Schulze 1990, s. 109ff.):

---

8 »Das Gegengift zur Rohheit ist die Entrohung, die die Geister (der Kinder) in den Schulen aufsaugen sollen.«
Bei Gisela Brühl (1969) kann man nachlesen, daß nicht nur die Schriften des Comenius durch barocke Denk-Pracht gekennzeichnet waren. Die Schule war im 16. und 17. Jahrhundert »Haus Gottes«, »Werkstatt des heiligen Geistes«, »Pflanzgarten«, »Schatzkammer«, »Garten«, »Weinberg«, »Baumschule«, »Mutter«, »Amme«, aber auch »Werkstätte«, »Schleifmühle«, »Münze«, »Druckerei« und »Bauplatz«.

9 Angemerkt sei, daß mir die Kritik von Scheuerl (1959, S. 216), wieder aufgenommen bei Schulze (1990), die Bilder des Comenius seien miteinander nicht verträglich, nicht einleuchten. Für Comenius war es *kein* Gegensatz, vom Samenkorn und dem Wachs zu sprechen, das die kindliche Seele darstellt. Comenius wußte noch nichts vom genetischen Code und noch nichts vom Streit um Anlage- und Umwelt-Faktoren im Erziehungsprozeß.

So, wie der Buchdruck trotz anfänglicher Schwierigkeiten aufgrund der Verwendung der Typen und des Druckstockes die Buchherstellung revolutioniert hat, so, hofft Comenius, wird auch seine Unterrichtsmethode, obwohl sie zunächst schwierig erscheinen mag, den Unterricht revolutionieren. Sie wird einer viel größeren Zahl von Kindern einen zuverlässigen Fortschritt des Lernens ermöglichen und zugleich mehr Freude als die hergebrachte Methodenlosigkeit der Schulen seiner Zeit bescheren (Didactica magna, Kap. 32.2).

Comenius entwickelt die Analogie der Buchdruckerkunst mit seiner neuen Lehrmethode, der *Didachographie* in aller Ausführlichkeit. Wenige Abschnitte seiner Darstellung müssen an dieser Stelle genügen:

»6. Die Buchdruckerkunst hat ihre besonderen Materialien und ihren besonderen Arbeitsgang. Die wichtigsten Materialien sind: Papier, Typen, Druckerschwärze und Presse. Die Arbeit besteht in: der Zubereitung des Papiers, dem Setzen der Typen nach der Vorlage, dem Auftragen der Schwärze, dem Verbessern der Fehler, dem Drucken, Trocknen usw., was alles seine bestimmten Regeln hat, deren Befolgen den Arbeitsgang erleichtert.
7. In der Didachographie (der Lehrkunst, M. Meyer) verhält es sich folgendermaßen. Das Papier sind die Schüler, deren Verstand mit den Buchstaben der Wissenschaften gezeichnet werden soll. Die Typen sind die Lehrbücher und die übrigen bereitgestellten Lehrmittel, mit deren Hilfe der Lehrstoff mit wenig Mühe dem Verstande eingeprägt werden soll. Die Druckerschwärze ist die lebendige Stimme des Lehrers, die den Sinn der Dinge aus den Büchern auf den Geist der Hörer überträgt. Die Presse ist die Schulzucht, welche alle zur Aufnahme der Lehren bereit macht und aspornt.«

Comenius malt den Vergleich dann aus und kommt abschließend auf den eigentlichen Druckvorgang zu sprechen:

»16. Der Druckerschwärze entspricht in der Didaktik die Stimme des Lehrers, so sagten wir. Denn wie die Lettern, die an sich trocken sind, mit Hilfe der Presse sich zwar dem Papier eindrücken, aber nichts als eine farblose Vertiefung hinterlassen, die bald wieder verschwindet, jedoch mit Schwärze gefärbt sehr klare und fast unauslösliche Schriftbilder drucken – so ist auch das, was den Knaben von ihren stummen Lehrern, den Büchern, geboten wird, stumm, dunkel und unvollkommen. Aber wenn die Stimme des Lehrers hinzukommt (der den Lernenden alles vernünftig und ihrer Fassungskraft entsprechend erklärt und die Anwendung zeigt), wird alles lebendig und prägt sich dem Geist tief ein, sodaß sie dann wirklich verstehen, was sie lernen und wissen. Wie sich aber die Druckerschwärze von der Schreibtinte unterscheidet, indem sie nämlich nicht aus Wasser, sondern aus Öl ist (der Drucker, der etwas Besonderes leisten will, verwendet reines Walnußöl, mit Kohlenstaub vermischt), *so muß auch die Stimme des Lehrers* wegen seiner angenehmen und leichten Lehrmethode gleich

217

Abb.: Radierung nach Stradanus (1523–1605)

dem feinsten Öl *in den Geist der Lernenden eindringen und mit sich zugleich den Lehrstoff eindringen lassen.*«[10]

Die Ähnlichkeit des unterstrichenen Textteils mit dem ersten Satz des »Orbis sensualium pictus« ist auffällig. Zu sehen ist jetzt an der Analogie, wie wörtlich Comenius die Lehrtätigkeit als *Prägung* der Schüler verstanden hat, wörtlich und doch metaphorisch. Der Lehrer dringt mit seiner Rede in den Geist (anima / ingenium) der Lerner, füllt ihren Geist.

Daß sich Kinder individuell entwickeln, hat Comenius dabei noch nicht im Blick. Vielmehr legt er dar (Kapitel 9), daß die Menschen einander im wesentlichen gleich sind. Eben deshalb hat er keine Hemmungen, das Lehr-Lern-Kunststück als Druckvorgang zu fassen. Der nachfolgende Abschnitt 7 aus Kapitel 32 der »Didactica magna« verdeutlicht nochmal das Eingreifende, Indoktrinierende, Gleichmachende der Unterrichtsmethode des Comenius, also das, was für uns heute so befremdend wirkt:

»17. Was schließlich in der Buchdruckerei die Presse tut, das kann in der Schule allein die Zucht (disciplina) bewirken, nämlich daß ein jeglicher die Bildung annehme (culturam recipiat). So wie dort jedes Papier zum Buch werden muß und der Presse nicht entgehen kann (wenngleich das härteste Papier stärker und das weichere weniger stark gepreßt wird), so muß sich auch jeder, der sich in der Schule will bilden lassen, der allgemeinen Zucht unterwerfen. Die Stufen dieser Zucht sind: erstens: ständige *Aufmerksamkeit* (des Lehrers); da man sich nämlich nie auf den Fleiß oder die Unschuld der Knaben verlassen kann, die ja doch Söhne Adams sind, muß man ihnen mit den Augen folgen, wohin sie sich auch wenden. Zweitens: *Tadel,* womit man die, welche gegen die Zucht verstoßen, sogleich auf den Weg der Vernunft und des Gehorsams zurückruft. Endlich: *Züchtigung* für die, welche sich durch einen Wink oder eine Mahnung nicht belehren lassen. Aber alles muß mit Vorsicht gebraucht werden und zu keinem andern Zweck als dem, alle anzuregen und zu ermuntern, mit Geschicke alles anzugreifen.« (Comenius 1657 / 1954, S. 210 ff.)

Comenius, der Realist, hat keine Hemmungen, die Analogien der verschiedenen Lebensbereiche auszuspinnen. Wenn die *eine* Ordnung Gottes in allen drei »Büchern« Gottes, der Natur, der Bibel und dem menschlichen Geiste, erfahren werden kann, warum sollte dann der Ver-

---

10 Im Lateinischen lautet das: »Quemadmodum autem Atramentum impressorium diversi generis est a scriptorio, nempe non ex aqva, sed oleo (et qvi arte typographica maxime se commendatos cupiunt, adhibend oleum qvam prissimum, cum pulvere carbonum e juglandibus) ita *vox Praeceptoris per svavem et planam docendi rationem,* mollissimi olei instar *animis discentium insinuare* se, sedumque Res, *debet.*« (Unterstreichungen von mir, M. Meyer)

gleich zwischen Lehrtätigkeit und Buchdruck hinken? Comenius ist deshalb zuversichtlich, trotz des alten Adam in uns, trotz oder vielmehr gerade wegen der grausamen Erfahrungen, die der Dreißigjährige Krieg für ihn bedeutet hat, das Rohe durch Erziehung (Entrohung) überwinden zu können.

Nach dem oben zitierten Eingangssatz im »Orbis pictus« lesen wir noch auf der ersten Seite zwei weitere, markante, aber gleichfalls problematische Sätze, die fast wörtlich aus dem »Novum organon« des Francis Bacon übernommen sind (vgl. Perkinson 1980, S. 57ff.):

»Dico & alta voce repeto, postremum hoc reliquorum omnium esse fundamentum: quia nec Agere nec Loqui sapienter possumus, nisi prius omnia, quae agenda sunt et de quibus loquendum est, recte intelligamus. *In Intellectu autem nihil est, nisi prius fuerit in Sensu.*«[11]

Wir können weder vernünftig handeln noch reden, wenn wir nicht verstehen. Im Verstande aber ist nichts, wenn es nicht zuvor im Sinne (in den Sinnen / in der sinnlichen Wahrnehmung) gewesen ist.

Die These paßt zur barocken Fülle der Denkfiguren des Comenius, paßt zu seiner Pansophie und Theologie. Aber sie paßt zugleich auf merkwürdige Weise auch wieder nicht zu dem, was Comenius tut. Denn er fordert Anschaulichkeit, obwohl es sein eigentliches Ziel ist, das Unanschauliche, die Heilsbestimmung der Menschen, didaktisch in den Griff zu bekommen. Aus meiner Sicht zumindest ist die Didachographie nicht mit der These zu vereinbaren, daß alles, was in den Kopf soll, über die Sinne in diesen Kopf soll. Comenius' Forderung »lingua« (Sprache) und »autopsia« (analytische Betrachtung, Anschauung) zusammenzubringen (Kap. 20, Abschnitt 8), wird von ihm selbst nicht praktiziert, weil er seine Denk-Welt nur durch Anschauung gar nicht ins Klassenzimmer bringen könnte.

Aber das große, für die Metaphorik wichtige Thema der Neuzeit ist formuliert: Wie passen Sinnlichkeit / Anschaulichkeit und Denken / Ideenwelt zusammen?

---

11 In der deutschen Übersetzung der zweisprachigen Ausgabe heißt das: »Ich sage und widerhole mit hoher Stimme, daß dieses leztere die Grundstüzte sey aller der anderen Stücke: weil wir weder etwas ins Werk setzen, noch vernünftig ausreden können, wann wir nicht zuvor alles, was zu thun oder wovon zu reden ist, recht verstehen lernen. Es ist aber nichts in dem Verstand, wo es nicht zuvor im Sinn gewesen.« (Comenius 1658 / 1978, Praefatio / Vortrag)

Weil dies zugleich das große erkenntnistheoretisch-pädagogische Thema seit der griechischen Antike ist – nur die Problemlösungsvorschläge ändern sich –, mache ich nun noch einmal einen gewaltigen Sprung, weitere zwanzig Jahrhunderte zurück, bis zu *Platon.*

Dieser schreibt im Siebten Buch seiner »Politeia«, gleich nach dem Höhlengleichnis, was der *Weg der Erkenntnis,* pädagogisch betrachtet, sei. Platon entwickelt hier, modern formuliert, das Curriculum für seine Philosophen-Herrscher. Die Arithmetik, die Geometrie, die Astronomie und die Harmonienlehre sind nützliche Wissenschaften (mathemata) für die Bildung der zukünftigen Herrscher, weil diese Disziplinen zwar ihren Ursprung in der praktischen Lebensbewältigung haben, aber zugleich aus sich selbst heraus über diese Alltagswelt hinausweisen. Noch markanter, so Platon, wird die Distanz zur alltäglichen, wirklichen Welt der Wahrnehmung, wenn man nach der Beschäftigung mit den mathemata zur Dialektik vordringt.

Den »dialektischen« Königsweg beschreitet derjenige, der es unternimmt,

». . . ohne alle Wahrnehmung nur mittels des Wortes und Gedankens zu dem selbst vorzudringen, was jedes ist, und nicht eher abläßt, bis er, was das Gute selbst ist, mit der Erkenntnis gefaßt hat.« (Pol. 532a/b)

Wer so weit kommt, ist »an dem Ziel alles Erkennbaren« (Pol. 532b) angelang, während man mit Hilfe der »mathemata« nur vom Seienden »träumen«, es nicht »ordentlich wachend« erkennen kann.

Platon beschreibt die bildende Qualität der dialektischen, auf den mathemata aufbauenden Lern-Methode dann wie folgt:

»Nun aber . . . geht allein die dialektische Methode, auf diese Art alle Voraussetzungen aufhebend, gerade zum Anfange selbst, damit dieser fest werde, und das in Wahrheit in barbarischem Schlamm *(en borboro barbariko)* verborgene Auge der Seele *(to tes psyches omma)* zieht sie gelinde hervor und führt es aufwärts, wobei sie als Mitdienerinnen und Mitleiterinnen die angeführten Künste gebraucht . . .« (Pol. 533 c/d)

Danach entwickelt Platon seine bekannte Stufung des Erkenntnisweges von der bloßen Wahrscheinlichkeit (eikasia) und Meinung (pistis) über das Verständnis (dianoia) bis zur Wissenschaft (episteme) und beendet die Darstellung der dialektischen Methode mit einer letzten kühnen Metapher:

»Scheint Dir nun nicht, sprach ich, die Dialektik recht wie der Sims ... über allen anderen Kenntnissen zu liegen und über diese keine anderen Kenntnis mehr mit Recht aufgesetzt werden zu können, sondern es mit den Kenntnissen hier ein Ende zu haben? – Mir wohl! sagte er.« (Pol. 534e/535a)

Wie hier im Siebten Buch der »Politeia« in wenigen knappen Metaphern, Analogien und Bildern die ganze Ideenlehre in didaktischer Absicht zusammengefaßt wird, ist imposant. Der *Weg* der Bildung führt *nach oben*, ist zugleich als solcher ein Weg der *Umkehr*, befreit die Seele (genauer: das *Auge* der Seele) aus dem *Dreck*, aus *dem barbarischen Schlamm*. Dieser Schlamm – das ist m. E. am Vergleich das eigentlich Interessante – ist die sinnliche Wahrnehmung, also das, was bei Francis Bacon und Comenius notwendiger Ausgangspunkt jeglicher didaktischen Bemühung werden wird!

Für die Bewertung der Darstellung entscheidend ist nun aber, daß Platon eine der Welt der Sinne entnommene Metaphorik verwendet, um den Prozeß der Überwindung dieser Sinnenwelt zu beschreiben! Man muß im Bildungsprozeß nach oben bis zum *Sims* (griechisch, »thrinkos«) kommen, bis zu den Abschlußsteinen, die bei den griechischen Tempeln die Friese darstellen, die den religiösen Kultus bildlich darstellen. Während wir modernen Menschen die Wahrnehmung (das Wahr-Nehmen) der Welt, der Natur, der Wirklichkeit also als notwendig, sinnvoll, schön und interessant erachten, ist diese Wirklichkeit für Platon etwas Negatives, etwas, wovon man sich im Bildungsprozeß abwenden muß.

Das abendländische Programm der höheren Bildung, die ihre Hoheit gerade durch Un-Sinnlichkeit und damit durch Praxisferne beweist, ist hier in der »Politeia« erstmals dargelegt – in metaphorischer Sprache!

Es hat 2000 Jahre gedauert, bis zu Bacon, Comenius und anderen, bis diese Konzeption der »höheren« Bildung kritisiert worden ist. Und im Alltagsverstand heutiger Menschen ist der Bildungsprozeß aller Erziehungswissenschaft zum Trotz – immer noch ein Prozeß der Abkehr von der sinnlichen Welt und damit von körperlicher Arbeit, Werkstatt, Technik und Nützlichkeit.

Ich kann meine Beispielsammlung beenden. Es ist aufschlußreich, Unterrichten als *Kämpfen um Macht* und die Lernenden als *programmierte Knetmasse* zu interpretieren. Aber auch der Vergleich des Unterrichtens mit dem *Drucken von Büchern* ist erhellend, gerade für uns im 20. Jahrhundert; es ist erhellend, den Weg der Bildung als *Befreiung* und

Aufwärtsbewegung der Seele zu begreifen, aber wir sollten dabei nicht verdrängen, daß das metaphorisch ist, und wir sollten uns fragen, wie passend die Metaphorik ist. Ich lege deshalb jetzt dar, was unter Metaphorik in der Darstellung der Wirklichkeit verstanden werden kann.

4. *Philosophisch-philologische Metaphernforschung: Von der Abwertung des Aristoteles bis zur Anerkennung der durchgängigen Metaphorizität der Sprache in der Gegenwart*

Man versteht, meine ich, aufgrund der zahlreichen Beispiele aus der Pädagogik, zunächst recht gut die erste bekannte Definition der Metapher, die des Aristoteles in seiner »Poetik«:

> »Jedes Nomen ist entweder eine Bezeichnung oder eine Glosse (ein Fremdwort), eine Metapher, ein Schmuck, ein Erfundenes, Erweitertes, Verkürztes, Verändertes ... *Metapher ist die Übertragung eines fremden Nomens, entweder von der Gattung auf die Art oder von der Art auf eine andere oder gemäß der Analogie.*« (Aristoteles 1961, S. 54/55; zur Interpretation vgl. Derrida 1972/1988, S. 223–236)

Die von Aristoteles zur Erläuterung gelieferten Beispiele leuchten ein: Es ist metaphorisch, vom Schiff zu sagen, es stehe still, wenn es vor Anker liegt. Es ist metaphorisch, vom Abend des Lebens zu sprechen. Wichtig für uns ist die Aussage, daß Metaphern dadurch entstehen, daß Wörter (Nomina) *von einem Bereich* in *den anderen* hinübergetragen werden. Da es in der Unterrichtsbeobachtung häufig darum geht, eine abstrakte bzw. im »Inneren« der Schüler und Lehrer ablaufende Entwicklung metaphorisch zu veranschaulichen, wird verständlich, wieso wir so viele und interessante Metaphern fanden. Der Metapherngebrauch für die Unterrichtsbeschreibung hat aber, anders als in den Beispielen des Aristoteles, eine bestimmte Richtung, die ich schon oben verdeutlicht habe: vom Unanschaulichen, Abstrakten, Inneren (des Gemeinten) hin zum Anschaulichen, Konkreten, Äußerlichen (der Bilder). Aber lesen wir zunächst weiter, was Aristoteles schreibt!

Er liefert, seiner praktischen Absicht in der »Poetik« gemäß, eine Bewertung des Metapherngebrauchs:

»*Die beste Sprachform ist diejenige, die klar und nicht gewöhnlich ist.* Am klarsten ist sie mit den bezeichnenden Nomina, aber dann ist sie gewöhnlich ... Erhaben und das Gewöhnliche meidend ist die Dichtung, die fremdartige Worte gebraucht. Fremdartig nenne ich die Glosse (das Fremdwort), die Metapher, die Erweiterung und alles außerhalb des Bezeichneten. Wenn aber einer ausschließlich derartiges in seiner Dichtung anwendet, so wird sie entweder ein Rätsel oder ein Barbarismus, und zwar, wenn man dauernd Metaphern verwendet, ein Rätsel, und wenn man Glossen verwendet, ein Barbarismus. Denn das ist das Wesen des Rätsels, wenn man Dinge sagt, die faktisch unmöglich miteinander zu verknüpfen sind.« (Aristoteles, S. 56)

Des Aristoteles abwertende Definition der Metapher ist in der Philosophie, in Literatur- und Sprachwissenschaft bis in unsere Zeit hinein aufgenommen worden. Wer metaphorisch redet, redet in Rätseln. Mir liegt im Anschluß an Forschungen der letzten Zeit an dem Nachweis, daß diese Abwertung unberechtigt ist.

Die heutige positive Haltung gegenüber der metaphorischen Rede hängt wesentlich damit zusammen, daß wir wissen, wie kompliziert die von Aristoteles, aber auch etwa von Descartes und anderen als »klar« definierte »Bezeichnung« der Welt der Gegenstände durch »Begriffe« ist. Es gibt keine einfache Unterscheidung von klar und undeutlich bezeichnenden Nomina.[12] Hans Blumenberg stellt deshalb die befreiende, phantasieanregende, keinesweges rätselhafte Funktion der Metaphern heraus. Mit ihnen läßt sich das sagen, was sich einer »strengen Begrifflichkeit« verschließt, also das, was gerade interessant ist, in der Alltagswelt wie in den Wissenschaften. Außerdem gibt es Dinge, die man nur metaphorisch sagen kann. Blumenberg spricht deshalb von »*absoluten Metaphern*«, die nicht eine Brücke zwischen zwei Wirklichkeitsbereichen herstellen, sondern etwas zur Sprache bringen, was sich nicht-metaphorisch gar nicht sagen ließe (Blumenberg 1960, S. 288). Die Verwendung von Metaphern bereichert unsere Sprache, verändert auch die normale Sprache, aber es wird nie soweit gehen mit der Angleichung der metaphorischen Sprache an die »begriffliche«, daß dabei die

---

12 Meines Erachtens sehr aufschlußreich für die Berechtigung meiner These ist, daß bei vielen Erziehungswissenschaftlern zwar die Kritik an der unpräzisen, rätselhaften Metaphorik geäußert wird (etwa Geissler 1966), daß aber meines Wissens nirgendwo an einem Beispiel oder auf anderem Wege erläutert wird, wie die klare Begriffssprache es denn schafft, die Probleme der metaphorischen Rede über Unterricht zu vermeiden. Die negative Bewertung metaphorischer Rede ist ein mitgeschlepptes Klischée , das nie gründlich untersucht worden ist.

Metaphorik »aufgezehrt« würde.[13] Auf das Unterrichten bezogene Ausdrücke wie »Vertiefung«, »Begreifen« und »im Griff haben« sind meines Erachtens absolute, heute aber nicht mehr metaphorisch verstandene Metaphern. Ich wüßte nicht, wie man das, was mit den Ausdrücken gemeint ist, »wörtlich« ausdrücken sollte.

Max Black geht in seinem Aufsatz über Metaphern (1962/1983) in der Aufwertung metaphorischer Rede einerseits nicht so weit wie Blumenberg – es gibt bei ihm keine absoluten Metaphern –, andererseits aber noch weiter als dieser. Black vertritt eine »interaction view of metaphor«: Der metaphorische Sprachgebrauch führt zu einer *Interaktion* zwischen zwei Sprachbereichen und produziert so eine Erweiterung der Bedeutungsbreite der metaphorisch verwandten Ausdrücke. Dabei hat jede Metapher eine Selektionsfunktion. Sie betont oder unterdrückt etwas bezüglich unserer Wahrnehmungen. Wenn Herbart und nach ihm die Lehrer und die Studenten davon sprechen können, daß sie ein Thema *vertiefen*, dann wird im Rahmen der Metapherntheorie von Max Black dadurch die Bedeutung des Begriffs »Vertiefung« erweitert. Vielleicht, müssen wir hinzufügen, wird aber zugleich auch einiges von dem, was beim Lernprozeß der Schüler tatsächlich abläuft, aus der Beobachtung ausgeschlossen. Ich habe das Problem der selektiven Funktion der Metaphern angedeutet, indem ich davon sprach, daß einige Metaphern schief seien.

Aufgabe einer *didaktischen Metaphorik* wäre es deshalb, durch Sprachanalyse das wahre Bild unserer Wahrnehmung von Unterricht zu zeichnen und so herauszubekommen, was bei unserer Art, über Unterricht, Lehren und Lernen zu reden, unterdrückt wird.

Eng verknüpft mit diesem Problem ist die Frage, ob der Sprachbenutzer sich der Metaphorik seiner Sprache eigentlich bewußt ist. Auch hierauf habe ich oben schon hingewiesen. Wenn wir heute davon sprechen, daß der Lehrer den Schülern eine Aufgabe *stellt*, daß der Unterricht *anschaulich* war, daß die Schüler etwas *begriffen* haben, daß ihnen noch die *Erfahrung* fehlt oder daß der Lehrer der Klasse *im Griff hat*, dann denken wir in der Regel gar nicht mehr daran, daß hier der Sprachgebrauch ursprünglich metaphorisch ist. Wenn ein Mathematiklehrer aber sagt, die Schüler müßten lernen, mit den Zahlen zu *jonglieren*, dann

---

13 Man vergleiche zu Blumenberg Theodor Schulze (1990, S. 204–208).

ist das eine neue Metapher, die wir interessant finden, gerade weil die Neuheit uns die metaphorische Qualität der Formulierung bewußt macht. Erst recht interessant, meine ich, ist etwa Henningsens Begriff der *programmierten Knetmasse*. Er provoziert das Nachdenken, weil wir alle schon mal aus Knetmasse Figuren hergestellt, verändert, mit wenigen Griffen wieder in unförmige Klumpen zurückverwandelt haben.

Leider gewöhnt sich unser Gehirn schnell an die zunächst durchaus kühnen Provokationen. Wenn ein metaphorischer Ausdruck aber erst einmal festes Element der Alltags-, der Wissenschafts- oder der Berufsfachsprache geworden ist, dann hat sich auch schon seine Bedeutung geändert. Aus einer lebendigen ist eine tote Metapher geworden. Dies heißt: auch Metaphern unterliegen der *Abnutzung*, wie Derrida mit Bezug auf Hegel metaphorisch schreibt (1972/1988, S. 205 u. 219). Die Metaphorik der Studenten, in gewisser Weise aber auch die von Hilbert Meyer und Jürgen Henningsen, belegen das.

Ich habe, Blumenberg und Black zitierend, vorausgesetzt, daß man verschiedene Sprachbereiche unterscheidet: jeweils denjenigen Bereich, in dem man »metaphorisch« redet, und den, in dem man »normal« redet, und daß es metaphorische Bereiche gibt, die von anderen Bereichen losgelöst sind, die absolut sind. Wenn normale Sprache nun aber wesentlich dadurch gekennzeichnet ist, daß ihre Metaphorik nicht mehr lebt, wenn es fließende Übergänge zwischen »normaler« und »metaphorischer« Sprachverwendung geben muß, kann es sein, daß sich das Ganze – im Sprachmodell – auch umkippen läßt. Der metaphorische Sprachgebrauch ist dann der normale, und die präzise Begriffsbildung stellt nur eine spezielle Art der Sprachverwendung dar, die auf diesem Grunde aufbaut. Das vormals, bei Aristoteles und seinen Nachfolgern, Uneigentliche wird zum Eigentlichen. Zu erklären ist dann nicht, wieso Metaphern, Analogien und Bilder trotz des Ausflugs in fremde Reviere sinnvoll sein können, sondern wie man im Rahmen einer »durchgehenden Metaphorizität der Sprache« (H. Arntzen, nach Thomas Althaus 1991, S. 5) die Sprache des Begriffs erklären kann.[14]

---

14 Thomas Althaus schreibt dazu: »Die (gegenüber der Tradition, M. Meyer) m. E. profiliertere sprachphilosophische Position zur Metapher ist ... im Grundsätzlichen eine solche, die nicht davon ausgeht, wir sprächen in Begriffen – sondern umgekehrt von einem metaphorischen Grund der Sprache, auf den Prozesse der

Was bringt uns ein solches »umgekipptes« Modell? Zunächst, wie bei Blumenberg, das Bild einer lebendigeren Sprache, als die traditionelle Sprachphilosophie vermitteln konnte. Die didaktische wichtige Qualität unserer Sprache, Phantasie und Kreativität auszudrücken, wird in unserem Sprachmodell eingefangen. Zugleich werden wir aber auch noch ein gewichtiges erkenntnistheoretisches Problem los, das sich mit Bezug auf die Sprachphilosophie Ludwig Wittgensteins verdeutlichen läßt. Im »Tractatus logico-philosophicus« hatte Wittgenstein die These vertreten, man komme dann zu einer klaren und exakten Sprache, die für die Wissenschaften tauglich ist, wenn man die normalen Aussagesätze solange analysiert, bis die Übereinstimmung von Sache und Sachverhalt klar wird. Im Modell impliziert war dabei irgendwo, tief unten auf der Ebene der »Elementarsätze«, eine Isomorphie, eine Gleichgestalt von Satz und Sachverhalt. Irgendwo, wenn man nur exakt genug wird, läßt sich zeigen, wie Sprache und Welt zusammenhängen. Gegen die vermeintliche Plausibilität dieser Annahme, die implizit von all denen vertreten wird, die mit Aristoteles metaphorische Rede als Rätselsprache abqualifizieren, hat Wittgenstein sein ganzes späteres Leben lang angekämpft, ausdauernd, eben weil das falsche Modell zunächst so über-

---

Begriffsbildung und -findung jeweils aufstufen. Daß dies, der metaphorische Grund, nicht durch sich selbst erhellt und uns/den Forschenden immer weniger evident ist (das 18. Jahrhundert hatte hier noch ein anderes Bewußtsein; vgl. z. B. Hamann, Herder, Humboldt), hängt damit zusammen, daß jene Begriffsbildung der Prozeß der Konstitution von Wissenschaft ist und das wissenschaftliche Denken, dessen Perspektiven wir internalisiert haben, sich selbst, d. h. auch seine Begrifflichkeit als das Wesentliche und Erste, die Metaphern aber als Aberrationen von sich, nämlich als bloße ›Übertragungen‹ behandelt. Diese Auffassung macht sich insofern selbst zu der wahren, als sie das analoge sprachliche Verhalten dann natürlich nach sich zieht: Wer die Metapher nur für ein sprachliches Bild hält, wird sie entsprechend benutzen, also nicht versuchen, in seinen eigenen metaphorischen Ausdrücken sein Denken kognitiv zu entfalten. – Metaphern können aber mit dem, was sie vom Begriff unterscheidet: mit ihren Mehrdeutigkeit – positiv aufgefaßt als Bedeutungsfähigkeit –, auf Gedanken bringen und dann gerade in den Wissenschaften, deren Darstellungsmodus Texte sind, als eine bestimmte Weise sprachlichen Verhaltens, wie Katalysatoren der Entwicklung wirken, und zwar einer Entwicklung, in der die Wissenschaft dann ihre neuen Begriffe hervorbringt.« (Thomas Althaus, Brief vom 25. 7. 1990; vgl. Althaus 1991, S. 5/6)

zeugend wirkt.[15] Für den späten Wittgenstein gibt es nur eine Mannigfaltigkeit von Sprachspielen, welche wir beschreiben können, von Sprachspielen, die in Lebensformen eingebettet sind und die so mit sprachlichen Handlungen korrelieren. Einige dieser Sprachspiele als eigentliche und andere als uneigentliche zu kennzeichnen, ist dabei aber abwegig, denn wir kommen nicht *mit* der Sprache aus ihr heraus (vgl. Meinert A. Meyer 1976, 1987).

Veranschaulichen wir das an dem Begriff, der, wie ich eben mit Bezug auf Comenius und Platon gezeigt habe, für die Didaktik so interessant ist, auch wenn die Lehramtsstudenten ihn kaum verwenden, an dem der *»Anschauung«*.

Seit Comenius wissen wir, daß jeglicher Unterricht, der für lernende Kinder produktiv (lernfördernd und vergnüglich) sein soll, anschaulich zu sein hat. Sprache und Anschauung, lingua und autopsia, sollen übereinstimmen. Aber was heißt das? Anschaulicher Unterricht hat doch wohl mit dem, was ich mache, wenn ich mir ein Bild von Lucas Cranach anschaue, nicht viel gemein!

Mit *Jacques Derrida* läßt sich zeigen, daß Anschauung immer nur Anschauung von Begriffen ist (Althaus 1991). Der Begriff der Anschauung verweist auf etwas jenseits seiner selbst, »ereignet« sich nur im Verschwinden des Angeschauten und damit der Anschauung. Wer von »Anschauung« und »Vertiefung«, von »Bildung« und »Begriff« spricht, ist längst jenseits der Anschauung. Es ist für die Metaphorik unserer Sprache charakteristisch, daß die Erinnerung an ihren sinnlichen Ursprung aufgehoben, daß sie getilgt wird.

---

15 Wenn Harald Weinrich 1976 schreibt: »Eine Metapher . . . ist ein Wort in einem Kontext, durch den es so determiniert wird, daß es etwas anderes meint, als es bedeutet«, dann hängt er – bei aller Akzeptanz seiner Aufwertung »kühner Metaphern« aus der Textlinguistik heraus – doch an der nicht ausreichend reflektierten Fiktion eigentlicher Bedeutungen der Wörter. (Weinrich 1976, S. 311)

5. Die methodische Perspektive: Unsere metaphorische Darstellung von Unterricht in ihrer handlungsleitenden Qualität bewußt machen

Wir können in einer empirischen Metaphorologie untersuchen, wie wir tatsächlich über Unterricht denken, indem wir die Sprache, die wir in der Darstellung von Unterricht, Lehren und Lernen verwenden, »gegen den Strich bürsten« (vgl. Schulze 1990, S. 102 und Künzli 1985, S. 359). Ich habe dies in den vorangegangenen Abschnitten versucht. Wir erhalten dadurch ein einigermaßen objektives Verfahren, um an das Erfahrungswissen der Lehramtsstudenten, der Lehrer und der Erziehungswissenschaftler heranzukommen, an das Wissen, das sie noch nicht einer kontrollierten wissenschaftlichen Reflexion unterzogen haben, das aber doch handlungsleitend ist. Es lohnt sich also, eine didaktische Metaphorik als Bestandteil der Methodendiskussion zu etablieren.

Die Untersuchung der metaphorischen Darstellung von Unterricht kann dabei eine kritische, heuristische und systematische Funktion für die Didaktik erhalten (vgl. Schulze 1990 mit Bezug auf Scheuerl 1959):

– *kritisch,* weil sie uns zeigt, wie wir wirklich denken, und daß wir nie durch Methode zur direkten Übereinstimmung von Sache und Sachverhalt voranschreiten können,
– *heuristisch,* weil sie uns Informationen liefert, an die wir sonst nicht herankommen, und
– *systematisch,* weil sie uns deutlich macht, welcher Qualität der Objektbereich der Didaktik ist – er erschließt sich nicht dem direkten Zugriff, obwohl wir doch alle wissen, was mit Lehren und Lernen gemeint ist.

Es lohnt sich also, die Sprachanalyse wieder von der marginalen Position zu befreien, die sie in der Didaktik in der letzten Zeit gehabt hat.[16] Reden

---

16 Angemerkt sei, daß bis in die jüngste Vergangenheit hinein die pädagogische Literatur zur Metaphorik nicht sehr umfangreich ist. Was mir zur Kenntnis gelangt ist, sei genannt: Hans Scheuerl (1959), Erich Geissler (1966), Fritjof Rodi (1967), Gisela Brühl (1969), Israel Scheffler (1971, S. 69–85), Andrew Ortony (1975), Ralph M. Miller (1976), Hugh G. Petrie (1979), Howard Gardner/Ellen

über Unterricht wird in seiner methodischen Qualität für den Unterricht erkannt. Es strukturiert eben diesen Unterricht, ist Zwangsjacke und Befreiung in einem.

Hochschuldidaktisch gewendet heißt das: Wir sollten lernen, Unterricht besser zu beschreiben, als es traditionell der Fall war.

Platon schrieb, die dialektische Methode ziehe das Auge der Seele aus dem barbarischen Schlamm der sinnlichen Wahrnehmung und führe sie hinauf in die Welt der Ideen. Vielleicht war Platon, als er seine Abwendung von der sinnlichen Wahrnehmung mit anschaulichen Metaphern darstellte, gar nicht naiv. Vielleicht wußte er, daß der Bildungsprozeß anders nicht begriffen werden kann. Und vielleicht war sich auch Comenius der Tatsache bewußt, daß seine Lehrkunst analog zur Buchdruckerkunst nur oberflächlich im Widerspruch zu der These stand, daß nichts im Intellekt ist, wenn es nicht zuvor im Sinn gewesen ist. Vielleicht bringt uns die didaktische Metaphernforschung auch dazu, mit mehr Verständnis in Hospitationsberichten zu lesen, daß die Lehrerin ihre Klasse »fest im Griff hatte«. Ich komme so auf meine Einleitung zurück. Lehrer sollten, wenn sie ihre eigene Didaktik erkunden wollen, auf ihre Sprache achten. Die Art und Weise, wie sie den Lehr-Lern-Prozeß metaphorisch darstellen, gibt Aufschluß über ihre bewußten und unbewußten Wahrnehmungs- und Handlungsmuster; sie erschließt ihre eigene Art des Denkens und Handelns. Metaphorik ist Methode.

Literatur

Althaus, T.: Das Uneigentliche ist das Eigentliche. Metaphorische Darstellung in der Prosa bei Lessing und Lichtenberg. Aschendorff, Münster 1991.

Aristoteles: Poetik. Übersetzt und eingeleitet von Olof Gigon, Reclam, Stuttgart 1961.

Winner (1978), Walter Herzog (1983), Rudolf Künzli (1985), Hugh Munby (1986). In der allerletzten Zeit hat die Enthaltsamkeit der Pädagogen gegenüber diesem Sprachthema aber offensichtlich abgenommen, was sicherlich wieder an der bekannten Neigung der Erziehungswissenschaft liegt, sich durch die Themen anderer Wissenschaften, etwa der Philosophie, der Literatur oder der Soziologie, »befruchten« zu lassen. Vgl. dafür Gerhard de Haan (19909 und Theodor Schulze (1990).

Black, M.: »Die Metapher«. In: Haverkamp (1983), S. 55–69 (Original 1962).

Blumenberg, H.: »Paradigmen zu einer Metaphorologie.« In: Archiv für Begriffsgeschichte 6 (1960), S. 7–145 und 301–305.

Brühl, G.: Die Schule im Urteil ihrer Lehrer vom ausgehenden 16. bis zum ausgehenden 19. Jahrhundert. Deutscher Fachschriften-Verlag, Wiesbaden-Dotzheim 1969.

Comenius, J. A.: Orbis sensualium pictus. Nürnberg 1658, Nachdruck Harenberg Kommunikation. Dortmund 1978.

Comenius, J. A.: Opera didactica omnia. Amsterdam 1657. hrsg. u. eingel. von Klaus Schaller, Georg Olms Verlag, Hildesheim und New York 1973 (darin: lateinische Fassung der »Didactica magna«).

Comenius, J. A.: Große Didaktik. Übersetzt u. herausgegeben von Andreas Flitner. Küpper/Bondi. Düsseldorf und München 1954.

Derrida, J.: »Der Entzug der Metapher.« In: Romantik. Literatur und Philosophie. Internationle Beiträge zur Poetik. Hrsg. v. Volker Bohn, Suhrkamp Verlag, Frankfurt a. M. 1987, S. 317–354.

Derrida, J.: Randgänge der Philosophie. Original 1972. Passagen Verlag, Wien 1988; darin S. 205–258: »Die weiße Mythologie. Die Metapher im philosophischen Text.«.

Freinet, F.: Pädagogische Texte. Mit Beispielen aus der praktischen Arbeit nach Freinet. Hrsg. v. Heiner Boehncke und Christoph Henning, Rowohlt, Reinbek bei Hamburg 1980 (Original 1967).

Gardner, H./Winner, E.: »The development of metaphoric competence«. In: Critical Inquiry 5 (1978), S. 123–142.

de Haan, G.: »Über Metaphern im pädagogischen Denken«. In: Oelhers, J./Tenorth, H.-E. (Hrsg.): Pädagogisches Wissen. 27. Beiheft der Zeitschrift für Pädagogik. Beltz Verlag, Weinheim 1991, S. 361–375.

Haverkamp, A. (Hrsg.): Theorie der Metapher. Wissenschaftliche Buchgesellschaft, Darmstadt 1983.

Henningsen, J.: Erfolgreich manipulieren. Methoden des Beybringens. Aloys Henn Verlag, Ratingen etc. 1974.

Herzog, W.: »Plädoyer für Metaphern. Versuch, ein vergessenes pädagogisches Thema in Erinnerung zu rufen.« In: Vierteljahrschrift für wissenschaftliche Pädagogik 59 (1983), S. 299–332.

Künzli, K.: »Zu Ort und Leistung der Metapher im pädagogischen Verständigungsprozeß.« In: J. Petersen (Hrsg.): Unterricht. Sprache zwischen den Generationen. Festschrift für G. Priesemann. Verlag Wissenschaft und Bildung, Kiel 1985, S. 355–372.

Meyer, H.: Leitfaden zur Unterrichtsvorbereitung. Scriptor, Königsstein/Ts. 1980.

Meyer, H.: UnterrichtsMethoden, Bd. 1 und 2, Scriptor Verlag, Frankfurt a. M. 1987.

Meyer, M. A.: Shakespeare oder Fremdsprachenkorrespodenz? Zur Reform des Fremdsprachenunterrichts in der Sekundarstufe II. Verlag Büchse der Pandora, Wetzlar 1986.

Meyer, M. A.: »Über Gewißheit im Lehr-Lern-Prozeß. Didaktische Reflexionen im Anschluß an Ludwig Wittgenstein.« In: Zeitschrift für Didaktik der Philosophie Heft 2, 1987, S. 63–77.

Miller, R. M.: »The dubious case for metaphors in educational writing«. In: Educational Theory 26 (1976), S. 174–181.
Munby, H.: »Metaphor in the thinking of teachers: An exploratory study«. In: Curriculum Studies 18 (1986), S. 197–209.
Ortony, A.: »Why metaphors are necessary and not just nice«, In: Educational Theory 25 (1975), S. 45–53.
Ortony, A. (Hrsg.): Metaphor and Thought. Cambridge University Press, Cambridge 1979.
Perkinson, H. J.: Since Socrates. Studies in the history of Western educational thought. Longman, New York 1980; darin S. 50–73: »Comenius's Didactic«.
Rodi, F.:» Zur Metaphorik der Aneignung.« In: Bildung und Erziehung 20 (1967), S. 425–438.
Petrie, H. G.: »Metaphor and learning«. In: Ortony (1979), S. 438–461.
Platon: Politeia. In: Sämtliche Werke in der Übersetzung von Friedrich Schleiermacher, Band 3, Rowohlt, Hamburg 1958.
Ricoeur, P.: La Métaphore vive. Editions due Seuil, Paris 1975. Deutsche Ausgabe: Die lebendige Metapher. Übers. v. Rainer Rochlitz, Wilhelm Fink Verlag, München 1986.
Scheffler, J.: Die Sprache der Erziehung. Päd. Verlag Schwann, Düsseldorf 1971 (Original: 1965).
Scheuerl, H.: »Über Analogien und Bilder im pädagogischen Denken.« In: Zeitschrift für Pädagogik 5 (1969), S. 211–223.
Schulze, Th.: »Das Bild als Argument in pädagogischen Diskursen«. In: D. Lenzen (Hrsg.): Kunst als Pädagogik – Pädagogik als Kunst. Wissenschaftliche Buchgesellschaft, Darmstadt 1990.
Weinrich, H.: Sprache in Texten. Klett Verlag, Stuttgart 1976; darin S. 295–341: »Semantik der kühnen Metapher«, »Allgemeine Semantik der Metapher« und »Streit um Metaphern«.
Weniger, E.: Theorie und Praxis in der Erziehung. In: Weniger, E.: Ausgewählte Schriften zur geisteswissenschaftlichen Pädagogik. Ausgewählt von Bruno Schonig. Beltz Verlag, Weinheim/Basel 1990 (2. Aufl.).

Werner Jank

Zwischen Allgemeiner Didaktik und Fachdidaktik: Analyse didaktischer Funktionen von Handlungsmustern des Unterrichts

Fragestellung

In jedem Fachunterricht gibt es Lehr- und Lernaufgaben, die sich immer wieder auf strukturell gleiche Art und Weise stellen, auch wenn die Unterrichtsgegenstände wechseln. Beispiele aus verschiedenen Fächern: Im Geschichtsunterricht sind das z. B. die Auswertung und Analyse einer schriftlichen Quelle, im Musikunterricht etwa das Einstudieren eines Lieds, im Sportunterricht das Üben strategischer Spielzüge im Mannschaftssport, im Mathematikunterricht die Umformung einer Textaufgabe in eine algebraische Form, im Kunstunterricht die Umgestaltung trivialen Bildmaterials in einer Collage, im naturwissenschaftlichen Unterricht die Durchführung und Auswertung einer Meßreihe im Rahmen eines physikalischen, chemischen oder biologischen Versuchs. Die Grundstrukturen solcher Unterrichtsaufgaben bleiben trotz wechselnder Unterrichtsgegenstände jeweils dieselben: Quellenarbeit bleibt Quellenarbeit, ob es sich um eine altägyptische, eine fränkische oder eine Textquelle aus der jüngsten Sitzungsperiode des Deutschen Bundestags handelt.

Der Bewältigung solcher strukturell gleichartiger, wiederkehrender Lehr- und Lernaufgaben gilt ein wesentlicher Teil der Planungstätigkeit von LehrerInnen. Das Nachdenken über diesen Planungsaspekt ist dementsprechend ein wichtiger Inhalt der 2. Phase der LehrerInnen-Ausbildung. Auch in den fachdidaktischen Zeitschriften haben Beiträge zu diesem Planungsaspekt quantitativ hohen Stellenwert; in ihnen wird versucht, von einem gegebenen Unterrichtsinhalt oder -gegenstand ausgehend praxisorientiert Hilfen zur Planung und konkreten Ausgestaltung des Unterrichtsprozesses zu geben. In solchen Zusammenhängen geht es um die *praktische Bewältigung* der Unterrichtsplanung und des Unterrichtsprozesses. Auf *theoretischer Ebene* jedoch sind solche strukturell gleichartigen, wiederkehrenden Lehr- und Lernaufgaben in der westdeutschen Literatur bisher kaum bearbeitet worden – weder innerhalb der Allgemeinen Didaktik noch in den Fachdidaktiken (soweit ich diese überschauen kann).[1]

Vermutlich läßt sich verhältnismäßig leicht Übereinstimmung darüber herstellen, daß die Reflexion solcher gleichartiger, wiederkehrender Lehr- und Lernaufgaben (und überhaupt: unterrichtsmethodischer Entscheidungen) allgemeindidaktische und fachbezogene Überlegungen in ein Verhältnis zueinander setzen müsse und daß das Feld dieser Reflexion die Fachdidaktik sei. Die Frage ist aber, wie die Struktur dieses Verhältnisses erfaßt werden kann. Die vorliegende erziehungswissenschaftliche Literatur zu diesem Problemfeld ist wenig ergiebig: Zwar liegen mittlerweile einige Publikationen zum *Verhältnis von Allgemeiner Didaktik und Fachdidaktiken* vor, jedoch beschreiben sie entweder vorwiegend Probleme und/oder Programme der Zusammenarbeit beider in den Institutionen der Lehrerausbildung (etwa Keitel 1983, Plöger 1991, z. T. auch Fingerle 1991), oder sie bleiben vorwiegend auf didaktischer Ebene im engeren Sinn und nehmen kaum Bezug auf unterrichtsmethodische Fragestellungen (etwa die überwiegende Mehrzahl der Beiträge in Beckmann 1981 und in Keck/Köhnlein/Sandfuchs 1990).

Ich versuche im folgenden, fünf Gesichtspunkte zu strukturell gleichartigen, regelmäßig wiederkehrenden Lehr- und Lernaufgaben darzustellen und sie im Zusammenhang der Frage nach dem Verhältnis von Allgemeiner Didaktik und Fachdidaktik unterrichtsmethodisch zu diskutieren. Diese Überlegungen zielen auf die Ebene, die Th. Schulze in diesem Band als »zweite Option« der Reflexion von »Unterrichtsmethode« bezeichnet: die »Transformation von Themen in Handlungszusammenhänge oder Lehr-Lern-Situationen«. Strategien zur Bewältigung von strukturell gleichartigen, wiederkehrenden Lehr- und Lernaufgaben im Unterricht nenne ich im folgenden »Handlungsmuster des Unterrichts«.

---

1 Vgl. jedoch etwa Fischer (1982), Nolte (1982). Ob der in der DDR entwickelte Ansatz »Typische Situationen« hier weiterzuführen vermag, kann ich zur Zeit noch nicht beurteilen (vgl. Fuhrmann/Weck 1976, S. 87–122). In lockerem Zusammenhang mit diesem Ansatz steht das Modell des »Kreislaufs didaktischer Funktionen« (Klingberg [7]1989, S. 195–206, Klingberg [3]1986, S. 81).

1. Handlungsmuster des Unterrichts: Beschreibungen und Definition

Bleiben wir zunächst beim Beispiel der Arbeit mit Textquellen im Geschichtsunterricht.

Der historische Quellentext mag ein Ausschnitt aus der Weltgeschichte von Diodor aus dem 1. vorchristlichen Jahrhundert sein, Bismarcks berühmte »Eisen und Blut«-Rede aus dem Jahr 1862 oder ein zeitgeschichtliches Dokument aus der gestrigen Tageszeitung: Die komplexe Aufgabe »Auswertung einer Textquelle« besteht in jedem Fall aus einer Reihe von Teilaufgaben, die gelöst werden müssen, wenn der Unterricht glücken soll. Dazu können unter anderen die folgenden Teilaufgaben gehören:

– Alle SchülerInnen sollen den ganzen Text lesen und verstehen.
– Der Text soll als Teil einer komplexen historischen Situation verstanden werden.
– Er soll kritisch in dem Sinn gelesen werden, Propaganda, Zweckbehauptungen u. ä. von historischen Tatsachen zu unterscheiden (bzw. unterscheiden zu lernen).
– Er soll kritisch bewertet werden, und zwar einerseits aus der Perspektive der Entstehungszeit, andererseits aber auch aus heutiger Perspektive.
– Die Arbeit daran soll motivieren dazu, Fragen an den Text zu richten, tiefer in den historischen Hintergrund einzudringen und am Thema weiterzuarbeiten.
– Sie soll ganz einfach Spaß machen.
– Sie soll die SchülerInnen aber auch im Hinblick auf die Ziele der Unterrichtseinheit voranbringen.
– Sie soll vielleicht auch »fachfremde« Fähigkeiten fördern, etwa philologisch genaues Lesen oder die Kompetenz, ein Arbeitsgruppenergebnis den MitschülerInnen sinnvoll gegliedert und verständlich darzustellen.

Zur Bewältigung solcher Aufgabenbündel hat jede Lehrerin und jeder Lehrer ein mehr oder weniger taugliches und umfangreiches Repertoire methodischer Handlungsmuster entwickelt. In der überwiegenden Mehrheit setzen LehrerInnen dazu wohl immer wieder dieselben ein oder zwei, vielleicht drei Handlungsmuster ein, die im Lauf des langen LehrerInnenlebens oft zu methodischen Schemata sedimentieren. Drei Beispiele aus der historischen »Quellenarbeit«:

- Eine traditionelle Möglichkeit besteht im Lesen des Textes (still oder durch eine Schülerin/einen Schüler vorgelesen) und einem kurzen Gespräch über die »Primärrezeption« sowie der Klärung von Verständnisfragen in bezug auf einzelne Worte oder Zusammenhänge (Vorbereitung), im fragend-entwickelnden Nachvollzug der inhaltlichen Aussagen des Textes (1. Schritt), in einer Beurteilung der Aussagen im Hinblick auf ihren historischen Wahrheitsgehalt, ihre Stellung im historischen Zusammenhang usw. (2. Schritt) und in einer – fragend-entwickelnd oder als Diskussion gestalteten – Bewertung der Textaussagen insgesamt aus damaliger und/oder heutiger Sicht (3. Schritt). Dieses Vorgehen ist in der geschichtsdidaktischen Literatur als Dreischritt »Sachaussage → Sachurteil → Werturteil« bekannt.
- Eine andere Möglichkeit – die die eben beschriebene traditionelle Möglichkeit einschließen kann – könnte darin bestehen, den Text mit kontrastierenden Texten zum selben historischen Sachverhalt zu konfrontieren und in Gruppenarbeit die gegensätzlichen Positionen herausarbeiten zu lassen, um diese dann im Plenum zu diskutieren und zu bewerten.
- Eine weitere Möglichkeit schließlich könnte der Versuch sein, die SchülerInnen zur Umformung der Textaussagen in eine andere Darstellungsform als die des vorgelegten Textes zu bewegen, um auf diese Weise zur Klärung unbekannter Begriffe und zur Klärung der Sachaussagen zu motivieren und um eine gemeinsame Diskussionsgrundlage herzustellen. So könnten konträre Positionen, die in einem Text beschrieben werden, in ein Streitgespräch von Personen oder Parteien umgewandelt werden oder der chronologische Bericht eines Augenzeugen in eine Zeitleiste.

Ich nenne solche, angesichts strukturell gleichartiger, Lehr- und Lernaufgaben wiederkehrende, verhältnismäßig feste Muster der Gestaltung des Unterrichts mit H. Meyer »*Handlungsmuster des Unterrichts*« (vgl. Meyer 1987, S. 124–128; vgl. auch H. Meyers Beitrag in diesem

Band)². Handlungsmuster des Unterrichts sind historisch gewachsene Formen, mit denen die LehrerInnen und SchülerInnen vertraut sind und die deshalb für einen reibungslosen und ökonomischen Ablauf des Unterrichts sorgen oder sorgen können: Sie sind mehr oder weniger fest verinnerlichte *Formen der Vermittlung und Aneignung von Wirklichkeit.* Sie regulieren die Form und die Richtung der zugelassenen Lehrer-Schüler-Interaktionen, sie sind zielgerichtet und sie können mehr oder minder problemlos den konkreten Unterrichtsthemen, -inhalten bzw. -gegenständen angepaßt werden, sofern diese ähnlich strukturiert sind. Konkreter Unterricht kann aus dieser Sicht beschrieben werden als die Abfolge von inhaltlichen und methodischen Variationen der Handlungsmuster, die die Vermittlungs-, Aneignungs- und Interaktionsstrukturen regulieren (Meyer 1987, S. 126f.), etwa: motivierender Einstieg mit einer Karikatur zum aktuellen Thema des Geschichtsunterrichts – Quellenarbeit (Gruppenarbeit) – Auswertung, Zusammenfassung und Hefteintrag³.

Die Entwicklung von Handlungsmustern ist eine Antwort auf die Wiederkehr ähnlich strukturierter Aufgabenstellungen im Unterricht: Wenn sich ein bestimmtes Verfahren angesichts einer bestimmten Lehr-/Lernaufgabe als verhältnismäßig erfolgreich herausgestellt hat, darf man von der Annahme ausgehen, daß es bei ähnlich strukturierten künftigen Lehr- und Lernaufgaben im Prinzip ebenfalls »funktioniert«.

Handlungsmuster tragen übrigens entscheidend zur Entlastung der LehrerInnen von aufwendiger Planungstätigkeit bei; es wäre in der Tat unsinnig, Möglichkeiten der unterrichtsmethodischen Gestaltung von Quellenarbeit oder von ähnlichen Lehr-/Lernaufgaben in jedem einzelnen Fall von Grund auf neu zu erfinden.

---

2 Ein wesentlicher Ausgangspunkt dieser Überlegungen ist das Klassifikationsschema zu Unterrichtsmethoden von Hilbert Meyer (Meyer 1987, v. a. S. 236f.): Der Unterrichtsprozeß entsteht aus der Folge einzelner *Handlungssituation*; diese entfalten sich in den drei (in Wechselwirkung zueinander stehenden) Dimensionen der *Handlungsmuster, Sozialformen und Unterrichtsschritte.* Diese Dimensionen können sich schließlich, als verhältnismäßig stabiles Repertoire von Differenzierungs- und Verlaufsformen, zu *methodischen Großformen* verfestigen.

3 Exakte Abgrenzungen des Begriffs der »Handlungsmuster« von Unterrichtsschritten und -phasen einerseits, von methodischen Großformen andererseits liefert H. Meyer nicht. Sie wären zwar von klassifikatorischem Interesse, sind aber für den Zusammenhang dieses Aufsatzes von geringer Bedeutung.

2. »Unterrichtsinhalt« zwischen Planung und Prozeß

An den drei Beispielen oben (vgl. S. 238) wird deutlich, daß die Handlungsmuster *nicht beliebig austauschbar* sind. Denn in allen drei Beispielen wird zwar vom selben Quellentext ausgegangen, aber das Ergebnis, das am Ende des Unterrichtsprozesses bei den einzelnen SchülerInnen »angekommen« ist, ist vermutlich nicht dasselbe:

- Wer nur diese Textquelle kennenlernt, wird sie im ganzen und im Detail anders wahrnehmen und interpretieren als jemand, der den Text von vornherein mit der Perspektive auf eine kontrastierende Textquelle liest und bearbeitet;
- wer die Textquelle in Gruppenarbeit bearbeitet, um danach ein gemeinsames Ergebnis darstellen zu können, wird am Ende – zusätzlich zu den fachhistorischen Unterrichtsergebnissen – andere Lernergebnisse im Sozialverhalten zeigen als jemand, der den Text in Stillarbeit bearbeitet, um nachher sein Ergebnis in Konkurrenz zu den Mitschülern vorzutragen;
- wer im fragend-entwickelnden Gespräch zu den entscheidenden Aussagen und Strukturen der Textquelle sozusagen an der Hand hingeführt wird, lernt nicht zugleich, wie er sich selbst einen methodischen Zugang zum Text verschaffen könnte – eine Fähigkeit, die bei der Erarbeitung in Gruppenarbeit vorausgesetzt wird und ohne die die Gruppenarbeit nicht gelingen könnte;
- wer die Textquelle in eine andere Darstellungsform (Streitgespräch, Zeitleiste, Schema-Darstellung usw.) bringt, muß dabei sicherstellen, daß seine Darstellung dem Inhalt und der Form nach von den anderen (den MitschülerInnen, dem Lehrer) nachvollziehbar ist. Er lernt auf diese Weise zugleich manches über die semantische und ästhetische Wirkung seiner Umformung in eine andere Darstellungsform – ein Aspekt, der im fragend-entwickelnden Unterricht eine deutlich geringe Rolle spielen dürfte.

Verschiedene Handlungsmuster als Lösungen für ein und dieselbe Lehr-/Lernaufgabe können also offenbar zu ebenso verschiedenen Unterrichtsergebnissen führen. Ja, diese Aussage muß noch erheblich erweitert werden: Unterricht bewirkt immer *auch* anderes als das ursprünglich

Gewollte und Geplante, und im vorhinein ist nicht einmal gewiß, ob er das Geplante denn zu bewirken imstande sein wird[4].

Allein aus dem Blick auf die Lehr- und Lernaufgabe, eine bestimmte Textquelle zu bearbeiten, lassen sich diese Sachverhalte weder im nachhinein erklären noch bei der Unterrichtsplanung im vorhinein berücksichtigen. Denn *was* bei den SchülerInnen »ankommt«, hängt nicht zuletzt davon ab, *wie* der entsprechende Inhalt *inszeniert und vermittelt* wird, wie die *Interaktion und Kommunikation* im Unterricht gestaltet wird und welche *Handlungen und Handlungsspielräume* den SchülerInnen und LehrerInnen ermöglicht werden[5]. L. Klingberg kommt nicht zuletzt deshalb zu der These, die projektierten Inhalte des Unterrichts würden erst durch das gemeinsame Handeln von LehrerInnen und SchülerInnen im Unterrichtsprozeß gleichsam »zu Ende« konstituiert (1983, S. 764; 1990, S. 51 f.).

---

4 Diese Erkenntnis ist selbstverständlich nicht neu: Innerhalb der geisteswissenschaftlichen Pädagogik formulierte sie E. Spranger (1962) als das »Gesetz der ungewollten Nebenwirkungen in der Erziehung« (S. 7 f.). Aus ganz anderer Sicht unterscheidet W. Gagel, auf N. Luhmann gestützt, zwischen der Antizipation des künftigen unterrichtlichen Handelns bei der Unterrichtsplanung und dem konkreten Handeln im Unterrichtsprozeß selbst, die beide nicht zur völligen Deckung zu bringen seien (Gagel 1983, S. 574f.). Vgl. zum Begriff »Unterrichtsergebnis« auch Jank (1987).

5 Reflexion und Diskussion dieses zentralen Aspekts der Frage nach dem Verhältnis von Didaktik und Methodik haben in der Allgemeinen Didaktik in den 70er Jahren an Bedeutung gewonnen (waren aber auch damals nicht neu; vgl. etwa Schwager 1970, S. 99). Sie gingen von der Heimannschen These der »Interdependenz der unterrichts-strukturellen Momente« (Heimann 1976b, S. 157) und ihrer kritischen Weiterentwicklung durch Blankertz und seine Schüler aus (»Implikationszusammenhang von inhaltlichen und methodischen Entscheidungen«, »methodische Leitfrage«; Blankertz 1969, S. 92–98; vgl. mehrere Einzelbeiträge in Menck/ Thoma 1972 und in Adl-Amini 1981). Bereits damals sprach Kaiser (1972, S. 142), kritisch an die Adresse der geisteswissenschaftlichen Pädagogik und ihre »Erkenntnis vom Primat der Didaktik i. e. S. im Verhältnis zur Methodik« (Klafki 1963, S. 23) gerichtet, von der »gegenstands- bzw. inhaltskonstitutiven Funktion« der Unterrichtsmethode. Die Einwirkung des Handelns von SchülerInnen und LehrerInnen im Unterrichtsprozeß auf das »Konstituieren« von Inhalten bzw. Gegenständen wurde mittlerweile von mehreren Autoren – teils unabhängig voneinander – thematisiert (etwa Moser 1977, S. 24–29; Messner 1982; Klingberg 1983; 1990, S. 49–56; Meyer 1986, S. 637f.; 1987, S. 80–85; Menck 1986; Jank/ Meyer 1991, S. 80–84, S. 170, S. 197; mit deutlicherem Praxisbezug: Rauschenberger 1985; in fachdidaktischem Zusammenhang: Giesecke 1973, S. 44; Ingendahl 1983, S. 548f.; Nolte 1982, S. 69, S. 80).

Es bedarf also eines erheblich breiteren Blickwinkels, um den unterschiedlichen Wirkungen verschiedener Handlungsmuster für die Ergebnisse des Unterrichts auf die Spur zu kommen. Einen wesentlichen Ansatzpunkt dafür vermute ich in der Analyse der *Funktionen*, die ein Handlungsmuster im Hinblick auf eine komplexe Lehr- und Lernaufgabe (etwa: »Bearbeitung einer Textquelle«) und ihre Teilaufgaben erfüllen kann, die es erfüllen soll und die es möglicherweise unbeabsichtigt »nebenher« erfüllt.

3. Didaktische Funktionen und Handlungsmuster

Was E. Weniger im Hinblick auf die großen Methodenkonzepte formulierte, ist in seinem Kern auch auf die Ebene der Handlungsmuster übertragbar und kann verdeutlichen, was ich mit dem Begriff der »didaktischen Funktionen« meine (auch wenn er den Begriff selbst nicht verwendete)[6]:

». . . werden wir weiter zu fragen haben: auf welche Mängel, auf welche Not, auf welches Bedürfnis der Praxis sucht die Methode eine Antwort, eine Lösung, einen besseren Weg, ein besseres Verfahren. Das schließt die Überlegung ein, ob die Not, der Mangel, das Bedürfnis wirklich erkannt sind. . . . Noch wichtiger, ja entscheidend: sind Not, Mangel, Bedürfnis richtig gedeutet? Man kann sie zum Beispiel in ihrer Verursachung ja auch durchaus mißverstehen und so zu falschen Folgerungen für die Methode kommen, . . . Die nächste, schwierigste Frage ist dann: gibt die neue Methode wirklich eine Antwort auf die in der Praxis gestellte Frage, eine Lösung für die Not, eine Befriedigung des Bedürfnisses? Ist sie die richtige Art der Gegenwirkung? Dabei ist jeweils ganz konkret festzustellen, was eigentlich mit der neuen Methode gemeint und gewollt ist. Es ist also nach ihrem Sinn zu fragen« (Weniger 1960, S. 74f.).

Dieser »Sinn« läßt sich nicht am beobachtbaren, »äußeren« Handeln von Lehrer und SchülerInnen bzw. am bloßen, sichtbaren Ablauf eines Handlungsmusters unmittelbar ablesen. Es muß vielmehr die interpretative Erschließung der »inneren« Seite der Handlungsmuster hinzutreten, nämlich die Erschließung der didaktischen Funktionen gerade dieses Handlungsmusters angesichts gerade dieser Lehr- und Lernaufgabe.

---

6 Ich kann in diesem Zusammenhang nicht diskutieren, ob es auch »außerdidaktische« Funktionen gibt, welche Rolle sie spielen und wo die Grenze zwischen ihnen und den didaktischen Funktionen zu ziehen wäre.

Die Unterscheidung von »äußerer« und »innerer Seite« ist verwandt mit den Unterscheidungen von Erscheinung und Wesen und von Form und Inhalt und ist in der Pädagogik spätestens seit Schleiermacher geläufig. Tradiert durch Diesterweg, wurde sie in der Gegenwart durch Lothar Klingberg und Hilbert Meyer wieder aufgegriffen. Die »äußere«, unmittelbar beobachtbare Seite besteht aus der Abfolge der einzelnen Handlungssituationen, die den Unterricht sowohl als *Interaktionsprozeß* als auch als fachbezogenen Vorgang der *inhaltlichen Vermittlung und Aneignung* vorantreiben. Die »innere«, nicht ohne Deutung erschließbare Seite gibt Aufschluß einerseits über die *interaktions- bzw. prozeßbezogenen Funktionen* des Handlungsmusters (z. B. Ort und Stellenwert im »methodischen Gang« der Stunde als Einstieg oder Zusammenfassung, Erarbeitung oder Übung usw.), andererseits über den intendierten oder sich ergebenden *fachbezogenen Sinn*.

Ich möchte im folgenden einige Aspekte der »inneren Seite«, also der didaktischen Funktionen von Handlungsmustern bzw. ihres »Sinns« diskutieren.

a) Fachbezogene und prozeßbezogene Funktionen
der Handlungsmuster

Mit ihren eher *fach- und inhaltsbezogenen didaktischen Funktionen* treiben die Handlungsmuster den Fortschritt der Erkenntnisse, Fähigkeiten und Fertigkeiten voran. Zum Beispiel kann der Vergleich zweier kontrastierender Textquellen zu ein und demselben historischen Sachverhalt die inhaltliche Funktion haben, zu einer kritischen Einschätzung der Bedeutung und der Richtigkeit beider Texte hinzuführen. Oder: Die Aufgliederung einer mathematischen Aufgabe (etwa schriftliche Division ohne Taschenrechner) kann die inhaltliche Funktion haben, einen Algorithmus zur künftigen Bearbeitung solcher Aufgaben zu entwickeln.

Die Handlungsmuster sind von vornherein immer in einen spezifischen *Inhalts*zusammenhang eingebettet. Deshalb ist es kein Zufall, wenn in den unterrichtspraxisbezogenen Aufsätzen der fachdidaktischen Zeitschriften die Darstellung von Handlungsmustern, Aktionsformen des Lehrens usw. in der Regel unmittelbar an konkret bestimmte Fachinhalte und/oder Unterrichtsgegenstände gebunden wird. Hier ist das Feld fachdidaktischer Reflexion. Demgegenüber liegen die inhaltsbezogenen Funktionen in der *allgemein*didaktischen Literatur oft nicht nur im Windschatten der Aufmerksamkeit, sondern ihre Autoren beschreiben meist gar nicht, an welcher Stelle und auf welche Weise fach- und inhaltsbezogene Reflexion systematisch in den allgemeindidaktisch explizierten Zusammenhang einbezogen werden kann oder soll (dies gilt z. B. für die Beschreibung und Definition von Handlungsmustern des Unterrichts bei H. Meyer, 1987, S. 124–128). Deshalb ist es nicht verwunderlich, wenn viele Fachdidaktiker und noch mehr StudentInnen und LehrerInnen dem Studium allgemeindidaktischer Literatur für sich selbst und für ihren Unterricht wenig Gebrauchswert beimessen.

Mit ihren eher *prozeß- und interaktionsbezogenen didaktischen Funktionen* setzen und halten die Handlungsmuster den Unterrichtsprozeß, die Interaktion und Kommunikation im Klassenzimmer in Gang. Die Handlungsmuster regulieren Form und Richtung der Lehrer-Schüler-Interaktionen und strukturieren die Handlungsverläufe im Unterricht (vgl. Meyer 1987, S. 126 und S. 236f.). Sie ermöglichen z. B. eine motivierte Diskussion über ein philosophisch-religiöses Problem, oder sie verhindern sie durch zu starkes Eingreifen des Lehrers, durch ein deduktives Vorgehen oder durch zu starke Konzentration auf die Klärung von Einzelfragen, die den SchülerInnen nicht plausibel erscheint. Oder: Wenn der oben als Beispiel genannte Vergleich zweier kontrastierender Textquellen zu ein und demselben historischen Sachverhalt in Gruppenarbeit erfolgt, so kann dies die prozeßbezogenen didaktischen Funktionen haben, die SchülerInnen selbsttätig die Quelle auswerten zu lassen und Grundlagen für ein anschließendes Streitgespräch der SchülerInnen zur Bewertung der beiden Textquellen bereitzustellen.

An diesem Beispiel des Vergleichs zweier kontrastierender Textquellen in Grup-penarbeit wird deutlich, daß die Handlungsmuster als verhältnismäßig komplexe Vermittlungs- und Aneignungsformen des Unterrichts stets ein ganzes Bündel verschiedener didaktischer Funktionen erfüllen. Beide Arten von didaktischen Funktionen, die inhalts- und die prozeßbezogenen, stehen im tatsächlichen Unterrichtsprozeß immer in einem komplexen Wechselwirkungsverhältnis zueinander. Sie lassen sich deshalb nur heuristisch (und keineswegs immer trennscharf) voneinander abgrenzen.

Das Verhältnis zwischen Fach- und Allgemeiner Didaktik wird – aus unterrichts-praktischer Sicht gesehen – vorrangig auf der Ebene der Handlungsmuster des Unterrichts durch deren didaktische Funktionen konkret. Dabei können die interaktionsbezogenen Funktionen der Handlungsmuster durch *fachdidaktische* Reflexion nur zum Teil und durch *fachwissenschaftliche* Reflexion in der Regel gar nicht erschlossen werden. Umgekehrt können die fachbezogenen Funktionen der Handlungsmuster mit Hilfe der *allgemeindidaktischen* Kategorien nur zum Teil erschlossen werden. Beide Perspektiven folgen ihrer je eigenen Argumentationslogik und führen zu je eigenen Erkenntnissen (die einander zum Teil überlappen, zum Teil ergänzen können). Wer auch immer Unterricht plant, beobachtet, analysiert oder beurteilt, reflektiert unter anderem die didaktischen Funktionen der Handlungsmuster sowohl aus fachbezogener als auch aus prozeßbezogener Perspektive und setzt beide in ein Verhältnis zueinander – und zwar unabhängig davon, ob er bzw. sie sich darüber Rechenschaft ablegt oder nicht. Dazu bildet er – mehr oder weniger bewußt – »theoretische Äquivalente« der konkreten Handlungsmuster, in die beide Perspektiven, die fachliche und die prozessuale, eingehen. Diesen von P. Heimann im Zusammenhang seiner Aufgabenbeschreibung der Didaktik »als Theorie und Lehre« geprägten Begriff des »theoretischen Äquivalents« (1976b, S. 149) griff kürzlich G. Otto erneut auf, um eine These zu erläutern, die weitgehend parallel zum hier Vorgetragenen verläuft (Otto in einem unveröffentlichten Kurz-Vortrag auf dem Kongreß der Deutschen Gesellschaft für Erziehungswissenschaft, März 1992): Theoretische Äquivalente konkreter Unterrichtssituationen können einerseits aus allgemeindidaktischer, andererseits aus fachdidaktischer Sicht formuliert werden. Beide Arten von theoretischen Äquivalenten erlauben je *verschiedene* Erkenntnisse über ein und dieselbe Unterrichtssituation, diese aber verweisen komplementär aufeinander oder ergänzen einander zumindest. Auf Grund dieser Überlegungen gehe ich von der These aus, daß die Handlungsmuster des Unterrichts die »Schnittstelle« zwischen fachwissenschaftlicher, fachdidaktischer und allgemeindidaktischer Reflexion des Unterrichtsprozesses bilden. An dieser Schnittstelle wird »der Fachdidaktiker« zur Konkretisierung dessen genötigt, was ihm G. Otto auch schon 1972 abverlangte: »Der Fachdidaktiker sichert die prinzipiellen unterrichtlichen Strukturen, die auch im Fachunterricht aufweisbar sein müssen, weil es sich um *Vorgänge des Lehrens und Lernens* handelt. *Zugleich modifiziert er stets eine* ›Allgemeinvorstellung‹ *von Lehren und Lernen durch die Struktur der spezifischen Inhalte, die er vermittelt«* (Otto 1972, S. 223; Hervorh. W. J.).

Im Idealfall ergänzen und stützen fachbezogene und prozeßbezogene Funktionen einander wechselseitig (ein wenig davon ist, meine ich, im Beispiel aus dem Musikunterricht am Schluß dieses Aufsatzes verwirklicht). Die Regel dürfte jedoch eher sein, daß sie in einem gewissen Spannungsverhältnis zueinander stehen. Dies ist zum Beispiel bei der Quellenarbeit nach dem oben beschriebenen Muster der drei nacheinander zu vollziehenden Unterrichtsschritte »Sachaussage → Sachurteil → Werturteil« der Fall: Für die SchülerInnen ist es keineswegs selbstverständlich, die drei Schritte nacheinander zu tun, ja überhaupt ist die Unterscheidung von Sachaussage, Sachurteil und Werturteil für sie künstlich und wenig plausibel. Die im folgenden beschriebene Situation ist kein zufälliger Ausrutscher, sondern typisches Ergebnis einer Spannung zwischen fachbezogenen und interaktionsbezogenen Funktionen:

In meinem Geschichtsunterricht (Klasse 10) waren zu Ende August 1991 die Revolutionen in Rußland 1905 und 1917 »dran«. Ich stieß die Chronologie um, begann mit dem noch keine Woche alten Putsch in der Sowjetunion und legte den SchülerInnen den Text der Notstandserklärung des »Staatskomitees für den Ausnahmezustand«, also der Putschisten vor (gekürzte Fassungen in: die tageszeitung, 20. 8. 1991 und Frankfurter Rundschau, 20. 8. 1991). Meine Versuche, zunächst auf die »Sachaussagen« des Textes zu lenken, um von dieser gesicherten Basis her den Aufruf der Putschisten umso besser beurteilen und bewerten zu können, prallten an der Empörung der SchülerInnen über die Kaltschnäuzigkeit der Putschisten ab, die ja für sich reklamierten, die demokratische Entwicklung in der Sowjetunion zu stützen. Im Unterricht führt solches zu vorschnellen Urteilen auf ungesicherter Basis, ist also im Hinblick auf die *fach*bezogenen Funktionen von Quellenarbeit unangemessen und problematisch. Aber andererseits würde das Beharren auf der Arbeit an den Sachaussagen als erstem Schritt das Mitteilungsbedürfnis der SchülerInnen bremsen und die angesichts ihrer Empörung in Gang gekommene intensive Kommunikationssituation zerstören, wäre also im Hinblick auf die *prozeß*bezogenen Funktionen unangemessen und problematisch.

b) Manifeste und latente didaktische Funktionen

Worauf Weniger im oben abgedruckten Zitat zielte, waren solche Funktionen von Unterrichtsmethoden, die »eine Antwort auf die in der Praxis gestellte Frage, eine Lösung für die Not, eine Befriedigung des Bedürfnisses« zu geben versprechen – Funktionen also, die die Intentionen des Lehrers verwirklichen helfen (aus heutiger Sicht würde ich ergänzen: und die Intentionen der SchülerInnen, denn jedes Lernen setzt ein gewisses Mindestmaß an Zustimmung zum Lernprozeß auf seiten der Lernenden voraus). Dieser Funktionen sind sich die LehrerInnen – und oft auch die SchülerInnen – in der Regel bewußt. Daneben gibt es aber auch latente Funktionen, deren die LehrerInnen und/oder die SchülerInnen sich nicht immer bewußt sind, die aber dennoch wirken und die oft zum heimlichen Lehrplan der Institution Schule zählen. Das laute Vorlesenlassen einer Textquelle im Geschichtsunterricht am Beginn der Quellenarbeit hat als manifeste Funktionen unter anderen die Zentrierung der Aufmerksamkeit möglichst aller SchülerInnen auf den Text, es soll sicherstellen, daß alle SchülerInnen tatsächlich einmal den Text von Anfang bis zu Ende durchgelesen haben, bevor die Arbeit am Text beginnt und es soll durch »mehrkanalige« Präsentation die Wahrnehmung des Textes intensivieren. Es hat zugleich latente Funktionen, etwa die Sicherstellung von Ruhe und Zuhörbereitschaft, den Zwang zu einem einheitlichen Lesetempo und zur gleichzeitigen Beendigung der Lektüre, und damit auch die Funktion, für schneller lesende SchülerInnen Leerlauf zu vermeiden, der Unruhe bewirken könnte, und den Unterricht sofort nach Beendigung der Lektüre weiterführen zu können. Häufig kann man wohl davon ausgehen, daß solche latenten Funktionen der Intention der LehrerInnen entsprechen, auch wenn sie sie nicht bewußt verfolgen, es gibt aber auch latente Funktionen, die gegen die bewußten Intentionen der LehrerInnen wirksam werden und auf diese Weise den Fortgang des Unterrichtsprozesses stören.

c) Funktionen aus Lehrersicht und aus Schülersicht

Eine völlige Übereinstimmung zwischen den Funktionen von Handlungsmustern aus Lehrersicht und aus Schülersicht ist in der Unterrichtswirklichkeit wohl kaum je anzutreffen. Ein Beispiel: Die Musiklehrerin übt mit den SchülerInnen ein Lied ein, um am Beispiel dieses Lieds anschließend formale Merkmale (etwa die zweiteilige Liedform) oder Gesichtspunkte der Musiklehre (etwa: »Zigeuner-Moll«) zu erarbeiten. Die SchülerInnen haben Spaß am Singen – sie wollen aber vielleicht den Schritt zur Untersuchung einzelner Merkmale des Liedes nicht mehr mitvollziehen, weil es den Spaß am Singen unterbricht und außerdem zu mehr »Stoff« führt. Den Hintergrund für solche Situationen bilden in der Regel Unterschiede zwischen den Handlungszielen des Lehrers und denen der SchülerInnen (vgl. die Unterscheidung zwischen Lehrzielen des Lehrers und Handlungszielen der Schüler bei Meyer 1980, S. 347–355).

d) Primäre und sekundäre didaktische Funktionen

Nicht alle Funktionen der Handlungsmuster stehen zugleich im Vordergrund des Unterrichtsgeschehens. Vielmehr hat eine kleine, überschaubare Anzahl von Funktionen aus der Sicht des Lehrers und seiner Planung immer Priorität[7]. Es muß daher zwischen primären und sekundären Funktionen der Handlungsmuster unterschieden werden (wobei die SchülerInnen die Gewichte oft anders setzen bzw. empfinden als der Lehrer). Die vom Lehrer geplanten primären didaktischen Funktionen sind aber nicht immer auch diejenigen, die sich im konkreten Unterrichtsprozeß als die hauptsächlich wirksamen Funktionen herausstellen: Häufig kommt es zu Unterrichtssituationen, in denen der Lehrer im Prozeßverlauf erkennt, daß er besser die Gewichte im Vergleich zu seiner Planung verschiebt und andere Prioritäten setzen muß. Oft gibt es auch Situationen, in denen gegen seinen ausdrücklichen Willen und trotz sei

---

[7] In der DDR wurde vorgeschlagen, die Vielzahl der didaktischen Funktionen zu wenigen, prinzipiell jedes Unterrichtsgeschehen übergreifend dominierenden didaktischen Funktionen in einem System des »Kreislaufs didaktischer Funktionen« zusammenzufassen: Der Kreislauf führt von der »Hinführung und Vorbereitung« über die »Arbeit am neuen Stoff« und die »Kontrolle und Bewertung« zur »Arbeit am alten Stoff (Konsolidieren)« und von dort – im spiralig höhersteigenden Kreislauf – wieder zur »Hinführung und Vorbereitung« (Klingberg 1986, S. 80–82). Dieser Ansatz folgt einer anderen inneren Logik als die im Westen vertrautere Reihung von Unterrichtsschritten oder -phasen in linear geordneten Phasen- oder Stufenschemata (vgl. Jank/Meyer 1991, S. 246 und S. 267f.).

nes Versuchs, dagegen anzusteuern, andere als die intendierten Funktionen die Oberhand gewinnen.

Deshalb muß neben der Unterscheidung primärer und sekundärer Funktionen von Handlungsmustern aus Lehrersicht und aus Schülersicht auch zwischen solchen Funktionen unterschieden werden, die im konkreten Unterrichtsprozeß tatsächlich besonders wirksam sind, und solchen Funktionen, die geringere Wirksamkeit als intendiert entfalten.

4. *Ein Vorschlag zur Funktionsanalyse von Handlungsmustern des Unterrichts*

Das oben behauptete komplexe Wechselwirkungsverhältnis der didaktischen Funktionen von Handlungsmustern ist immanenter Bestandteil jeden Unterrichts. Mit der im folgenden vorgeschlagenen Funktionsanalyse der Handlungsmuster des Unterrichts möchte ich versuchen, dieses Wechselwirkungsverhältnis im Schnittpunkt fachdidaktischer und allgemeindidaktischer Reflexion einer systematischen Analyse zugänglich zu machen, ohne zugleich seine Komplexität aus den Augen zu verlieren. Meine Ausgangspunkte dafür bilden die beiden oben dargestellten Unterscheidungen einer »äußeren« und einer »inneren Seite« der Handlungsmuster sowie von fach- und inhaltsbezogenen Funktionen einerseits und prozeß- und interaktionsbezogenen Funktionen andererseits.

— *Inhaltsbezogene Funktionen* der Handlungsmuster entfalten sich auf der Folie der Abfolge der einzelnen Handlungssituationen und -strukturen (»äußere Seite«; z. B. Singen, einem kurzen Lehrervortrag zuhören, eine Tabelle mit Würfel-Ergebnissen erstellen u. ä.); sie sind Sinngebungen dieses Handelns (»innere Seite«), z. B.:

- Singen eines Lieds im Musikunterricht, um anschließend die Zitat-Technik eines Musikstücks zu untersuchen, in dem das Lied zitiert wird;
- im Sozialkunde-Unterricht mit Hilfe eines kurzen Lehrervortrags die geschichtlichen Wurzeln der Sozialgesetzgebung in Erinnerung rufen;
- im Mathematik-Unterricht Würfel-Ergebnisse tabellieren, um — als Basis für die anschließende Mathematisierung — die Gleichverteilung der Wahrscheinlichkeit der sechs möglichen Ereignisse bei einem nicht gezinkten Würfel praktisch und anschaulich zu demonstrieren).

– *Prozeßbezogene Funktionen* der Handlungsmuster entfalten sich auf der Folie der Abfolge der einzelnen Handlungssituationen und -strukturen (»äußere Seite«; z. B. Gruppenarbeit, ein Polaritätsprofil ausfüllen, ein Rollenspiel durchführen u. ä.); sie sind Sinngebungen dieses Handelns (»innere Seite«), z. B.:

• Gruppenarbeit, um Einzelaspekte eines Sachverhalts arbeitsteilig zu erarbeiten und die Ergebnisse anschließend im Plenum in Beziehung zueinander zu setzen, sowie um möglichst viele SchülerInnen aktiv an der Erarbeitung teilnehmen zu lassen;
• ein Polaritätsprofil ausfüllen, um damit die Diskussionsgrundlage für ein Gespräch über die Heterogenität oder die Homogenität der Urteile der einzelnen SchülerInnen in bezug auf einen Sachverhalt oder Gegenstand herzustellen und um die Erfahrungen der SchülerInnen einzubeziehen;
• ein Rollenspiel durchführen, um die Körperhaltungen im Spiel erfahrbar und anschließend diskutierbar zu machen.

Ich versuche, dies im folgenden Schema zusammenzufassen:

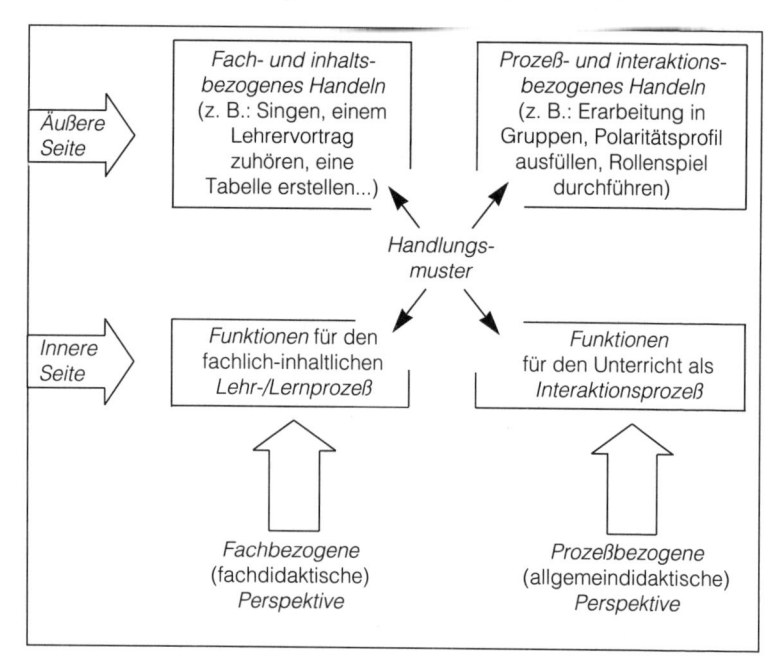

```
Äußere      Fach- und inhalts-         Prozeß- und interaktions-
Seite  →    bezogenes Handeln          bezogenes Handeln
            (z. B.: Singen, einem      (z. B.: Erarbeitung in
            Lehrervortrag              Gruppen, Polaritätsprofil
            zuhören, eine              ausfüllen, Rollenspiel
            Tabelle erstellen...)      durchführen)
                            ↘      ↗
                            Handlungs-
                             muster
                            ↙      ↘
Innere      Funktionen für den         Funktionen
Seite  →    fachlich-inhaltlichen      für den Unterricht als
            Lehr-/Lernprozeß           Interaktionsprozeß
                      ⇧                         ⇧
            Fachbezogene               Prozeßbezogene
            (fachdidaktische)          (allgemeindidaktische)
            Perspektive                Perspektive
```

Auf der Ebene der »inneren Seite« sind die oben genannten (und sicherlich ergänzungsbedürftigen) Aspekte der Funktionen von Handlungsmustern zu entfalten, und zwar einerseits im Blick auf Funktionen für den fachlichen Lehr-/Lernprozeß, andererseits im Blick auf Funktionen für den Unterricht als Interaktionsprozeß (manifeste/latente, primäre/sekundäre Funktionen, Lehrer-/Schülersicht).

Das ideale Ziel der gründlichen Analyse der (didaktischen) Funktionen von Handlungsmustern wäre es, Grundlagen für die Beurteilung und Bewertung der zur Wahl stehenden oder bereits ausgewählten Handlungsmuster im Hinblick auf inhaltlich bestimmte Lehr-/Lernaufgaben zu geben[8].

5. Beispiel

Die gleichzeitige Verwendung konträrer Metren und Rhythmen in der Musik so, daß sie einander überlagern, war eine wichtige Kompositionstechnik am Beginn des 20. Jahrhunderts (»Polymetrik« und »Polyrhythmik«). Im Musikunterricht gibt es zahlreiche Möglichkeiten, in einer Oberstufenklasse des Gymnasiums – etwa im Rahmen des Themas »Musik im 20. Jahrhundert« – in den Sachverhalt und seine Begriffe einzuführen: z. B. durch Noten-Analyse, durch Hören oder durch Definition der Begriffe. Eine andere Qualität erhält der Unterrichtsprozeß jedoch, wenn die SchülerInnen einen entsprechenden Kompositionsausschnitt selbst mit mehreren Instrumenten musizieren, beispielsweise »Cortège du Sage« aus Igor Strawinskys »Le Sacre du Printemps« (vgl. auch einen ähnlichen Unterrichtsvorschlag bei Schütz 1990). Ich möchte dies mit Hilfe einer – wenn auch nur in wenigen Strichen skizzierten – Funktionsanalyse andeuten[9].

---

8 Selbstverständlich gelten auch für dieses Schema alle jene Grenzen, die für didaktische Schemata und Raster insgesamt gelten: Es ist eine, die komplexe Unterrichtswirklichkeit auf wenige Determinanten reduzierende Problematisierungshilfe im Sinn von Klafki (1985, S. 209), das als kritische Instanz bei der Unterrichtsauswertung und bei der Unterrichtsplanung angesichts bereits (zumindest »auf Probe«) gewählter Handlungsmuster dienen kann. Es kann also – im günstigsten Fall – helfen, Entscheidungen im nachhinein zu bewerten, aber es kann nicht die Entscheidungen für oder gegen bestimmte Handlungsmuster ersetzen oder gar die Ideen für Handlungsmuster liefern.

9 Den größeren Zusammenhang der Unterrichtseinheit, in dem die im folgenden skizzierte Doppelstunde stand, kann ich hier nicht darstellen.

Der Abschnitt aus »Cortège du Sage« besteht aus der Schichtung zahlreicher kurzer, immerzu wiederholter melodischer und/oder rhythmischer Floskeln, die im Zusammenklingen wie ein vorwiegend rhythmisch akzentuierter, irisierender Klangteppich wirken. Ich hatte aus der Originalpartitur des Ausschnitts eine stark vereinfachte Partitur hergestellt, in der die wesentlichen rhythmischen und melodischen Elemente des Stücks enthalten waren, jedoch ohne Angabe von Taktstrichen und -arten. Die Einzelstimmen sind auch von SchülerInnen mit nur geringen Fertigkeiten an den Musikinstrumenten, über die die meisten Schulen verfügen (Orff-Instrumentarium, Klavier, Schlaginstrumente, ...) und mit wenig Notenkenntnissen spielbar. Die melodischen Floskeln der Melodieinstrumente folgen einer anderen metrischen Ordnung als die rhythmischen Floskeln der Schlaginstrumente. Beide Ordnungen prallen unvermittelt in Form permanenter Akzentverschiebungen aufeinander – ein Effekt, der durch Verwendung komplementärer Rhythmen in den verschiedenen Instrumenten noch verstärkt wird. Die einzigen Klammern, die die verschiedenen metrischen und rhythmischen Ordnungen zusammenhalten, sind eine Folge von ohne Pause aneinandergereihten (»durchlaufenden«) Achtelnoten in mehreren Instrumenten (in der vereinfachten Partitur von einem Schlaginstrument realisiert) und die gemeinsame Taktart, die Strawinsky unabhängig von den tatsächlichen Metren der einzelnen Instrumente dem Stück vorgab, um überhaupt eine Aufführung zu ermöglichen (sie bildet eine dritte, nur sichtbare, aber nicht hörbare metrische Ordnung in diesem Stück).

a) Äußere Seite (Unterrichtsverlauf)

Prozeßbezogene Perspektive	*Fachbezogene Perspektive*
1. Verteilung der Einzelstimmen der vereinfachten Partitur (je SchülerIn eine Stimme); gelenktes Unterrichtsgespräch	Klärung der Gemeinsamkeiten der Stimmen: dauernde Wiederholung einfacher rhythmischer/melodischer Floskeln; keine Taktarten und -striche eingetragen
2. Einzelarbeit; dann zwei Phasen lehrerzentrierten Frontalunterrichts (Vor- und Nachmachen am Instrument)	Individuelles Üben der Instrumentalstimmen; dann Üben der Gruppe der Schlaginstrumente, schließlich der Gruppe der Melodieinstrumente

3. Arbeitsauftrag; Einzel- oder Partnerarbeit	In welcher Taktart müßte jede Einzelstimme stehen, wo wären Taktstriche zu setzen? Ergebnisse sammeln, in vereinfachte Partitur übertragen
4. Fragend-entwickelndes Unterrichtsgespräch	Erarbeitung: Überlagerung verschiedener Metren und Rhythmen; Begriffe »Polymetrik«, »Polyrhythmik«
5. Vor- und Nachmachen im lehrerzentrierten Frontalunterricht	Üben aller Stimmen im Zusammenhang: Schlag- und Melodieinstrumente
6. Fragend-entwickelndes Unterrichtsgespräch und Hörbeispiel	Optische Analyse des Ausschnitts der Original-Partitur; Hören im Original

b) Innere Seite (Einzelaspekte der aus Lehrersicht primär intendierten didaktischen Funktionen)

Erster Unterrichtsschritt:

In prozeßbezogener Perspektive haben die Handlungsmuster dieses Unterrichtsschritts die Funktionen der
– Einführung in die Aufgabenstellung (die den SchülerInnen zugleich die Möglichkeit geben soll, sich langsam auf die ungewohnte Situation »Instrumentalspiel« einzustimmen),
– Konzentration aller SchülerInnen auf dieselbe Aufgabe,
– Motivation durch eine Aufgabenstellung, die einerseits durch ihre Neuartigkeit und durch die Notwendigkeit des Notenlesens und Instrumentalspiels schwierig, andererseits aber – auch aus SchülerInnensicht – ausreichend kurz und überschaubar ist, um bewältigt werden zu können.

In fachbezogener Perspektive sollen mit dem Unterrichtsschritt die Voraussetzungen dafür geschaffen werden, in den anschließenden Übe-Phasen eigene praktische Erfahrungen sowie die sinnliche Anschauung des Spiels der anderen und des Zusammenklingens aller Stimmen zu ermöglichen. Dazu bedarf es der Konzentration der einzelnen SchülerInnen auf jeweils nur eine Stimme (denn der Blick auf den Zusammenhang der Partitur würde wegen des komplexen metrischen und rhythmischen Geflechts das Einstudieren anfangs erschweren oder gar verhindern) und der Erläuterung der Gemeinsamkeiten aller Stimmen.

Zweiter Unterrichtsschritt
(ähnlich zum Teil auch fünfter Unterrichtsschritt):

In prozeßbezogener Perspektive hat der Unterrichtsschritt die Funktionen der
– Aktivierung möglichst aller SchülerInnen,

- Konzentration jedes einzelnen auf seine Teilaufgabe (und zunächst nur auf diese),
- Motivation für den anschließenden, abstrahierenden und theoretisierenden Unterrichtsschritt durch Bereitstellung von praktischer Erfahrung und sinnlicher Anschauung,
- Übung im Hinblick auf ein gemeinsam herzustellendes Ergebnis.

In fachbezogener Perspektive bestehen die beiden Hauptfunktionen in der Bereitstellung der praktisch und sinnlich erfahrenen Grundlagen für die anschließende Untersuchung, wie die Übereinanderschichtung konträrer Metren und Rhythmen »gemacht« ist, und in der Erzeugung einer Art »kognitiver Dissonanz« durch die Erfahrung der wundersamen Tatsache, daß die SchülerInnen zwar den Gesamtzusammenhang der Stimmen beim Musizieren (noch) nicht durchschauen, das sture Abspielen der eigenen Stimme aber im Zusammenklang mit den anderen Stimmen dennoch ein sinnvolles und gut klingendes Ganzes ergibt. Die eine Hauptfunktion zielt also auf die sachliche Basis des anschließenden Unterrichts, die andere darauf, Motivation dafür auf seiten der SchülerInnen zu ermöglichen.

Dritter Unterrichtsschritt:

In prozeßbezogener Perspektive geht es hier primär um die begrifflich-analytische Untersuchung des bisher »nur« praktisch und sinnlich Erfahrenen, und – wie im zweiten Unterrichtsschritt – darum, möglichst alle SchülerInnen unmittelbar zum Gesamtergebnis beitragen zu lassen (diesmal aber auf der Ebene der Begriffe, nicht auf der des Musizierens).

In fachbezogener Perspektive ist dazu die Verwendung bekannter und die Einführung neuer Fachtermini nötig. Die begrifflich-analytische Untersuchung hat überdies die Funktion, das anschließende gemeinsame Musizieren von Melodie- *und* Schlaginstrumenten so vorzubereiten, daß die grundsätzlich verschiedenen metrischen Ordnungen der beiden Gruppen nicht nur nicht mehr überraschen, sondern daß sie nun auch bewußt (und damit sicherer) auf den Instrumenten realisiert und beim Hören wahrgenommen werden können (fünfter und sechster Unterrichtsschritt).

Ich breche die Darstellung der aus Lehrersicht primär intendierten, manifesten didaktischen Funktionen der Handlungsmuster dieser Unterrichtseinheit hier ab und resümiere unvollständig und in aller Vorläufigkeit:

- Neben den im Beispiel genannten manifesten Funktionen sind in jedem Unterricht, ob LehrerIn und SchülerInnen davon wissen oder nicht und ob sie sie intendieren oder nicht, latente Funktionen wirksam, etwa die disziplinierende Funktion der Herstellung einer ruhigen Arbeitsatmosphäre im ersten Unterrichtsschritt des Beispiels.
- Die Unterscheidung von prozeß- bzw. interaktionsbezogenen und inhalts- bzw. fachbezogenen didaktischen Funktionen ist zwar nicht absolut disjunkt, aber ausreichend trennscharf, um je verschiedene

Funktionen der Handlungsmuster des Unterrichts zu verdeutlichen. Die prozeßbezogenen Funktionen lassen sich dabei so allgemein formulieren, daß sie auf ähnliche Unterrichtsschritte anderer Fächer übertragbar sind. So könnten etwa die prozeßbezogenen Funktionen, die oben für den ersten Unterrichtsschritt genannt wurden, genauso formuliert werden für Unterrichtsphasen, in denen eine Aufgabe zur Bearbeitung einer Textquelle im Geschichtsunterricht gestellt wird oder in denen Aufgaben zur Einführung in die Wahrscheinlichkeitsrechnung im Mathematikunterricht (etwa Würfel-Experimente) verteilt und erläutert werden.

- Die einzelnen im Beispiel genannten didaktischen Funktionen der Handlungsmuster des Unterrichts liegen jeweils auf sehr verschiedenen Ebenen und akzentuieren unterschiedliche Aspekte, die mit den oben vorgestellten Begriffspaaren (prozeß- und inhaltsbezogen, manifest/latent, primär/sekundär, Lehrer- und Schülersicht) nicht ausreichend erfaßt werden können. Weitere Ausdifferenzierungen liegen nahe, können aber hier nur angedeutet werden: So lassen sich etwa prozeßbezogene Funktionen der Motivation, der Bereitstellung von sachlich-inhaltlichen Grundlagen für den nächsten Unterrichtsschritt, der Aktivierung möglichst vieler Schüler, der Disziplinierung und andere mehr unterscheiden. Im Hinblick auf fachbezogene Funktionen lassen sich am Beispiel des Musikunterrichts etwa Funktionen im Hinblick auf das praktische Musizieren, im Hinblick auf die Arbeit an Begriffen, auf die Noten-Analyse, auf den Hörvergleich zweier Musikstücke, auf die Umformung musikalischer Erfahrungen in andere Ausdrucksformen (z. B. Verbalisierung, Umsetzung in eine Graphik, in Bewegung/Tanz usw.) und andere mehr voneinander unterscheiden. Ein und dasselbe Handlungsmuster kann, je nach Unterrichtszusammenhang, ganz verschiedene Funktionen erfüllen. Verallgemeinernd möchte ich dies die *prinzipielle Aspektvielfalt* der Handlungsmuster des Unterrichts im Hinblick auf ihre didaktischen Funktionen nennen.

- Im Verlauf des Unterrichtsprozesses können entgegen den Lehrerintentionen andere Funktionen wirksam werden, aus sekundären Funktionen primäre oder aus latenten dominante und manifeste Funktionen werden, etwa weil unvorhergesehene Ereignisse eintreten, weil die SchülerInnen ihre eigenen, unerwarteten Motivationen und Handlungsziele mit dem Unterrichtsinhalt und -prozeß verknüpfen oder weil die Unterrichtsplanung selbst bereits Spannungsmomente zwischen verschiedenen didaktischen Funktionen enthält. So könnte im Beispiel oben eine Spannung zwischen der Lust am Musizieren, auf die zweiter und fünfter Unterrichtsschritt setzen, und der Arbeit an Begriffen und an der Analyse (dritter und vierter Unterrichtsschritt) zu Störungen führen: Wenn aus Schülersicht das Musikmachen zu sehr zur primären Funktion des Unterrichtsprozesses wird, dann könnte die Erarbeitung von Sachverhalt und Begriff der Polymetrik/Polyrhythmik im 3. und 4. Unterrichtsschritt erschwert werden, weil es das Musikmachen unterbricht und auf diese Weise die Motivation der SchülerInnen unterläuft.[10] Weil Unterricht immer erst im Zusammenwirken aller Beteiligten während des Unterrichtsprozesses zu Ende konstituiert wird, gehe ich davon aus, daß es eine unaufhebbare, *prinzipielle Differenz* zwischen den vom Lehrer intendierten didaktischen Funktionen und denen, die im Unterrichtsprozeß real wirksam werden, gibt.

- Diese prinzipielle Differenz zwischen Plan und Prozeß und die zuvor genannte prinzipielle Aspektvielfalt der Handlungsmuster erlauben immer nur Aussagen zu ausgewählten Aspekten der didaktischen Funktionen. Die Analyse der didaktischen Funktionen von Handlungsmustern des Unterrichts ist deshalb sowohl bei der Unterrichtsplanung im vorhinein als auch bei der Unterrichtsanalyse im nachhinein *prinzipiell nie vollkommen abschließbar.*

Literatur

Adl-Amini, Bijan (Hg.): Didaktik und Methodik. Weinheim und Basel 1981.
Beckmann, Hans-Karl (Hg.): Schulpädagogik und Fachdidaktik. Stuttgart 1981.
Blankertz, Herwig: Theorien und Modelle der Didaktik. München 1969.
Fingerle, Karlheinz: Von der Fachdidaktik zur Allgemeinen Didaktik. In: Postel, Helmut/Kirsch, Arnold/Blum, Werner (Hg.): Mathematik lehren und lernen. Festschrift für Heinz Griesel. Hannover 1991, S. 97–101.

---

10 P. Heimann hat in einer sehr eindrucksvollen, ausführlichen Analyse einer Unterrichtsstunde über den Mond in der Grundschule den Unterricht einer Praktikantin beschrieben, der scheiterte, weil der Studentin verschiedene didaktische Funktionen der von ihr gewählten Handlungsmuster ungewollt und unerkannt durcheinandergerieten und sich schließlich andere als die von ihr intendierten Funktionen durchsetzten.

Fischer, Wilfried: Methoden im Musikunterricht der Primarstufe. In: Schmidt-Brunner, Wolfgang (Hg.): Methoden des Musikunterrichts. Eine Bestandsaufnahme. Mainz, London, New York, Tokyo 1982, S. 125–144.

Fuhrmann, Elisabeth/Weck, Helmut: Forschungsproblem Unterrichtsmethoden. Berlin 1976.

Gagel, Walter: Zum Verhältnis von Allgemeiner Didaktik und Fachdidaktik des politischen Unterrichts. In: Zeitschrift für Pädagogik (29), 4/1983, S. 563–578.

Giesecke, Hermann: Methodik des politischen Unterrichts. München 1973.

Heimann, Paul: Didaktische Grundbegriffe. In: Reich, Kersten/Thomas, Helga (Hg.): Paul Heimann – Didaktik als Unterrichtswissenschaft. Stuttgart 1976, S. 103–141 (= Heimann 1976a).

Heimann, Paul: Didaktik als Theorie und Lehre. In: Reich, Kersten/Thomas, Helga (Hg.): Paul Heimann – Didaktik als Unterrichtswissenschaft. Stuttgart 1976, S. 142–167 (= Heimann 1976b).

Ingendahl, Werner: Inhalte des Deutschunterrichts – eine vernachlässigte didaktische Kategorie. In: Zeitschrift für Pädagogik (29), 4/1983, S. 545–562.

Jank, Werner: Ergebnissicherung im Unterricht. Anregungen zum unterrichtspraktischen Umgang mit einem theoretisch ungelösten Problem. In: Pädagogische Beiträge (38), 11/1987, S. 8–15.

Jank, Werner/Meyer, Hilbert: Didaktische Modelle. Frankfurt/M. 1991.

Kaiser, Hermann-Josef: Erkenntnistheoretische Grundlagen pädagogischer Methodenbegriffe. In: Menck/Thoma 1972, S. 129–144.

Keck, Rudolf W./Köhnlein, Walter/Sandfuchs, Uwe (Hg.): Fachdidaktik zwischen Allgemeiner Didaktik und Fachwissenschaft. Bestandsaufnahme und Analyse. Bad Heilbrunn/Obb. 1990.

Keitel, Christine: Zum Verhältnis der Mathematikdidaktik zur Allgemeinen Didaktik. In: Zeitschrift für Pädagogik (29), 4/1983, S. 595–603.

Klafki, Wolfgang: Das Problem der Didaktik. In: Zeitschrift für Pädagogik, 3. Beiheft, Weinheim und Düsseldorf 1963, S. 19–62.

Klafki, Wolfgang: Zur Unterrichtsplanung im Sinne kritisch-konstruktiver Didaktik. In: Klafki, Wolfgang: Neue Studien zur Bildungstheorie und Didaktik. Beiträge zur kritisch-konstruktiven Didaktik. Weinheim und Basel 1985, S. 194–227.

Klingberg, Lothar: Zur didaktischen Inhalt-Methode-Relation. In: Wissenschaftliche Zeitschrift der Pädagogischen Hochschule »Karl Liebknecht« Potsdam, Sektion Pädagogik/Psychologie, (27), 4/1983, S. 759–769.

Klingberg, Lothar: Der Unterricht als Entwicklungsprozeß – Anmerkungen zur Dialektik des Unterrichts. In: Klingberg, Lothar: Unterrichtsprozeß und didaktische Fragestellung. Studien und Versuche. Berlin ³1986, S. 67–89.

Klingberg, Lothar: Einführung in die Allgemeine Didaktik. Berlin, 7. (1981 bearb.) Aufl. 1989.

Klingberg, Lothar: Lehrende und Lernende im Unterricht. Zu didaktischen Aspekten ihrer Positionen im Unterrichtsprozeß. Berlin 1990.

Menck, Peter: Unterrichtsinhalt oder Ein Versuch über die Konstruktion der Wirklichkeit im Unterricht. Frankfurt/M., Bern, New York 1986.

Menck, Peter/Thoma, Gösta (Hg.): Unterrichtsmethode. Intuition, Reflexion, Organisation. München 1972.

Messner, Rudolf: Unterricht: ein Versuch, Unterrichtsgeschehen als Prozeß der Konstitution von Inhalten zu verstehen. Kassel 1982.
Meyer, Hilbert: Leitfaden zur Unterrichtsvorbereitung. Königstein/Ts. 1980.
Meyer, Hilbert: Unterrichtsinhalt. In: Haller, Hans-Dieter/Meyer, Hilbert (Hg.): Ziele und Inhalte der Erziehung und des Unterrichts (= Enzyklopädie Erziehungswissenschaft, hg. von Dieter Lenzen, Bd. 3). Stuttgart 1986, S. 632–640.
Meyer, Hilbert: UnterrichtsMethoden. I: Theorieband. Frankfurt/M. 1987.
Moser, Heinz: Ansätze einer kritischen Didaktik und Unterrichtstheorie. In: Ders. (Hg.): Probleme der Unterrichtsmethodik. Kronberg/Ts. 1977, S. 7–64.
Nolte, Eckhard: Methoden des Musikunterrichts als Problem der Musikpädagogik. Überlegungen zu seiner theoretischen Durchdringung. In: Schmidt-Brunner, Wolfgang (Hg.): Methoden des Musikunterrichts. Eine Bestandsaufnahme. Mainz, London, New York, Tokyo 1982, S. 68–82.
Otto, Gunter: Fach und Didaktik. In: Kochan, Detlef C. (Hg.): Allgemeine Didaktik, Fachdidaktik, Fachwissenschaft. Ausgewählte Beiträge aus den Jahren 1953 bis 1969 (= Wege der Forschung, Bd. LXVIII). Darmstadt 1972, S. 209–231.
Plöger, Wilfried: Allgemeine Didaktik und Fachdidaktik. Ein Plädoyer für ihre Wiederannäherung. In: Die Deutsche Schule (83). 1/1991, S. 82–94.
Rauschenberger, Hans: Unterricht als Darstellung und Inszenierung. In: Hemmer, Klaus-Dieter/Wudtke, Hubert (Hg.): Erziehung im Primarschulalter (= Enzyklopädie Erziehungswissenschaft, hg. von Dieter Lenzen, Bd. 7). Stuttgart 1985, S. 51–74.
Schütz, Volker: Polymetrik und Polyrhythmik als Gestaltungsprinzip in Strawinskys ›Sacre du Printemps‹. In: Die grünen Hefte, Heft 27, Februar 1990, S. 17–20.
Schwager, Karl Heinrich: Methode und Methodenlehre. In: Speck, Josef/Wehle, Gerhard (Hg.): Handbuch pädagogischer Grundbegriffe. München 1970, Bd. 2, S. 93–128.
Spranger, Eduard: Das Gesetz der ungewollten Nebenwirkungen in der Erziehung. Heidelberg 1962.
Weniger, Erich: Didaktik als Bildungslehre. Teil 2: Didaktische Voraussetzungen der Methode in der Schule. Weinheim 1960.

Helga Luckas

Methoden in der Weiterbildung: Anregungen zu einem Perspektivenwechsel

»Wenn alles schläft und einer spricht, so nennt man dieses Unterricht« – diese sprichwörtliche Beschreibung von Unterricht formuliert mögliche Alltagserfahrungen von Schülern mit Unterricht. Die Alltagserfahrung kann auf ein strukturelles Problem der Theoriebildung bezüglich der Unterrichtsmethode aufmerksam machen. Methodentheoretische Überlegungen zum Unterricht werden meist aus der Perspektive des Lehrenden angestellt, da es seine Aufgabe ist, Unterricht methodisch zu gestalten. Die Berufsperspektive wird somit zum strukturbestimmenden Merkmal bisheriger Theorieansätze zur Unterrichtsmethode. Aufgrund der unterschiedlichen Voraussetzungen des Lernprozesses im Erwachsenenalter erscheint die Betrachtung der Weiterbildung geeignet, einen Perspektivwechsel im Rahmen von Methodentheorie zu initiieren und damit das Gegenstandsfeld von Methodentheorie ebenso zu erweitern wie die Theoriebildung in Gang zu setzen.

1. Das schulische Methodenparadigma

Das schulische Methodenparadigma, wie es die geistewissenschaftliche Pädagogik (vgl. Dilthey 1974[4]; Flitner 1930; Weniger 1952) entfaltet hat, läßt sich anhand des Begriffes der Unterrichtmethode aufzeigen. Unterrichtsmethode bezeichnet zum einen den Unterricht als Methode der Schule, verweist also auf die Funktion von Unterricht für die Schule, zum anderen bezeichnet die Unterrichtsmethode die Methode des Unterrichts verweist somit auf die Struktur von Unterricht. Für die Institution der Schule übernimmt der Unterricht die Funktion der Vermittlung der im Lehrplan vorgegebenen Lerninhalte an eine Gruppe von Kindern und Jugendlichen. Die Planmäßigkeit und Systematisierung des

Vermittlungsprozesses durch Unterricht soll den Schülern die Aneignung von Unterrichtsinhalten ermöglichen. Unterricht läßt sich somit als planmäßiges und systematisches Verfahren zum Zweck der Vermittlung von Lerninhalten an Schüler beschreiben.

Dieses Verfahren des Unterrichts ist für die Schule notwendig, damit sie die Funktion von Erziehung erfüllen kann. Die Aufgabe der Schule ist es, Kinder und Jugendliche durch schulisches Lernen zur selbständigen Lebensbewältigung im Erwachsenalter zu befähigen. Diese allgemein formulierte Aufgabenstellung der Schule entspricht dem Ideal der Erziehung: der Autonomie des Subjekts. Schule ist nunmehr als ein Verfahren anzusehen, das dieses Ideal gemäß den historischen Bedingungen konkretisieren soll. Aufgabe der Schule als eine Methode der Erziehung ist es, den individuellen Lernprozeß mit der Tradierung kultureller Inhalte zu verschränken, die wechselseitige Bedingtheit von Autonomie des Subjekts, Tradition und Evolution von Kultur produktiv auszugestalten.

Die Besonderheit schulischen Lernens besteht darin, daß Schule sich als Ausgliederung des Erziehungszusammenhanges aus dem realen Lebenszusammenhang darstellt. Diese Ausgliederung wird in der Geschichte der Erziehung notwendig, weil die Übernahme kultureller Inhalte im Mitvollzug des alltäglichen Lebens nicht mehr möglich ist. Die Schule als Erziehungsinstitution tritt neben Familie und Arbeit als Methoden intergenerationellen Lernens. Formen intragenerationellen Lernens, wie sie sich in Form der Jugendbünde Anfang des Jahrhunderts formierten oder als »peer groups« Eingang in die Soziologie der sechziger Jahre gefunden haben, bleiben erziehungstheoretisch unberücksichtigt oder werden schultheoretisch assimiliert (vgl. Blättner 1966^3).

Für die Schule als künstlichen intergenerationellen Erziehungszusammenhang ergibt sich die Notwendigkeit der Transformation der kulturellen Inhalte in die Lerninhalte der Schule ebenso wie die Transformation individueller Aneignungsformen in schulische Vermittlungsformen (vgl. Schulze 1990). Das Ergebnis des didaktischen Transformationsprozesses ist der Fächerkanon der Schule sowie die im Lehrplan kodifizierten Lerninhalte. Das Ergebnis der methodischen Transformation ist formal das Verfahren des Unterrichts, dessen strukturelle Differenzierung sich aufgrund der unterschiedlichen Fachstrukturen ergibt (vgl. Otto/ Schulz 1985). Infolge der Notwendigkeit der methodischen Transformation des realen Lebenszusammenhanges wird die Struktur des Unterrichts analog zur Struktur von natürlichen Erziehungssituationen gestaltet. Das Erzieher-Zögling-Verhältnis, das in der geisteswissenschaftlichen Pädagogik für den Erziehungsprozeß im realen Lebenszusammenhang, unabhängig von den unterschiedlichen Lebensbereichen konstitutiv ist, wird in der Lehrer-Schüler-Beziehung reproduziert (vgl. Weniger 1960). Da der Lehrer-Schüler-Beziehung aufgrund der Vermittlungsfunktion von Schule die Struktur des Dialogs unterlegt werden muß, gründet man schulisches Lernen auf der Lehrer-Schüler-Interaktion. Das intergenerationelle Verhältnis zwischen dem Lehrer und dem Schüler wird strukturbestimmend für den Unterricht. Intragenerationellen Lernformen versucht Schule zusätzlich durch Methoden wie zum Beispiel Gruppenunterricht oder Feste feiern oder Schulgarten anlegen, gerecht zu werden (vgl. Blättner 1966[3]).

So beschreibt das einfache Strukturmodell von Unterricht, das »Didaktische Dreieck« (vgl. Heimann 1948) den Lehrer, den Schüler und den Inhalt als Strukturelemente von Unterricht. Der Lehrer übernimmt darin die Aufgabe, die Lerninhalte des jeweiligen Faches einer Gruppe von Schülern einer bestimmten Altersstufe zu vermitteln. Augenscheinlich wird hierbei, daß dieses einfache Strukturmodell von Unterricht von der Homogenität der Gruppe der Schüler bezüglich der didaktischen Voraussetzungen ausgeht. Der Subjektcharakter des einzelnen Schülers wird somit ebenso ausgeklammert, wie die Gruppe als strukturbestimmendes Merkmal von Unterricht unberücksichtigt bleibt.

Voraussetzung für die Vermittlerfunktion des Lehrers in diesem Strukturmodell ist das didaktische Gefälle zwischen Lehrer und Schüler, das entwicklungspsychologisch begründet wird. Der Wissensvorsprung des Lehrers reicht jedoch nicht aus, damit Vermittlung stattfindet. Dem Lehrer wächst daher die Aufgabe zu, die Inhalte so zu transformieren, daß sie von den Schülern gemäß ihren Kenntnissen und Fertigkeiten angeeignet werden können. Der zu vermittelnde Inhalt ebenso wie die psychologischen Voraussetzungen der Schüler werden zu Bedingungen des methodischen Handelns des Lehrers. Das methodische Handeln des Lehrers im Unterricht kann als Lösung für die sich konkret stellende Vermittlungsaufgabe angesehen werden. Das Strukturmodell des »Didaktischen Dreiecks« verweist das methodische Handeln des Lehrers auf den konkreten Zusammenhang von Unterrichtspraxis und den Lehrer auf seine individuellen Fähigkeiten zur Lösung konkreter Vermittlungsaufgaben.

Das methodische Handeln des Lehrers wird erleichtert durch die Anwendung von »Unterrichtsmethoden«. »Unterrichtsmethoden« sind Objektivationen von in der Praxis erprobten Unterrichtsrezepten (vgl. Grell/Grell 1979). Sie sind als Lösungen jeweils spezifischer Vermittlungsaufgaben anzusehen. Das Auffinden von Unterrichtsrezepten in der Praxis, die Analyse gemäß ihren Bedingungen sowie die Ordnung ihrer Vermittlungsleistung ist Aufgabe der »Theorie der Unterrichtsmethoden« (vgl. Weniger 1960).

Auf die zahlreichen Versuche, eine solche Theorie der Unterrichtsmethoden in der Wenigerschen Tradition zu entwerfen, kann hier nicht eingegangen werden. Die Leistung dieser Entwürfe besteht in der Entkopplung des methodischen Handelns von der konkreten Unterrichtssituation und der Persönlichkeit des Lehrers. »Unterrichtsmethoden« werden somit zu kulturellen Inhalten, sie werden Gegenstand von Tradition und Innovation, sie werden Gegenstand von Erziehung. Die Objektivierung des methodischen Handelns in Form von Unterrichtsmethoden ermöglicht nicht nur die wiederholte Anwendung bereits vorhandener Unterrichtsrezepte, sondern auch die Weitergabe von Methodenwissen im Rahmen der Lehrerausbildung an die nachfolgende Lehrergeneration. Die Erweiterung des Qualifikationsprofils des Lehrerberufs sowie die Verberuflichung methodischen Handelns sind die Folge ebenso wie die Veränderung des Strukturmodells von Unterricht. Die Unterrichtsmethoden treten neben die Inhalte als objektive Strukturvariablen des Unterrichts (vgl. Heimann 1962).

Die vorangehende Darstellung hat deutlich werden lassen, daß in dem Begriff von Unterrichtsmethode die theoretische Reflexion von Erziehung, von Schule und von Unterrichtsmethoden auf das engste miteinander verknüpft sind. Die Theorie der Unterrichtsmethode bleibt somit zum einen auf den Praxiszusammenhang von Schule verwiesen, zum anderen an die Perspektive desjenigen, der Unterricht in der Praxis gestaltet: an die des Lehrers. Das Methodenparadigma hat insofern nur bedingte Gültigkeit, als es außerschulische Lernfelder vernachlässigt, die Berufsperspektive für die Theoriebildung bestimmend bleibt, folglich intragenerationelle Lernprozesse keine Berücksichtigung finden und dialogische intergenerationelle Lernprozesse aufgrund des didaktischen Gefälles linear aufgelöst werden. Die Partikularität des schulischen Methodenparadigmas ist in den benannten Grenzen begründet. Es ist davon auszugehen, daß das schulische Methodenparadigma für das Erwachsenenlernen keine Gültigkeit beanspruchen kann. Dennoch gelingt es der Theorie der Erwachsenenbildung nicht, das schulische Methodenparadigma zu überwinden, sondern sie reproduziert es im Feld von Erwachsenenlernen. Die Gründe hierfür sollen im folgenden dargestellt werden.

2. Die Reproduktion des schulischen Methodenparadigmas im Bereich des Erwachsenenlernens

Der Reflexionszusammenhang von Methode im Bereich des Erwachsenenlernens umfaßt unterschiedliche theoretische Zugangsweisen. Die Veranstaltung als Verfahren der Weiterbildung ist als äquivalenter Begriff zu dem der Unterrichtsmethode in der Schule anzusehen, der die Theorie der Weiterbildung, die Didaktik und die Methodik miteinander verknüpft. Ausgangspunkt der Theorienbildung der Disziplin der Erwachsenenbildung der letzten beiden Jahrzehnten ist der Begriff der Weiterbildung, wie er im Strukturplan von 1969 erstmals diskutiert wurde. »Weiterbildung wird hier als Fortsetzung oder Wiederaufnahme organisierten Lernens nach Abschluß einer unterschiedlich ausgedehnten Bildungsphase bestimmt« (Deutscher Bildungsrat 1972[3], S. 197). Als Organisationsform für Erwachsenenlernen empfiehlt der Strukturplan die Institutionalisierung der Weiterbildung und Eingliederung dieser Institutionen in das öffentliche Bildungswesen. Die Institutionalisierung der Weiterbildung umschreibt ein zweigliedriges Organisationsmodell: Es ist zu unterscheiden zwischen den Trägern von Weiterbildung und den Einrichtungen, die die Träger zum Zweck der Weiterbildung finanzieren. Der Strukturplan als bildungspolitisches Dokument schreibt mit diesem Organisationsmodell die Rahmenbedingungen der Weiterbildungspraxis fest. Das Ergebnis ist das plurale Weiterbildungssystem, dessen Kennzeichen die Vielfalt der Träger und die Vielfalt der Institutionalformen sind.

Die rechtliche Verankerung der Weiterbildung auf Landesebene in den Weiterbildungsgesetzen der Länder basiert auf einem dreigliedrigen Organisationsmodell: Träger – Einrichtung – Veranstaltung (vgl.

Hamacher 1976). Die Praxis der Weiterbildung wird somit auf die veranstaltete Weiterbildung festgeschrieben. Einrichtungen wie Museen, Theater und Bibliotheken, die im Strukturplan noch enthalten sind, sind auf der Landesebene für die Weiterbildungspraxis nicht mehr konstitutiv.

Diese in den Weiterbildungsgesetzen der Länder umrissene Praxis ist Gegenstand der unterschiedlichen Theorieansätze der Erwachsenenbildung. Die bildungspolitisch etablierte Erwachsenbildungspraxis wird durch diese Theorieansätze legitimiert und implizit perpetuiert. Das dreigliedrige Organisationsmodell der vorhandenen Erwachsenenbildungspraxis ist die Folge der formalen Zielbestimmung von Erwachsenenlernen in der Erwachsenenbildungstheorie. Die Organisation von Erwachsenenlernen wird zum Instrument der relativen Zielerreichung.

Allgemeines Ziel von Erwachsenenlernen ist der Erwachsene als autonomes Subjekt (vgl. Siebert 1972). Nur der autonome Erwachsene sei fähig zur Partizipation an demokratischen gesellschaftlichen Strukturen. Je demokratischer die gesellschaftlichen Entscheidungsstrukturen sind, desto größer sind die Handlungspielräume der erwachsenen Subjekte. Diese wechselseitige Bedingtheit von idealem Subjekt und idealer Gesellschaftsform, von individuellen und kollektiven Interessen, kann nur in Form von Institutionen aufgelöst werden, die sowohl die Fortsetzung des individuellen Lernprozesses des Erwachsenen gewährleistet als auch die Weiterentwicklung der demokratischen Gesellschaft fördern (vgl. Benner 1983).

Die Einrichtungen der Weiterbildung bestimmen somit die Methode, die die relative Annäherung an das Bildungsideal ermöglichen sollen. Die Formalität der Zielformulierung und die Relativität der Zielerreichung perpetuieren die Einrichtungen der Weiterbildungspraxis als Methode des Erwachsenenlernens. Der Erwachsene als autonomes Subjekt ist somit Voraussetzung und zugleich Ergebnis des Lernprozesses in den Erwachsenenbildungs-Einrichtungen.

Die Gestaltung der Einrichtungen erfolgt aufgrund der doppelten Notwendigkeit ihrer Organisation. Die Veranstaltung in den Einrichtungen wird zu dem Verfahren, das die Systematisierung und Planmäßigkeit von Erwachsenenlernen gewährleisten soll. Die Veranstaltung ist der Ort, an dem der Austausch zwischen den Anforderungen gesellschaftlicher Teilbereiche und individuellen Interessen möglich wird, durch die Zusammenkunft einer Gruppe von Erwachsenen und einem Experten.

Die Teilnehmer einer Erwachsenenbildungsveranstaltung erscheinen in den schulpädagogisch geprägten Theorieansätzen der Erwachsenenbildung in bezug auf die in den verschiedenen gesellschaftlichen Teilbereichen sich stellenden Anforderungen homogen. Dieser Homogenität wird institutionell entsprochen durch die Antizipation von Teilnehmer-Interessen und die Vorwegnahme dieser Teilnehmer-Interessen in den Themenbereichen des Programmangebotes der jeweiligen Einrichtung. Das Programmangebot einer Einrichtung dient somit als Intstrument zur Filterung von Teilnehmer-Interessen. Die Heterogenität der Teilnehmergruppe einer Erwachsenenbildungs-Veranstaltung ergibt sich in Folge des individuellen Kenntnisstandes inbezug auf die zu bewältigenden Anforderungen sowie aus den individuellen Lösungsstrategien zur Bewältigung der Anforderung.

Der Heterogenität der Teilnehmergruppe wird methodentheoretisch nicht entsprochen, da die Vermittlung des zur Bewältigung spezifischer gesellschaftlicher Anforderungen notwendigen Fachwisssens Aufgabe des Experten, des Dozenten ist. Zur Legitimation der Anbindung der Vermittlungsaufgabe an den Experten dient das didaktische Gefälle zwischen Dozent und Teilnehmern. Die Bewältigung der Vermittlungsaufgaben in der konkreten Veranstaltungssituation wird dem Epxerten dadurch erleichtert, daß er bereits vorhandene Veranstaltungsmethoden anwenden kann, die in unterschiedlichen Methodensammlungen (vgl. Brocher 1976; Müller 1982; Niggemann 1975) geordnet vorliegen. Infolgedessen ist das Wissen um erwachsenenspezifische Vermittlungsformen in Methodensammlungen aus der Perspektive des Lehrenden in der Veranstaltungssituation gespeichert. Die erwachsenenspezifischen Vermittlungsformen beziehen sich dabei auf eine Gruppe von gleichen Individuen, da der Erwachsene unter der Perspektive seiner psychologischen Voraussetzungen betrachtet wird. Entwicklungs- und sozialpsychologische Erkenntnisse werden in erwachsenenspezifischen Methodentheorieansätzen selektiv ausgewertet, um die Homogenisierung der Teilnehmergruppe bezüglich der Vermittlungsform zu begründen: die Wissensvermittlung durch den Experten.

Die Befähigung der Dozenten zu methodischem Handeln erfolgt im Rahmen von Kursleiterfortbildungen. Die Kursleiterfortbildung wird ihrerseits zur Methode, die den Erwerb von Methodenwissen gewährleisten soll. Indem in erwachsenenspezifische Vermittlungsformen, wie sie in den Methodensammlungen vorliegen, eingeübt wird und der Umgang mit unterschiedlichen Rezepten (vgl. Drerup 1988) gefördert wird, leisten sie die Tradierung der Berufserfahrung methodisch erfolgreich handelnder Dozenten. Die Bildung der Bildner erfolgt dabei nach dem gleichen Muster wie die Bildung der Teilnehmer: die Vermittlung von Methodenwissen ist Aufgabe des hauptamtlich tätigen Erwachsenenbildners. Er ist Experte für methodisches Handeln aufgrund seines spezifischen Fachwissens. Die Methodik ist Gegenstand der Erstausbildung von Erwachsenenbildnern.

Hiermit wird deutlich, daß die Reproduktion des schulischen Methodenparadigmas nicht auf die etablierte Erwachsenenbildungspraxis beschränkt bleibt, sondern ebenso im Feld der beruflichen Aus- und Weiterbildung von Erwachsenenbildnern Anwendung findet. Die Gültigkeit des schulischen Methodenparadigmas für den Praxiszusammenhang von Schule, von Erwachsenenbildung und von Aus- und Weiterbildung der Erwachsenenbildner läßt dieses als Methodentheorie erscheinen. Es verhindert damit das Erkennen des realen Gegenstandsfeldes von Methodentheorie und deren Herausbildung. Inwieweit das Gegenstandfeld von Weiterbildung Impulse für eine Methodentheorie leisten kann, soll im folgenden anhand von Hypothesen zur Überwindung des schulischen Methodenparadigmas aufgezeigt werden.

3. *Chancen zur Überwindung des schulischen Methodenparadigmas im Zusammenhang der Weiterbildung*

3.1 Die Erweiterung des Gegenstandsfelder von Erwachsenenlernen

Die Übernahme des schulischen Methodenparadigmas schränkt das Gegenstandsfeld der Theoriebildung ein auf die etablierte Erwachsenenbildungspraxis. Impulse zur Überwindung des schulischen Methodenparadigmas werden erst dann möglich, wenn Institutionen wie Museum, Theater und Bibliothek methodentheoretisch berücksichtigt werden. Die

Ausstellung des Museums, die Aufführung des Theaters sowie der Lesesaal der Bibliothek wären dann analog zu der Veranstaltung der Weiterbildungseinrichtungen im Hinblick auf ihre methodischen Prinzipien und Elemente zu analysieren (vgl. Hoffmann 1979). Die Veränderungen für den Beruf des Weiterbildners gilt es dann erneut zu bedenken (vgl. Dräger 1987). Darüberhinaus ist die Weiterentwicklung des von der Schule geprägten methodischen Paradigmas nur dann gegeben, wenn die Erwachsenenbildung den Lernprozeß Erwachsener auch jenseits der Intitutionen der Weiterbildung theoretisiert. Die Vereinnahmung außerinstitutioneller Lernformen durch die Institutionen der Weiterbildung löst dieses Problem ebensowenig wie die Aufnahme neuer Inhalte in das Programmangebot der Weiterbildungseinrichtungen; vielmehr müßten die mit neuen Inhalten entstandenen Lernformen Ausgangspunkt der Theoriebildung sein. Die in der Praxis nebeneinander bestehenden Lernformen sollen analysiert, gegeneinander abgegrenzt und auf ihre Vermittlungsleistung hin überprüft werden. Das Aufzeigen der erziehungswissenschaftlichen Bedeutsamkeit bereits vorhandener Praxisentwürfe (vgl. Dauber/Verne 1973) sowie alternativer Konzeptionen (vgl. Freire 1971; Illich 1972) könnten erste Schritte zur Überwindung des schulpädagogischen Paradigmas darstellen.

3.2 Das Subjekt als Prämisse der Theoriebildung

Die Wahrnehmung des erweiterten Praxisfeldes wird für die Theorie der Methode nur dann möglich, wenn sie nicht das erwachsene Subjekt als Bildungsideal formuliert, zu dessen Selbstverwirklichung es zwingend der Weiterbildungseinrichtungen bedarf, sondern wenn sie vom realen erwachsenen Subjekt als Prämisse der Theoriebildung ausgeht. Wenn die Erwachsenenbildung ihrem Anspruch der Subjektorientierung gerecht werden will, so muß sie davon ausgehen, daß der Erwachsene selbst in der Lage ist, seinen Lernprozeß zu organisieren. Dies hätte eine Veränderung der Fragestellungen, die der Theoriebildung des Problemzusammenhanges von Methode zugrundeliegen, zur Folge. Gegenstand von Methodentheorie bezogen auf das Erwachsenenlernen wäre dann die Beantwortung folgender Fragestellungen: Welche Methoden benutzen Erwachsene, um sich die von ihnen ausgewählten Inhalte zum

Zwecke ihres individuellen Lernprozesses anzueignen? Was leisten diese Lernmethoden und nach welchen Kriterien werden sie ausgewählt? Das Ergebnis von Methodenforschung wäre die Veränderung der Perspektive auf ihren Gegenstand: die Berufsperspektive wird abgelöst zugunsten der Lernerperspektive als strukturbestimmendes Merkmal von Methodentheorie. Die Veranstaltungsmethode im Rahmen institutionalisierter Weiterbildung beschreibt dann nur eine mögliche Aneignungsform des Erwachsenen, die die Selbstorganisation des individuellen Lernprozesses in geringem Maße erforderlich macht. Die Freiwilligkeit der Teilnahme an organisierter Weiterbildung ebenso wie die Partizipation an Entscheidungen zur Organisation des Lernprozesses in den Institutionen sind die Residuen der Teilnehmerorientierung der Weiterbildung. Die didaktische Vielfalt der Einrichtungen verdeckt die methodische Monostruktur der Einrichtung: die Struktur schulischen Lernens.

Der Subjektcharakter des Erwachsenen verweist nicht nur auf die generelle Fähigkeit des Erwachsenen zur Selbstorganisation seines Lernprozesses, sondern er verweist darüberhinaus auf individuelle Besonderheiten der Ausgestaltung des Lernprozesses. Die unterschiedlichen inhaltlichen Interessen sowie die unterschiedlichen Aneignungsformen des einzelnen Erwachsenen müssen methodentheoretisch Berücksichtigung finden. Für das schulische Methodenparadigma bedeutet dies, daß in den Veranstaltungen der Weiterbildungseinrichtungen nicht länger von homogenen Teilnehmergruppen ausgegangen werden kann. Die Heterogenität der Teilnehmergruppe bezüglich ihrer didaktischen Voraussetzungen und ihrer Aneignungsformen verweist auf intragenerationelle Lernformen als strukturbestimmendes Merkmal von erwachsenenspezifischer Methodentheorie. Die »Veranstaltungsmethode« wäre dann die methodische Großform, die die Kompatibilität zwischen den individuellen Aneignungsformen der Teilnehmer herstellt und einen je individuellen Lernfortschritt ermöglicht. Das methodische Handeln des Erwachsenenbildners bestünde dann nicht mehr in der Anwendung von Vermittlungsformen für ein spezifisches Fachwissen, sondern in der Bereitstellung von Lernsituationen, die weder an eine Institution noch an die Anwesenheit des Experten geknüpft sind (vgl. Flechsig 1982).

Die vorhandenen Didaktikansätze, die dem Postulat der Subjektorientierung in der Weiterbildung zu entsprechen versuchen, können auch keinen Ausgangspunkt für eine subjektorientierte Methodentheorie darstellen, da sie die Notwendigkeit der Subjektorientierung für die Weiterbildung von Erwachsenen aus den Nachbardisziplinen Soziologie und Psychologie ableiten und auf das vorhandene dreigliedrige Organisationsmodell von Weiterbildungspraxis übertragen (vgl. Mader 1975; Arnold 1985).

Der Fokus soziologischer Theorieansätze ist auf soziales Handeln der Subjekte sowie auf die Verfestigung sozialen Handelns in kollektiven Strukturen gerichtet. Interpersonale Handlungen, die der Erhaltung oder der Veränderung des Gemeinwesens dienen, sind Gegenstand soziologischer Theoriebildung. Wird diese Gegenstandsbetrachtung auf das Praxisfeld etablierter Weiterbildung übertragen, so geraten die Handlungen des Erwachsenenbildners in ihrer politischen Funktion in das Blickfeld der Betrachtung. Das methodische Handeln des Erwachsenenbildners kann nicht Gegenstand von Methodentheorie werden.

Das Hauptaugenmerk psychologischer Theoriebildung ist auf den intrapersonalen Subjektbezug gerichtet. Handlungen der Subjekte zum Erwerb und zur Veränderung der Persönlichkeit, der Identität stehen im Vordergrund. Die Übertragung der psychologischen Perspektive auf die etablierte Weiterbildungspraxis macht den Erwachsenenbildner zum Therapeuten. Die Aufklärung der vorhandenen Weiterbildungspraxis durch Erkenntnisse der Nachbardisziplinen muß also zwangsläufig den Gegenstand subjektorientierter Methodentheorie verfehlen: die Subjekt-Objekt-Relation.

3.3 Die Eigenständigkeit von Methodentheorie als Voraussetzung für die Professionalisierung der Weiterbildung

Wie bereits dargestellt, übernimmt die Theorie der Veranstaltungsmethoden bzw. die Theorie der Unterrichtsmethoden im Rahmen des schulischen Methodenparadigmas die Funktion, dem Lehrenden in der Praxis die Anwendung von Methoden zu ermöglichen. Die Theorie der Methoden leistet somit die Entkoppelung der Methoden von der Person des Lehrenden und somit die Verberuflichung methodischen Handelns. Diese Funktion bestimmt die Vorgehensweise der Theoriebildung: Ausgangspunkt der Analyse sind die in der etablierten Praxis vorhandenen

Techniken erfolgreich Lehrender. Das Ergebnis der Generierung von Methoden aus der Praxis für die Praxis ist die Deskription vorhandener Methoden-Rezepte. Aussagen über den Wirkungszusammenhang der jeweiligen Methode sowie über die den Methoden zugrundeliegenden Gesetzmäßigkeiten wären dann Gegenstand weiterer Analyseschritte. Es erscheint paradox, festzustellen, daß einerseits das Erkennen dieser Gesetzmäßigkeiten nur dann möglich ist, wenn die Theoriebildung nicht für die Berufspraxis funktionalisiert wird, wenn die Reflexion des Problemzusammenhanges von Methode losgelöst von beruflichen Handlungsnotwendigkeiten möglich ist und andererseits die Methodentheorie als Voraussetzung für die Professionalisierung von Weiterbildung anzusehen ist. Professionelles methodisches Handeln wird demgemäß erst dann möglich, wenn das Handeln des Erwachsenenbildners das Ergebnis der Anwendung von theoretischem Methodenwissen ist, wenn das Anwendungswissen von Methodentheorie zum Professionswissen wird (vgl. Koring 1989). Dies wird nur dann möglich sein, wenn sowohl von der Eigenständigkeit der Methodentheorie als auch von der Eigenständigkeit ihres Gegenstandfeldes ausgegangen wird (vgl. Dräger 1983).

Literatur

Arnold, Rolf: Deutungsmuster und pädagogisches Handeln in der Erwachsenenbildung. Bad Heilbrum 1985.
Benner, Dietrich: Grundstrukturen pädagogischen Denkens und Handelns. In: Lenzen, Dieter/Mollenhauer, Klaus (Hg.): Theorien und Grundbegriffe der Erziehung und Bildung. Band 1 der Enzyklopädie Erziehungswissenschaft. Stuttgart 1983, S. 283ff.
Blättner, Fritz: Die Methoden des Unterrichts in der Jugendschule. Darmstadt 1966^3.
Brocher, Tobias: Gruppendynamik und Erwachsenenbildung. Braunschweig 1967.
Dauber, Heinrich/Verne, Etienne (Hg.): Freiheit zum Lernen. Reinbek 1973.
Deutscher Bildungsrat: Strukturplan für das Bildungswesen. Stuttgart 1972^3.
Dilthey, Wilhelm: Grundlinien eines Systems der Pädagogik. In: ders. Gesammelte Werke, Band IX. Stuttgart 1974^4, S. 229ff.
Dräger, Horst: Die notwendige Bescheidenheit des Wissenschaftlers und die Notwendigkeit der Phantasie des Praktikes. Vortragsmanuskript. Graz 1983.
Dräger, Horst: Der Bibliothekar als Erwachsenenbildner. In: Harney, Klaus/Jütting, Dieter/Koring, Bernhard (Hg.): Professionalisierung der Erwachsenenbildung. Frankfurt am Main 1987.
Drerup, Heiner u. a.: Reden über Rezepte – Umgang mit Rezepten. Materialien des Deutschen Volkshochschulverbandes. Frankfurt 1988.

Flechsig, Karl-Heinz: Der Göttinger Katalog Didaktischer Modelle. Göttingen 1983.
Flitner, Wilhelm: Theorie des pädagogischen Weges und Methodenlehre. In: Nohl, Herman/Pallat, Ludwig: Handbuch der Pädagogik, Band 3, 1930, S. 59–118.
Freire, Paulo. Pädagogik der Unterdrückten. Stuttgart 1971.
Hamacher, Paul: Entwicklungsplanung für Weiterbildung. Braunschweig 1976.
Grell, Jochen/Grell, Monika: Unterrichtsrezepte. München, Wien, Baltimore 1979.
Heimann, Paul: Pädagogische Theorie und Praktikum. In: Pädagogik, 3, 1948, Nr. 7, S. 296–308.
Heimann, Paul: Didaktik als Theorie und Lehre. In: Die Deutsche Schule, 54, 1962, S. 407–427.
Hoffmann, Hilmar: Kultur für alle. Perspektiven und Modelle. Frankfurt 1979.
Illich, Ivan: Entschulung der Gesellschaft. Entwurf eines demokratischen Bildungssystems. München 1972.
Koring, Bernhard: Zur Professionalisierung der Lehrtätigkeit. In: Zeitschrift für Pädagogik. 35, 1989, Nr. 6, S. 771–778.
Mader, Wilhelm/Weymann, Ansgar: Erwachsenenbildung. Theoretische und empirische Studien zu einer handlungstheoretischen Didaktik. Bad Heilbrumm 1975.
Müller, Peter: Methoden in der kirchlichen Erwachsenbildung. München 1982.
Niggemann, Wilhelm: Praxis der Erwachsenenbildung. Freiburg 1975.
Otto, Gunter/Schulz, Wolfgang (Hg.): Methoden und Medien der Erziehung und des Unterrichts. Stuttgart 1985.
Schulze, Theodor: Protokoll der Arbeitsgemeinschaft: Theorie und Erforschung der Unterrichtsmethoden der DGFE. Bielefeld 1990.
Siebert, Horst: Erwachsenenbildung: Aspekte einer Theorie. Düsseldorf 1972.
Weniger, Erich: Didaktik als Bildungslehre. Teil 1: Theorie der Bildungsinhalte und des Lehrplans. Weinheim 1952. Teil 2: Didaktische Voraussetzungen der Methode in der Schule. Weinheim 1960.

Autorinnen und Autoren des Bandes

Adl-Amini, Bijan, Dr., geb. 1943, apl. Professor für Erziehungswissenschaft an den Universitäten Kiel und Lüneburg; Arbeitsschwerpunkte und Veröffentlichungen: Schultheorie, Allgemeine Didaktik und Theoriegeschichte der Erziehungswissenschaft
Anschrift: Knooper Weg 181, 24118 Kiel

Girmes, Renate, Dr., geb. 1952, Wissenschaftiche Mitarbeitern des Landesinstituts Schule und Weiterbildung NW und Lehrbeauftragte der Universität Münster; Arbeitsschwerpunkte und Veröffentlichungen: Bildungsforschung und Bildungsdidaktik
Anschrift: Dyckburgstr. 430, 48157 Münster

Jank, Werner, Dr., geb. 1954, Habilitationsstipendiat im Graduiertenkolleg «Aesthetische Bildung» und Lehrbeauftragter der Universität Hamburg; Arbeitsschwerpunkte und Veröffentlichungen: Musikdidaktik und Allgemeine Didaktik
Anschrift: Stückeläckerweg 5, 69168 Wiesloch

Lersch, Rainer, Dr., geb. 1943, Professor für Grundschulpädagogik an der Universität Koblenz-Landau, Abt. Koblenz Arbeitsschwerpunkte und Veröffentlichungen: Theorie der Schule, Didaktik und Unterrichtsmethodik, Theorie-Praxis-Verhältnis in Erziehungswissenschaft und Lehrerbildung, Schulentwicklungsforschung
Anschrift: Sanderweg 20, 44803 Bochum 1

Leutert, Hans, Dr., geb. 1943, Professor an der Freien Univeristät, Projektgruppe schülerorientierter Unterricht am Fachbereich Erziehungs- und Unterrichtswissenschaft; Arbeitsschwerpunkte und Veröffentlichungen: Allgemeine Didaktik, Unterrichtsplanung/Curriculumforschung
Anschrift: Zossener Str. 104, 12629 Berlin

Lucas, Helga, Dr., geb. 1957, Arbeitsschwerpunkte und Veröffentlichungen: Methodik, Erwachsenenbildung
Anschrift: Universität Trier, Postfach

Meyer, Hilbert, Dr., geb. 1941, Professor für Schulpädagogik an der Carl-von-Ossietzky-Universität Oldenburg; Arbeitsschwerpunkte und Veröffentlichungen: Allgemeine Didaktik, Methodik des Unterrichts und Curriculumforschung
Anschrift: Kastanienallee 40, 26121 Oldenburg

Meyer, Meinert, Dr., geb. 1941, Privatdozent am Fachbereich Erziehungswissenschaft der Westfälischen Wilhelms-Universität Münster; Arbeitsschwerpunkte und Veröffentlichungen: Allgemeine Didaktik, Bildungsgangforschung für Neue Fremdsprachen und Philosophie, Reform der Sekundarstufe II und Interkulturelle Studien
Anschrift: Althausweg 139, 48159 Münster

Schulze, Theodor, Dr., geb. 1926, Professor emeritus für Pädagogik mit dem Schwerpunkt Didaktik der Primar- und Sekundarstufe an der Universität Bielefeld; Arbeitsschwerpunkte und Veröffentlichungen: Schultheorie, Methoden und Medien der Erziehung, Biographieforschung und Pädagogische Ökologie
Anschrift: Sparrenstr. 7, 33602 Bielefeld

Terhart, Ewald, Dr., geb. 1952, Professor für Schulpädagogik an der Universität Lüneburg; Arbeitsschwerpunkte und Veröffentlichungen: Allgemeine Didaktik und Unterrichtsforschung, Lehrerberuf und Schulentwicklung, Methoden erziehungswissenschaftlicher Forschung
Anschrift: Universität Lüneburg, Postfach 2440, 21335 Lüneburg

Wenzel, Hartmut, Dr., geb. 1945, Professor für Schulpädagogik und Allgemeine Didaktik am Fachbereich Erziehungs- und Sozialwissenshaften der Pädagogischen Hochschule Halle-Köthen; Arbeitsschwerpunkte und Veröffentlichungen: Unterrichtsforschung, Allgemeine Didaktik, Lehrerfortbildung, Schulentwicklung
Anschrift: Rellinghauser Str. 181, 45136 Essen